中国农村金融市场发展对策研究

邵作昌 著

中国海洋大学出版社

·青岛·

图书在版编目(CIP)数据

中国农村金融市场发展对策研究 / 邵作昌著. —青岛:中国海洋大学出版社,2013.8（2015.3重印）

ISBN 978-7-5670-0378-1

Ⅰ.①中…　Ⅱ.①邵…　Ⅲ.①农村金融－金融市场－经济发展－研究－中国　Ⅳ.①F832.5

中国版本图书馆 CIP 数据核字(2013)第 181897 号

出版发行	中国海洋大学出版社		
社　　址	青岛市香港东路 23 号	**邮政编码**	266071
出 版 人	杨立敏		
网　　址	http://www.ouc-press.com		
电子信箱	cbsebs@ouc.edu.cn		
订购电话	0532－82032573(传真)		
责任编辑	陈　梦	**电　　话**	0532－85902342
印　　制	日照日报印务中心		
版　　次	2013 年 8 月第 1 版		
印　　次	2015 年 3 月第 2 次印刷		
成品尺寸	148 mm×210 mm		
印　　张	7.875		
字　　数	200 千		
定　　价	30.00 元		

目　录

第一章 导 论

改革开放 30 多年来,我国社会主义市场经济体系逐步确立,市场配置资源的主导作用得到有效发挥,金融在优化社会资源配置、促进经济增长方面的作用越来越重要。随着中央各项农村政策的逐步落实,大部分农村地区告别了自然经济状态,市场也逐步成为农村资源配置的决定性因素,农村市场规模迅速扩大,市场主体日益多样化,市场类型和流通业态逐步完善;除传统的集市贸易继续发展外,各种类型的商品市场、劳动力市场和服务市场大量出现,连锁经营、物流配送、金融投资等新型流通方式和新型市场开始从城市走向农村。

农村金融是指货币在农村、农业的发行、流通和回笼,存款的吸收和提取,贷款的发放和收回,以及其他与货币流通和银行信用有关的一切活动的总称。农村金融机构是农村金融的主体,包括银行类金融机构、非银行金融机构和金融监管机构;其中,农村各类银行是主要的金融机构。农村金融能够极大地促进农村经济发展,其发展状况的好坏影响到农村经济发展的速度、规模、效益和效率。目前,虽然我国农村的合作性、商业性和政策性金融机构都有了较大发展,在一定程度上促进了农村经济的发展,但由于各类金融机构相互间的关系没有理顺,还没有建立起合理的管理体制和良好的运行机制,直接影响了农村经济的发展。因此,只有进一步推进农村金融体制的改革,完善农村的金融经营机制,理顺相应的各种关系,才能真正发挥其助推作用。

随着金融市场化进程的逐步加快,农村金融市场发生了巨大变化,逐步发展成政策性银行、商业银行、农村信用社、村镇银行、小额贷款公司等正规金融和民间非正规金融(如民间集资、民间合会、标会、地下钱庄等)组成的农村金融市场。其中,农村信用社为正规农村金融市场的主体,中国农业银行、中国农业发展银行、中国邮政储蓄银行在农村的营业网点提供的金融服务,为农村经济发展提供了大量的资金支持。虽然非正规金融受到金融抑制,但是,近几年随着民营企业融资难问题的日益突出,政府对非正规金融管制逐步宽松,一些经金融当局批准成立的村镇银行、小额贷款公司如雨后春笋般迅速发展起来。一些非正规地下金融,如民间借贷似暗流涌动,也十分活跃。虽然它们当中有的出现一些问题,但为农户解决生产、生活中的资金困难也发挥了不可忽视的作用。然而,农村金融市场发展相对滞后于农村经济对金融服务的需求,主要表现为金融体系不健全、金融服务缺失、金融支持倒挂、金融生态环境恶化等,农村经济发展仍然受到资金短缺的制约。

按照发展经济学理论,经济增长包括资本投入引起的增长、劳动力投入引起的增长和其他综合要素投入引起的增长。其中,劳动力投入对农村经济增长的边际贡献已经达到临界值,管理、科技、教育等综合要素的投入要经过漫长的过程之后才能见效,只有加大对农村经济的资本投入,才能促进其快速发展。大力发展农村金融市场,才能更好地满足农村、农业、农民对金融服务的需求。

第一节 国外农村金融市场研究现状

一、国外研究综述

国外对农村金融的研究可以以世界银行的综合研究报告为代表(2002,雅荣、本杰明、皮普雷克),报告中将农村金融的目标定位在两个方面,即增加收入、促进经济增长和减少贫困。报告还对农村金融市场低效运行的原因进行了分析,认为其主要原因是政策环境不当(如明显的城市倾斜政策)、法律和监管体系不够健全以及市场失败(Beasley,1994)。该报告总结了1992年提出的农村金融业绩评估的分析框架,其标准包括覆盖面和持续性两个方面;其中,持续性以补贴依赖指数来表示,并且以此衡量标准对三个成功的农村金融机构即泰国的农业与农业合作社银行(BAAC)、印度尼西亚人民银行的小额信贷部（BRI—UD）和孟加拉乡村银行（GB）的成功经验进行了总结。从制度方面看,国外对农村金融的相关政策值得我们研究和借鉴。

不同国家农村金融制度的比较见表 1-1。

表 1-1　农村金融制度的国际比较

国家	农村金融制度	特点
美国	复合信用型模式	专业的农村金融机构与其他类型的金融机构并存;组织体系上,合作性金融机构、政策性金融机构及商业性金融机构并存
法国	国家控制式金融模式	农村金融形成了由法国农业信贷银行、互助信贷联合银行、大众银行、法国土地信贷银行和农业保险组成的农村金融体系;金融机构都是在政府的主导下建立并运行的,受到政府的管理和控制
日本	政策性金融与合作金融并存	日本支持农业发展的政策性金融机构是农林渔业金融公库,支持农业发展的合作金融主要是农协系统
印度	多层次金融机构合作并存	具有鲜明的多层次性,各金融机构之间既分工明确,又相互合作;金融体系主要包括印度储备银行(主要负责监管和协调)、印度商业银行(国有以及私人)、地区农村银行、合作银行(或合作社)、国家农业和农村开发银行、存款保险和信贷保险公司等

二、金融抑制与金融深化的提出

20 世纪 70 至 80 年代,麦金农(Mckinnon,1973)和肖(Shaw,1973)等人提出了金融抑制和金融深化理论。麦金农指出:"有组织的银行业在向欠发达国家的经济内地渗透上,在为一般的农村地区特别是为小额借款人服务方面,是很不成功的……经济中其他不少的融资,则必须由放债人、当铺老板和合作社不足的资金来满足。这就是我称之为'金融抑制'的现象。"金融抑制理论认为,金融体系和经济发展之间能够相互促进和相互影响。金融发展与经济发展间恶性循环的根本原因在于金融抑制。①发展中国家对经济活动进行了过多的行政干预,金融管制制约了金融市场的发育,也抑制了经济的发展。官定利率与汇率管制,不能真实地反映市场供求,导致名义利率与实际利率的严重背离,造成人们储蓄意愿不强、投资减少、经济增长缓慢。金融抑制使发展中国家财政赤字和通货膨胀加剧,迫使政府不得不进一步采取金融抑制措施,造成从金融抑制到金融停滞的恶果。

金融抑制导致了发展中国家普遍存在"二元金融"状态:一方面是遍布全国的国有银行和拥有现代化管理与技术的外国银行的分支网络组成的一个有限的但有组织的金融市场,它遵循政府确定的低贷款利率,将资金贷给公共部门及少数大企业;另一方面则是和大量被排斥在有组织的金融市场之外的小企业及住户相对应的、传统的、落后的、小规模的非正式金融组织,如钱庄、当铺及地下金融市场等。

金融深化理论认为,要使经济发展,必须使金融得到发展。要发挥金融对经济增长的作用,必须摒弃"金融抑制"政策,推行"金融深化"政策。为此,政府应尽量避免对金融体系和金融市场过分干预,充分发挥市场机制的作用,放开对利率和汇率的控制,使利率和汇率能充分反映资金和外汇的供求状况,使金融发展和经济发展之间形成良性循环。

金融深化理论的核心是反对实行低利率政策,批判利率限制、高法定存款准备率、信贷管制及对金融中介的各种歧视性负担;建议政府提高利率、降低通货膨胀率、取消利率和信贷管制,从而增加投资效益,提高经济增长率。20世纪七八十年代,发展中国家大规模实行金融自由化。

麦金农学派认为,非正式金融市场活动主要源于对正式金融市场的管制。随着金融深化的发展,非正式金融市场将逐渐退出。对利率的限制一方面减少了投资数量,另一方面又降低了投资质

---

① 张杰.中国农村金融制度:结构、变迁与政策.中国人民大学出版社,2003.

量。因此,金融深化的核心就是提高实际利率水平,放开金融市场,提高投资水平和效率。麦金农学派简单地认为,发展中国家广泛地存在非正式金融市场,是金融抑制政策所致,却忽视了由非正式金融市场活动形成的结构性问题。其理论分析中的假设不具备现实性,从而导致其理论模型和结论与现实之间存在较大差异。

三、金融约束论的形成

新结构主义学派提出了与麦金农学派不同的见解:金融自由化所带来的实际利率上升将引起资金从非正式金融市场向正式金融市场转移,这将导致整个社会可贷资金的减少,并进一步推动非正式货币市场上的利率上升,从而引发通货膨胀,迫使经济进入调整期。20 世纪 90 年代,Hellman(1996)和 Levine(1997)等人提出"金融约束论"。他们认为,金融中介和金融市场在不同经济发展阶段的作用是不同的,金融自由化需要一定条件,选择性的政府干预有助于金融发展。由于信息不对称、委托代理行为、道德风险的存在,市场机制难以使资金资源有效配置,政府应实施适当的干预、实行一系列金融政策,为金融和生产部门创造"租金机会",防范潜在的逆向选择行为和道德风险,鼓励金融创新,维护金融稳定。金融自由化将导致利率升高、生产成本上升和产出下降,运转良好则有助于增加信贷规模。非正式金融市场在新兴工业化国家运行效率很高。丹尼尔和金宏宝对金融抑制和金融自由化进程作了重新考察,经过实证研究,提出一个金融发展模型,通过对微观经济主体交易行为的剖析来分析发展中国家的金融发展问题。他们认为,无论是否存在非正式金融市场,金融抑制都会对生产扩张产生影响。在解除金融抑制的措施方面,他们倾向于发挥非正式金融市场的作用。他们主张金融发展的重点应放在引入竞争机制,消除金融市场准入的障碍和制度约束,使非正式金融市场与正式金融市场双轮驱动,提高资金的使用效率。

金融约束与金融抑制不同,前者是政府有意识地为私人部门创造租金机会,以激励私人部门发挥信息优势,规避潜在的逆向选择行为和道德风险。金融抑制是政府通过把名义利率保持在远低于通货膨胀率的水平而从私人部门攫取租金。因此,金融约束是发展中国家从金融抑制状态走向金融自由化过程中的一个过渡。政府要对放松金融管制的过程有一个整体的规划,并对这一过程实行有选择的控制。金融约束理论对发展中国家的金融深化具有重要的启发意义。

欧文(Owen)和法拉斯(Solis-Fallas)等人对新结构主义学派的观点提出质疑,认为一些区域性的、处于分割状态的非正式金融市场大多提供短期贷款,借贷人大多被排除在正式金融市场之外,经济规模较小。非正式金融市场在地区层次上克服了信息不对称问题,但整个市场体系效率不高,也不具备储蓄乘数效应。不仅如此,新结构主义学派还缺乏对商业银行体系行为机制的分析,因此其理论并没有为发展中国家所重视。

发展中国家经济落后,人均收入少,在经济生活中,结构失衡严重,金融抑制会造成黑市猖獗、非正式金融市场活跃,影响高利率动员储蓄,不利于经济发展。大多数发展中国家呈现正式金融市场与非正式金融市场并存的格局。

四、国外农村合作金融的成功经验

(一)合作金融的发展模式

如以美国为代表的多元复合式合作金融体制,以德国为代表的多级法人体制,以及国外普遍存在的合作金融行业协会等;各国的农村合作金融组织,在内部管理制度上基本采取多级法人制度,在行业管理上一般都有较为完备的行业自律管理制度。

(二)政府监管和支持

奎立双、冯平涛(2005)介绍了美国、法国、德国和日本的农村合作金融发展中的外生性特征并比较其异同,认为国家在资金扶持、产权适时退出、经营风险管理制度和建立合作金融存款保险制度四个方面的外生干预,对于农村合作金融的发展极其必要。陈林(2005)不仅谈到印度存款保险制度建立之初,合作银行和农村地区的银行被排除在存款保险制度之外,而且还谈到美国的全国信用社股金保险基金和德国的合作金融体系中的贷款担保基金,认为信用社不应充当存款保险制度的先行者,即使要为信用社建立存款保障,也应首先诉诸行业性的制度安排,即基金赔偿制度。廖富洲(2005)介绍了日本和美国的金融监管制度及其在税收、利率、存款保险等方面的支持政策,认为内部民主管理、外部监督管理和行业自律管理三者的有机结合,是西方各国合作金融管理的成功经验。此外,廖富洲(2005)还谈到立法支持,认为这些法律能使合作金融的参与者从立法中明确各自的基本权利、义务和风险,形成相互制约和促进的关系,有助于参与者形成稳定的预期和行为,也可较好地避免行政当局决策中容易出现的部门利益或任意性问题。

五、农村金融市场理论的发展

20世纪80年代以前,处于主导地位的农村金融理论是农业信贷补贴论。为增加农业生产和缓解农村贫困,有必要从农村外部注入政策性资金,并建立非营利性的专门金融机构来进行资金分配。其理论前提是,农民没有储蓄能力,农村长期面临资金短缺,农业不可能成为商业银行的融资对象。根据农业信贷补贴论,为缩小结构性收入差距,应对农业的融资采取低利率政策,通过银行的农村支行和农业信用合作组织,将大量低息的政策性资金注入农村。事实上,即使贫困农户,也存在储蓄行为,而低息贷款的受益人不一定是农村穷人,可能被转移到较富有的农民那里。

农村金融市场论强调市场机制的作用,在对农业信贷补贴论批判的基础上逐渐对其取而代之。金融中介在农村金融市场上进行储蓄动员,平衡资金供求,利率由市场调节。成功的农村金融一定是金融机构拥有大规模资金,具有经营上的自立性、持续性。政府谨慎实行针对特定对象的目标贷款制度,将正式、非正式金融市场适当结合。其前提条件是农民具有储蓄能力,低息政策能抑制金融发展,政策性外部资金注入会导致贷款回收率降低。农村资金的机会成本,导致非正式金融的高利率。[①]

---

① 曹协和.农村金融理论发展主要阶段评述.财经科学,2008(11).

第二节 我国农村金融市场研究的进展及文献综述

近年来,国内学者对农村金融的研究日渐增多,农村信用社改革一直是理论界和实务界的热门话题。综观农村金融研究,其成果主要集中在以下几个方面。

一、我国农村正规合作金融改革

农村合作金融是中国金融体系的重要组成部分,也是世界各国普遍存在且发展很成功的农村金融组织形式。但是,中国农村合作金融由于在产权和组织模式、管理体制、风险分担机制等方面存在的问题,成为制约农村经济发展的瓶颈,必须进行改革。多年来,我国农村金融改革主要集中在对信用社的产权模式、组织模式、管理模式、金融监管等几个方面。

(一)产权模式

关于信用社的产权模式改革,何广文(2003)提出农村信用社制度创新不存在"最优模式",认为农村信用社的改革方向问题不是一个合作制与商业化、合作制与股份制的简单选择,重要的不是哪种金融机构,而是金融机构具有什么功能。杜晓山认为,只要对服务"三农"尤其是服务农户有利,同时又不会带来不可控的金融风险和社会不稳定,各种形式的金融和产权制度改革尝试都会利大于弊,都可以进行。国务院发展研究中心陈剑波(2003)指出,暂时解决信用社的经营困难和累计亏损、不良资产只应是阶段性目标,而非最终目标,如何逐步满足农民金融服务需求才是信用社改革的根本目标。

多数人主张在金融发达地区,把信用社改组为农村商业银行;在金融较发达地区,按股份合作制原则合并信用社,实行县级联社一级法人制度;在生产力和经济较为落后地区,可按合作制原则对原有信用社进行规范,把县级城市信用社划入农村信用社的县联社或新成立的农村商业银行(蔡则祥,2002;彭宇文,2004)。也有人认为,应按下列模式进行改革:农村信用社分别改组为中国农业

发展银行的基层网点(基层机构)或政策性金融机构、股份制农村
商业银行、股份合作制农村合作银行(侯玉林、韩继伟,2002;梁润
秀、郑喜喜,2003;崔国平,2005)。另外,信用社改革是坚持合作制
原则还是坚持股份制原则,争议很大。归纳起来,主要有以下四种
代表性的观点。

1. 坚持以合作制为改革原则

此种观点认为,合作金融的本质特征要求其存在形式只有一
种,即合作制;其实现形式也只能是合作制,而不是股份制或股份
合作制(黄永华,2000)。应在坚持合作制为农村金融组织基本产
权形式的原则下,改造农村信用社(张长全、胡德仁,2003;郭田勇,
2003;欧阳仁根、张庆亮,2003)。此外,在合作制的具体形式上,彭
宇文(2004)认为,以股份合作制取代互助合作制,追求一定盈利和
为社员服务并举,是可行的选择。

2. 坚持以股份制为改革原则

这种观点认为,股份制是农村信用社的改革方向,地方性、股
份制农村商业银行是中国农村信用社发展的目标模式(蔡则祥,
2002)。农村信用社走合作制的发展道路,是完全行不通的,农村
信用社必须选择股份制作为终极产权制度(赵万宏,2003)。另外,
周脉伏、稽景涛也认为,信用社在现有基础上进行合作制规范的路
子是行不通的,必须另起炉灶。

3. 以合作制为过渡,以股份制为终极目标

持此种观点的人认为,在把合作金融作为农村金融主要形式
的同时,应该允许部分农村信用合作社合并为股份制金融企业,而
且大量农村信用合作社的终极发展目标将主要是商业银行(阎庆
民、向恒,2001)。还有人认为,农村信用社产权制度改革应当积极
创造条件,使合作制过渡到股份合作制,股份合作制逐步过渡到单
一的股份制的产权形式,即最终目标是实行股份制改造,而且产权
制度最好以省为单位(雷春柱,2004)。

4. 不存在"最优模式"

何广文(2003)认为,农村信用社制度创新,不存在"最优模

式"，不同模式各有优缺点，应是合作制和股份制多种模式同时并存。胡竹枝（2005）也主张，不能简单地认为应该有一种"最优的模式"，从而一劳永逸地解决存在于农村金融体制中与中国经济发展极不均衡的中国农村经济问题，而应该构建一个多元化并与经济发展水平相适应的金融体制。

（二）组织模式

信用社改革的组织模式，不仅因产权模式的主张不同而不同，而且即使对产权模式的主张相同，设计的组织模式也可能存在差异。目前，信用社组织模式的改革方案，主要集中在以下两个问题上。

1.是否取消基层社的法人地位

阎庆民、向恒（2001）主张，合作形式仍应保持基层社一级法人制度不变，待社员合作意识增强、参与民主管理的积极性提高之后，再逐步取消基层社法人制度。但是，彭宇文（2004）、吴王番（2005）则主张，县级联社变为一级法人，取消基层社的法人地位，把基层农村信用社改制成为营业机构。

2.如何组建多层次组织机构

张长全、胡德仁（2003）认为，应将农村信用社分别建成合作银行、以县级联社为一级法人、将多家农村信用社合并为一级法人、以单一农村信用社为一级法人的多层次产权形式。雷春柱（2004）则认为，合作制金融体制可以采取省联社、县市信用社、乡镇分社的组织形式，实行省联社、县市信用社两级法人体制；也可以采取省联社、县市联社、乡镇信用社的组织形式，实行省、县、乡三级法人体制。

（三）管理模式

对信用社管理模式的探讨，主要集中于采取行政管理还是行业管理。陈剑波（2000）建议，建立地方银行监管体系作为信用社管理体制设置的试点内容之一，并且提出两种具体方式：

第一，将农村金融体制改革领导小组办公室变为独立的省级信用社管理局或办公室；

第二,建立省联社进行业务管理。

但是,张杰斌(2005)却论述了省级政府的行政管理对经济法基本原则的背离,以及省级联社行政化的危害,认为联社及基层社不可能建立起符合现代法人治理结构的组织模式,因此,建议防止省级联社行政化,而应确立协会的经济法主体地位,发挥信用社协会的作用。彭宇文(2004)、陈岷(2005)则认为,应建立农村信用社的自律机构——农村信用社协会。此外,欧阳仁根、张庆亮(2003)主张,建立金融监管为主、行业管理为辅、民主管理为基础、社会监管为约束的农村合作金融管理体系。

（四）金融监管

在金融监管方面,主要探讨农村合作金融市场准入、金融机构退出机制、金融危机处理机制、金融风险防范预警系统等内容。其中,对金融危机处理机制的讨论比较集中,而且主张建立下列三种应对措施。

1. 存款保险制度

纪琼骁(2003)建议,农村合作金融存款保险制度的基本组织形式必须高度集中统一,权力集中于中央。欧阳仁根(2004)则建议,中国的合作金融存款保险机构应当采用官民合办的模式,在投保方式上采取强制性投保方式;此外,欧阳仁根还设计了投保人、存款保险标的和最高赔偿额、保险费率的确定等具体内容。但是,陈林(2005)却从农村信用社信息不对称的问题较之于大型商业银行不是那么严重,以及存款保险制度能助长银行及其股东风险偏好两个方面,认为信用社不应充当存款保险制度先行者。

2. 专项风险基金

陈剑波(2004)认为,在金融风险分担机制方面,除了建立全国存款保险,还应建立专项风险基金,即中央、省政府每年从银行业新增税收中划出一定比例投入基金,基金在存款保险机构资金不足以进行破产清算或银行重组时可以作为存款保险的借款来源之一。陈林(2005)也认为,应借鉴美国和德国的基金制度,为合作金融体系提供信用保证。

3. 最后贷款人

欧阳仁根、张庆亮(2003)建议,中央银行作为最后贷款人,对出现暂时流动性困难的金融机构提供财务援助和救助行动,防止金融体系的动荡。此外,陈岷(2005)还建议,在信用社的责任形式方面,增加"保证责任形式",并主张自然人入社,且探讨了自然人入社的条件;欧阳仁根、黄永华、吴王番等学者还建议加快农村合作金融立法,并就立法内容进了探讨。

(五)合会的合法化与农村合作金融组织创新

1. 合会的合法化

合会具有互助合作性质,是合作金融发展的雏形,至今在浙江、福建和广东等地仍然比较兴盛。但是,合会并没有被纳入金融监管体系,仍属于非法金融组织。① 目前,陈剑波(2004)、吴王番(2005)、李伟毅和胡士华(2004)等绝大部分学者都主张合会合法化;乔桂明、陈晓敏(2004)还认为将农村民间金融组织纳入农村金融体系建设的整体规划,可以有效控制农村金融风险,促进农村民间金融的健康发展。

在合会合法化的具体措施方面,安菁蔚、任大鹏(2005)认为,应借鉴日本或台湾地区的经验,制定《合会运作管理条例》或将合会纳入"民法典"中进行调整。郭沛(2004)认为,对具有一定规模和管理制度的合会应允许其领取执照开展业务,短期内可限定其利率浮动范围,长期内则可以完全放开利率以自由浮动;陈剑波(2004)认为,应该规范非正规金融活动范围、活动内容、审批程序以及风险处置方式等。

2. 农村合作金融组织创新

伴随着非正规金融的合法化,一些学者极力主张进行农村金融组织创新。陈剑波(2004)主张发育新的农村合作金融组织、互助性的存贷款机构等,并认为传统的组织资源的充分利用将大大降低实施改革的成本和风险。李昌平(2005)则极力推荐社区发

---

① 陈耀芳,邹亚生.农村合作银行发展模式研究.经济科学出版社,2005.

基金会,他不仅详细总结了社区发展基金会成功的四个基本要点,而且还设计了三种方案:

(1)让社区发展基金会承担国家办的农村信用社的中介职能;

(2)将国家的农村信用社改造为农民土地银行,将社区信用合作社或社区发展基金会改造成社区土地信用社;

(3)让国家的农村信用社维持现状,同时支持社区信用合作社或社区发展基金会发展,形成竞争和合作的格局。①

二、农户的借贷行为

近年来,随着社会主义新农村的不断推进,国内学者对农户借贷行为有较多的研究,研究者主要从借贷规模、资金来源、资金用途以及借贷利率、期限等方面对农户的借贷行为进行了考察和分析。何广文(1999)、曹力群(2000)、朱守银(2003)的研究认为,农户资金借贷非常普遍,但从正规金融机构获得的借款越来越少,主要依赖于非正规渠道(主要是私人借贷),借贷资金更多地用于家庭消费(主要是盖房和婚丧嫁娶)以及非农业生产活动。

鲁靖、邓晶(2005)的研究指出,虽然农村借贷规模有相应扩大,但以民间信用为主。随着农村经济的发展,借贷规模呈持续上升的态势,其中银行贷款在农户家庭借贷中所占份额迅速下降,民间借贷中的付息比例上升,有偿借贷已取代了无息贷款的主体地位。王汉章(2008)指出,农村中小企业的借款主要以短期周转性用途为主,主要用于购买原材料或半成品,而企业的长期投资更主要依赖于企业的内源性融资。因此,农村金融在面对中小企业的贷款时不能满足其长期投资的需求,不利于农村企业的发展壮大。谢海(2005)阐述了小额信贷的基本理论,介绍和分析了小额信贷在国际国内的实践经验,提出了商业上可行的小额信贷新模式,并把新旧两种模式进行对比分析,结合中国国情总结、提炼了几种促进农村金融发展的小额信贷模式。

---

① 高海,刘红.农村合作金融改革研究综述.经济与管理,2006(6).

三、农村金融市场的供给与需求研究

目前我国农村金融供不应求的矛盾已经成为制约农村地区经济发展和巩固农村社会稳定和谐的瓶颈。何广文（2001）的研究认为，我国农村金融服务的供给严重滞后于农村金融需求，其需求表现出多层次性的特征，不同的需求应该需要不同的金融组织和不同形式的金融供给来满足，提出要构建需求导向型农村金融组织结构体系，以均衡农村金融商品的供求。高帆（2002）区别于多数研究者从供给角度说明农村金融抑制的思路，从金融需求的角度分析了我国农村金融的供需均衡问题。汪三贵、朴之水（2001）对贫困农户的信贷进行调查，分析其信贷需求、信贷供给以及影响因素，他们的结论是，大部分农户能够获得正规信贷，但贷款的额度有限，许多农户不愿以任何利率借款，说明缺乏信贷需求，增加贫困地区农户获得信贷资源的能力并不能促进非农活动的发展，这也是小额信贷项目面临的最大挑战。

四、农村金融制度研究

不少学者从制度角度分析了我国农村金融制度问题。张杰（1998,2003）对中国改革 20 年来金融制度的改革和变迁进行了较为详细的论述，并认为中国农户的信贷需求将长期遵循的逻辑是：首先用非农收入增添家庭流动资金，其次是友情借贷和国家信贷支持，最后迫不得已诉求于高息借贷，而标准的商业性农贷对于中国的大部分农户而言则仍然是一种可望而不可即的制度安排。徐滇庆（2004）认为，农村金融改革的主要问题在于政企不分、产权归属不明确、缺乏竞争环境等，提出应建立产权明晰、符合现代管理制度的金融机构，通过竞争机制改善农村金融服务质量。张晓明、陈静（2007）指出，可以考虑通过组建具有社会资本的农村信用合作组织，为农户提供有力担保，有效解决农户贷款抵押品缺乏和信息不对称等瓶颈问题，同时为破解农村信贷困境提供一种新思路。

我国农村金融问题的研究，是一项实践性很强的系统工程，需要通过广泛、深入的调研，掌握大量第一手资料，才能准确把握农

村金融需求的多样性、组织形式的多元化、区域的差异性等特征。我们要在已有的理论研究基础上,根据中国实践中的经验和教训,建立适合于指导我国新农村建设的农村金融体系和制度,以促进我国农村经济的发展。

五、国内学者对农村金融市场问题的看法

新中国成立以来,我国农村金融经历了从兴起到停滞,然后又恢复、发展和改革的过程,虽然取得了一定成效,但是农村信贷资金不足,资金从农村净流出增加,农户贷款难的局面却没有改变,而且正规金融机构从农村撤出,削弱了农村金融市场对农村的金融服务功能,导致民间非正规金融活跃。这种状况严重制约了农村经济的发展和新农村建设的进程,成为摆在各级政府、金融界和理论研究者面前的重大课题。

在 20 世纪 90 年代以前,专门研究中国农村金融问题的成果并不多见。大多数研究中国农村问题的文献中,虽涉及农村借贷问题,但记述十分简略。最近 10 多年来,农村金融市场问题逐渐得到国人的重视,有越来越多的政要、专家、学者已经或者正在研究这方面的问题,使其成为实践探索的前沿,也是理论研究的热点;专门研究中国农村金融问题的文献多了起来,在报刊上发表的农村金融文章成百上千;此类专著也有不少,许多研究课题取得突破性进展。林毅夫等人合作的论文《中国的农业信贷和农场绩效》(1989),张军的《改革后中国农村的非正规金融部门:温州案例》(1999)以及谢平的《中国农村信用合作社体制改革的争论》(2001)等,堪称我国农村金融市场研究的力作。2001 年 10 月,《我国农村金融体系的建设与管理》课题的立项,标志着我国对农村金融问题进行全面深入研究的开始。成思危副委员长十分关注农村金融市场问题,并亲自做了调研,组织编著了《改革与发展:推进中国的农村金融》一书,为我国农村金融市场的制度建设、推进农村金融改革发展发挥了重要作用。张杰教授主编的《中国农村金融制度:结构、变迁与政策》一书,对中国农村金融制度的结构与变迁进行了总体性考察,剖析了中国农村金融制度的特征、困境和出路,得

出农村非正式金融市场的存在有利于经济发展的结论。周天芸博士在《中国农村二元金融结构》一书中指出，二元金融结构在农村的存在，一定程度上有助于正式金融降低信息不对称程度。李建军博士的国家自然科学基金资助项目"中国地下金融规模与宏观经济影响测度方法研究"，全面揭示了民间金融、非法金融、地下金融等活动机制及其对社会经济的影响，为构建农村金融市场规则、引导未观测金融（即地下金融）朝着有利于农村经济和社会进步的方向发展起到一定积极作用。郭田勇、郭修瑞在《开放经济下中国农村金融市场博弈研究》一书中，应用经济博弈论研究中国农村金融市场，从博弈均衡分析角度着手，提出解决农村金融市场问题的办法，是一种在研究方法上的创新。苏士儒等人在 2006 年第 5 期《金融研究》发表的《农村非正式金融发展与金融体系建设》一文中指出，我国农村金融体系建设应立足非正式金融发展，突破原有的正规金融渠道建设，把非正式金融发展纳入农村金融体系建设中来，突出了农村非正式金融地位，为我国农村金融体系建设指明了方向……各种关于农村金融市场的研究成果为我国农村金融改革与发展提供理论上的准备。但从总体上讲，大多研究关注短期现象与政策，缺乏前后承接和更多的后续扩展性研究，因此其影响相当有限，中国农村金融市场体制的谜底尚未被人识破。

六、农村金融抑制与金融深化研究

我国农村金融抑制的存在是不容置疑的。从理论上讲，农村金融抑制既可能是供给型的，即正规金融部门金融服务供给不足；也可能是需求型的，即农户对金融服务需求不足。有人认为，我国农村金融抑制是供给型的，导致我国农村金融抑制的主要原因是正规金融部门对农户贷款的资金供给不足。另一种观点认为，在我国农村金融供给不足的同时农户对正规金融部门的资金需求却相对有限，故我国农村金融抑制也有需求型金融抑制的特点，农村金融抑制供给型与需求型共存。还有学者认为，我国农村金融抑制主要表现为供给型金融抑制，需求型金融抑制是从属现象。总之，我国农村金融抑制主要是供给型的，但也存在一定的需求型金融抑制。解决农村金融市场问题是一项系统工程,要以改革现有农村金融体系作为解决农村金融市场问题的突破口,以需求为导向,在改革和完善正规金融机构的同时,使农村地下金融市场"浮出水面";与金融领域之外的一些改革相配套,如构建农村社会保障体系、产业化结构调整、土地产权制度改革等,从而解除农村金融抑制。

将金融深化理论应用于我国农村金融领域的实证研究不多。最早计算我国农村金融相关率(FIR)指标的是徐笑波、邓英淘等(1994),计算方法是用"行社存款"与"农村国民收入"之比来衡量我国农村金融深化的程度,并通过图示分析了两者的变化规律。张元红(1999)计算农村金融相关率的方法与前者类似,采用的是"行社存款"与"农村 GDP"之比。张兵等(2002)对农村 FIR 与农村经济增长进行了研究。他对上述指标进行了修正,用"农户存款""农业存款"和"农户手持现金"之和作为"农村金融资产数据"以"农业 GDP"代替"农村国民收入"指标来计算农村 FIR,研究结论是我国农村金融深化的进程同全球金融发展水平相比落后 30 年左右。

七、我国农村金融体系改革方向的争议

关于这个问题,理论界有不少争议。一种观点主张以合作制为主导。面向农户、集体农业等非法人实体的信用业务,应是有政策金融作财力后盾的合作金融。没有政策金融支持的合作金融,也就没有真正的合作金融。中国农村经济是典型的小农经济,仅仅使用商业金融来为之提供信用服务是不够的。小额信贷也是一种高利贷,不能把它作为一种金融服务来看待。总之,正规的商业金融难以给小农经济提供信用服务,在农村进行商业化银行改革是行不通的。

与上述观点相反的是,主张放弃合作制,坚持商业化取向。我国农村信用合作社不符合合作制原则。农村金融改革和发展的重点应转向组建和发展股份制商业银行,鼓励农村信用社走商业银行道路。在发达国家,农民获得金融业很好的服务,中国要想成为发达国家,农村金融体系必须商业化。

还有一种折中的观点,就是主张商业化和合作金融应共同发展。中国农村金融市场未来的发展方向应当是商业化和合作金融共存,相互补充,共同发展。不能脱离实际地把农村金融的发展方向单纯定位在合作化或者商业化。在"政策性—合作性—商业性"农村金融体系框架下,农户可通过政策扶植脱贫并维持简单再生产;通过合作金融实现初步致富并实现初级层次的扩大再生产;具备经营能力的农户利用商业性金融,可以实现高层次的扩大再生产。

不同地区经济发展的差异,决定了农村金融安排决不能"一刀切",选择哪一种模式应尊重农村金融需求主体的选择。只有具有内生性的金融制度安排才最有生命力。西方合作金融组织逐渐向商业金融发展,是组织成员或者客户层次的改变,不能说明合作金融最终被商业金融淹没。原有的合作金融组织商业化,新的合作金融组织又将不断涌现,合作金融与商业金融始终保持着互补关系。

八、农村非正规金融市场研究述评

在我国,对农村非正规金融市场的研究主要是农村非正规金融产生的成因及其利率问题。对于农村非正规金融产生的成因,张杰认为,中国小农家庭的生存经济与其资金的非生产性需求有着内在的逻辑联系;它决定了大部分农贷不可能由正规的或商业性的金融来满足,只能由熟人或国家来提供;一方面大量的农户存款进入国有正式金融机构而转移到非农部门,另一方面农户的信贷需求却得不到满足。温铁军认为,农村经济主体的微观活动及其融资需求的特点决定了他们难以进入商业化正规金融,长期地与民间借贷相结合,而农村正规金融的退出导致农村非正规金融的迅速分蘖。杜朝运则认为,农村非正规金融是由中国农村金融制度安排的缺陷造成的。郭沛从供给角度考察后指出,农村贫富差距的加大使农村非正规金融形成旺盛的供给;农村正规金融机构的存款利率低并且征收利息税,农村领域又缺乏国债等证券投资渠道,大量民间资本受利益驱动而成为非正规金融的供给者。政府向农村提供廉价的贴息贷款,由于管理落后,大量正规金融机构的优惠贷款借给较富裕农户或者被用于消费,收入较低农户的信贷需求仍然要通过非正规金融得以满足,政府贴息贷款达不到预期的政策效果。

张军从信息不对称角度出发,把民间信贷利率部分地视为具有调节借贷风险组合或过滤借贷风险的功能。江春认为,民间信用的利率决定于资金供求状况、借贷者亲疏关系、期限长短、淡旺季节等因素。何田认为,利率受社会平均利润率、市场竞争和国家政策的影响。张建军等认为,非正规金融定价遵循基准利率风险加成定价法。姜长云指出,清理整顿农村金融市场,限制非法集资和拆借等活动,导致民间金融发展的合规性障碍不仅没有减弱,甚至还得到了强化,从而提高了农村民间金融的运行成本和经营风险,导致民间金融的利率较高。陈锋、董旭操认为,民间私人借贷中的低利率或者零利率只是一种表面现象,其中不乏非货币化或者隐性支付。利息有价,人情无价!

理论界对农村非正规金融有两点共识。首先,非正规金融在满足农村多样化的资金需求,促进农民消费、投资以及应对风险等方面都有着正规金融无法替代的作用,是正规金融的有益补充。其次,农村非正规金融对农业增长、农村发展和农民增收具有积极作用,但必须规范和引导非正规金融的发展:一方面对各种非正规金融严格监管,限制和取缔不正常甚至对社会、对农村经济有害的非正规金融活动;另一方面积极鼓励正常的非正规金融活动,承认其合法性,降低金融市场的准入门槛,以农村金融市场竞争推动农村金融机构的可持续发展。

综上所述,国内外各种对农村金融市场研究的成果为发展中国家农村金融发展提供了理论依据,从而促进了农村经济的发展和农民生活的提高。然而,却没有一种成熟的理论能够指导中国农村金融市场较好地解决供需矛盾,在为农民提供融资便利的同时,为农民提供诸如保险、证券投资等方面的金融便利,满足农民更多的金融需求,使农村金融市场走向繁荣。本文要达到的目的就在于通过分析调查收集的资料,发现农村金融市场运行中存在的问题,分析原因,并运用前人的研究成果和适当的手段,找出带有普遍意义的东西,为解决农村金融市场体制机构不健全、资金短缺、农户贷款难等问题献计献策。

第二章 我国农村金融市场供求状况分析

第一节 我国农村金融市场发展现状

一、我国农村金融的发展现状

目前农村金融市场得到了积极的扶持与发展,财政支出政策陆续出台,政策性银行支农领域逐步扩大,在财政引导下的农村金融改革进一步展开。2009 年 3 月,财政部颁发通知,决定开展县域金融机构涉农贷款余额增量奖励试点,并对新型农村金融机构实行定向费用补贴。与此同时,农村唯一的政策性金融机构——中国农业发展银行正积极发挥着政策性银行的支农作用。

二、我国农村金融机构现状

自十七届三中全会提出"构建现代农村金融制度"以来,我国农村金融体系建设不断完善,建立健全了多层次、广覆盖、可持续的农村金融体系,为农村经济社会发展做出了重大贡献。中国农业银行、农村信用社、中国邮政储蓄银行、农业发展银行和新型农村金融机构构成了我国农村金融服务体系。

中国农业银行股份有限公司自 2009 年初挂牌成立,积极推进"三农"金融服务试点,构建了专业化的支农服务体系。农村商业银行和农村合作银行是农村信用社深化改革取得的成果,2003 年在经济发达地区起步,目前发展迅猛,已成为"三农"高效服务的现代金融企业。自 2003 年进行深化农村信用社改革工作以来,农村信用社已逐渐成为我国金融体系的重要一员,为农村经济发展做出了重要贡献。按照现代金融企业制度和商业银行运行管理要求组建的中国邮政储蓄银行,实行邮政储蓄与邮政分业经营,基层网点遍布全国 36000 多个市、县和乡镇,已成为农村金融服务的后起之秀。1994 年成立的中国农业发展银行,承担国家规定的农业政策性和经批准开办的涉农商业性金融业务,代理财政性支农资金的拨付,为农业和农村经济发展服务。2006 年年底,中国银监会调整放宽农村地区银行业金融机构准入政策,鼓励各类社会资本到农村地区投资设立村镇银行、贷款公司和农村资金互助社等新型机构,试点范围扩展至全国 31 个省(区、市),全国已有数百家新型农村金融机构开业运行。

发展新型农村金融机构有利于促进农村金融市场的竞争程度,提高资金利用的效率,有利于满足不同群体、不同层次的金融需求,成为农村金融发展的有力推动机。而国家有关部门的各项政策措施与文件的陆续出台更是证明了新型农村金融机构发展步伐的加快。2007 年,银监会调整和放宽了农村地区的银行业金融机构准入政策,鼓励社会资本到农村地区设立新型的农村金融机构。到 2008 年年底,全国经过银监部门批准成立的村镇银行达到了 89 家,贷款公司 6 家,农村资金互助社 10 家,贷款余额 27.9 亿元,累计贷款 39.7 亿元。

三、我国农村金融服务现状

农村金融服务是农村经济和社会发展必不可少的重要手段。中国人民银行和有关部门合力推进农村金融改革发展,2003 年以来,以农村信用社改革试点启动为标志,新一轮农村金融改革创新稳步推进,农业保险和农产品期货市场快速发展,金融支农能力不断增强,涉农贷款余额从 2007 年末的 6.12 万亿元增加到 2012 年末的 17.63 万亿元。当前农村金融服务的主要内容有:

(一)农户小额信用贷款金融服务

这种金融服务主要有农户小额信用贷款和农户联保贷款两种方式,以满足广大农户生产、生活需要。

(二)发展现代农业和扩大农村消费的资金需求金融服务

这主要针对科研、农资、种养、加工、仓储、运输、营销等整个现代农业产业链和相关农村服务业贷款,以及"万村千乡市场"、农村商品配送体系建设、农村社会化服务和农村信息化建设等配套金融服务工作。

(三)农业农村基础设施建设和主要农产品收购额的信贷支持

这种支持主要围绕农田水利基本建设、农业综合开发、统筹城乡发展、农业商品基地建设等重点领域,针对各类农村基础设施项目的信贷服务,以及围绕粮食和棉花等主要农产品的收购信贷支持。

(四)农村储蓄服务、商业保险和农业保险服务

随着农民收入不断增加,农村储蓄也在不断增长,农村金融机构也不断开拓农村储蓄市场。随着农民生活水平不断提高,也为商业保险提供了一个广阔市场。农业生产是一个高风险行业,开展农业保险服务有利于提高农民生产积极性。

(五)我国农村支付环境建设取得重大进展

在中国人民银行、各商业银行、清算组织、支付机构等各方共同努力下,我国农村支付服务体系不断完善,支付服务供需适配度持续提升,已基本实现了 2009 年确定的阶段性目标,为缩小城乡支付服务差距、推动实现城乡金融服务一体化奠定了坚实基础。

1. 加强对农村支付环境建设的组织协调、规划指导

中国人民银行切实履行支付体系组织者、推动者、监管者职责,加强对农村支付环境建设工作的顶层设计。2006 年、2009 年先后印发了《关于做好农村地区支付结算工作的指导意见》、《关于改善农村地区支付服务环境的指导意见》,明确了农村支付环境建设的总体目标、具体措施和保障机制。2010 年和 2011 年连续两年组织召开全国农村支付环境建设经验交流会,并建立了农村支付服务环境建设联系点制度,探索确立了以点带面、整体推进的思路,大大加快了全国各地建设工作进度。针对农村支付结算费率较高的问题,协调中国银联、商业银行研究出台优惠费率政策,降低农民非现金结算成本。

2. 推动金融支付服务资源要素向农村配置

一是批复组建农信银资金清算中心,通过提供灵活多样的系

统接入方式,支持农村金融机构加入人民银行跨行支付清算系统,加速支付清算网络在农村的广覆盖。二是以农村银行卡市场建设为抓手,推动便农零售支付体系发展。2005 年、2010 年先后组织开展农民工银行卡特色服务、银行卡助农取款服务,为广大金融空白乡镇的农村居民提供家门口式基础金融服务,从根本上提升了金融服务在农村的可得性;引导推动电话 POS 等各类创新型受理终端在小商品批发市场、农副产品收购、农业产业链等领域广泛应用,减少了现金流通,提高了资金结算效率;推动金融社保卡、中职学生资助卡、普通高中学生资助卡等行业银行卡在农村地区的应用,加速银行卡向农村公共服务领域渗透。三是针对农村金融组织结构不完善、金融网点辐射功能弱化的问题,通过组织非现金支付工具推广、手机支付等新型支付方式在农村试点、业务代理协作等方式降低农村支付服务市场拓展成本,引导银行机构、支付机构扩大农村金融服务覆盖面。

3. 强化支付服务风险防控和宣传教育

通过建立联合整治银行卡违法犯罪机制、开展支付结算执法检查等方式,加强对农村支付服务市场的监督管理,防范支付风险,维护农民资金安全。组织开展银行卡安全知识、银行卡助农取款服务、农村支付环境建设专题宣传等集中宣传教育活动,营造了良好社会环境,提升了农民风险防范意识和能力。

农村支付环境建设推动支付服务供需双方实现了有效对接和互利共赢;农民足不出村就能及时享受到相关金融服务,解决了其往返银行网点路途遥远、花费较高等问题。截至 2012 年 11 月底,银行卡助农取款服务已覆盖全国 32 个省市,中国农业银行、中国邮政储蓄银行、农村信用社等主要涉农金融机构设立助农取款服务点总计超过 40 万个,覆盖行政村 29.25 万个,消除金融空白乡镇比例达 52.52%。2012 年 1 月至 11 月累计实现小额取现交易超过 4532 万笔、金额超过 420 亿元。如按每笔业务节约交通、饮食等费用 10 元,省时 1.5 小时测算,相当于为农民省了 4.5 亿元和 6798 万个小时。金融机构通过完善支付服务设施网络,减轻了柜台办理业务的压力,形成以支付结算服务为纽带的农村资金归集和小额信贷业务的服务链条,拓展了金融机构服务"三农"的广度和深度,实现了涉农金融机构服务民生、履行社会责任与提升服务质量、树立行业形象的有机结合。农村支付环境的改善也拉近了党的政策与农民的心理距离,使越来越多农村群众享受到支付体系现代化发展的成果,切实把中央各项支农惠农政策落到实处,大大提升了党和政府在老百姓心中的形象。部分地区与农民生产、生活密切相关的农机具购置补贴、良种补贴、农业灾损补贴以及农村低保补贴等财政直补项目,全部通过非现金形式按时足额发给农民。据初步统计,目前银行卡已累计归集资金近1600亿元、发放1876亿元,将中央和地方惠农政策安全、便捷、及时地传递到农民手中。

（六）农村个人金融业务面临新的发展机遇

十八大明确将解决好"三农"问题作为全党工作的重中之重,并指出城乡发展一体化是解决"三农"问题的根本途径。十八大要求依法维护农民土地承包经营权、宅基地使用权、集体收益分配权,提高农民在土地增值收益中的分配比例,发展农民专业合作和股份合作,培育新型经营主体,这为农村个人金融业务发展带来新的机遇。

首先,工业化是农村个人金融业务发展新机遇的切入点。农业工业化的进一步推进将有力地促进和延长农业产业服务链的发展,商业银行可以通过产品、服务创新,满足产业链上下游农户、订单农户、合作社社员、农村个人生产经营大户等新型农业经营主体的金融需求。

其次,农业现代化是农村个人金融业务发展新机遇的基本点。农业现代化使土地比较收益增加,越来越多的农民从传统的种养殖业者转变为种养大户、农机大户、农产品流通市场经营户、农产品经纪人和农家乐经营者等,解决好第一产业升级带来的基础性金融需求,有利于巩固农村市场客户基础。

最后,城镇化是农村个人金融业务发展新机遇的着力点。城镇化不是简单的人口比例增加和城市面积扩张,更重要的是实现产业结构、就业方式、人居环境、社会保障等一系列由"乡"到"城"的转变,衍生出旺盛的金融需求,除常规的存贷款、支付结算等基础服务需求外,还有农民在城镇置业、专业市场经营户的展业、务工返乡人员创业、土地流转后种植大户的规模化经营所衍生的金融需求,特别是城乡一体化推进中针对社保、医保、农业补贴等公用事业项目的代理金融需求。

四、我国农村金融市场需求现状

随着农村经济社会不断发展,其对农村金融服务需求也越来越强烈。从农村金融市场需求层面看,广大农村有四方面最需要贷款支持:一个是简单再生产,如购买农机具、种子、农药、化肥所需资金;其次是经营性农户、民营企业扩大再生产所需资金;第三是消费性贷款需求,尤其是助学贷款、婚丧嫁娶所需资金;最后是建设性需求,包括农村基础设施建设,如农田水利建设,农村的道路、饮水、通讯、电网、民宅建设,居住环境改善所需的资金,农村文教、卫生、公共事业所需资金,这些不仅是农村急需的,而且对资金需求量最大,应当是农村金融服务重点支持的领域。目前,农村金融需求从需求对象上分主要有以下三类:一是农户需求,二是农村中、小企业需求,三是政府需求。农户金融需求主要表现在消费需求和生产性需求上。农民消费需求主要有必要生活开支、生育、住房建设、子女教育等需求;生产性需求主要有购买种养用的生产资料等需求。农村中、小企业金融需求主要表现在建设性需求和生产性需求上。建设性需求主要有生产厂房建设、生产设备购买等需求;生产性需求主要有原料购进、产品销售、员工工资等周转资金需求。政府金融需求主要表现在建设性需求上。农村基础设施建设是各级人民政府的职责,而政府财政资金无法满足建设需要时就需要金融支持。目前我国大多数地方财政资金状况是根本无法满足农村基础设施建设需要的,因此,农村金融支持在农村基础设施建设中还发挥着重要的作用。

五、我国农村金融市场供给现状

从农村金融市场供给层面考察,农村金融市场供给严重不足,正规金融机构单一,农村信用社难以担当主力军重任,四大国有银行出于效益的原因在农村的营业网点大批撤离,非正规金融受到抑制。结果是最需要贷款的地方却没有相应的金融机构提供借贷资金。

农村金融市场的改革与发展对解决我国"三农"问题具有重大意义。2007年年初,周小川指出,中国金融改革与发展面临的难题之一是农村金融体系的结构与运作机制还不适应市场需要,还存在缺陷,与解决"三农"问题对金融服务的需求还有差距。长期以来,人们对城市的关注多于农村,对城市金融的关注多于对农村金融的关注,对农村正规金融的关注多于对非正规金融的关注,农村金融市场的改革和发展面临着许多现实问题和理论争议,需要我们进行深入研究、积极探索。

与以往相比,目前农村金融市场得到了积极的扶持与发展,财政支出政策陆续出台,政策性银行支农领域逐步扩大,在财政引导下的农村金融改革进一步展开。2009年3月,财政部颁发通知,决定开展县域金融机构涉农贷款余额增量奖励试点,并对新型农村金融机构实行定向费用补贴。与此同时,我国针对农村唯一的政策性金融机构——中国农业发展银行,近年来不断开拓支农领域,积极地发挥着其作为政策性银行的作用。

发展新农村金融机构有利于促进农村金融市场的竞争程度,提高资金利用的效率;有利于满足不同群体、不同层次的金融需求,成为农村金融发展的有力推动力。而国家有关部门的各项政策措施与文件的陆续出台更是证明了新型农村金融机构发展步伐的加快。为解决部分农村地区"金融真空"和农村金融服务不足等问题,银监会早在2006年就出台《关于调整放宽农村地区银行业金融机构准入政策,更好支持社会主义新农村建设的若干意见》,调整和放宽了农村地区银行业金融机构准入门槛。2007年,银监会调整和放宽了农村地区的银行业金融机构准入政策,鼓励社会资本到农村地区设立新型的农村金融机构。2007 年年初,银监会制定并发布《村镇银行管理暂行规定》,为村镇银行进入农村金融市场以及合法地位提供了法律依据。通过设立村镇银行改革农村金融市场的思路被称为"增量改革",村镇银行给农村金融市场带来了竞争,有效增加了农村的金融供给,对农村金融发展具有里程碑意义。

我国村镇银行从 2007 年 3 月 1 日开始试点。全国首家村镇银行——惠民村镇银行成立,当年开业 19 家。到 2008 年年底,全国经过银监部门批准成立的村镇银行达到了 91 家(比上年增加 72 家),贷款公司 6 家,农村资金互助社 10 家,贷款余额 27.9 亿元,累计贷款 39.7 亿元。到 2009 年末,共有 148 家村镇银行成立。虽然村镇银行扩张速度较快,但 57 家的增量远低于上年,距离银监会《新型农村金融机构 2009 年—2011 年总体工作安排》设立 1027 家村镇银行的目标相距甚远,而且村镇银行的增速呈放缓趋势。到 2009 年末,开业 148 家村镇银行,其中,主发起人为政策性银行、国有大型商业银行、股份制银行和外资银行的有 30 家,其余 80% 以上的主发起人为城市商业银行、农村商业银行、农村合作银行和农村信用社等地方中小金融机构,其中以城市商业银行为主,传统的大型金融机构对设立村镇银行的积极性不高。截至目前,五大行仅发起设立村镇银行 9 家;其中,中国工商银行、中国建设银行、交通银行各自发起设立 2 家,对农村市场较熟悉的中国农业银行发起设立了 3 家,而中国银行则尚未涉足村镇银行。政策性银行国家开发银行较为积极,设立 7 家村镇银行,但缺乏基层营业网点。在外资银行中,香港上海汇丰银行(HSBC)出于布局中国大陆的战略考虑,积极发展村镇银行,目前已发起设立了 7 家,它们都由汇丰独资所有。汇丰银行看重的并非村镇银行本身的盈利性。城市商业银行等区域性金融机构设立村镇银行的动机更多的是想实现跨区经营、扩大业务范围,而且相当一部分机构和个人是看中了金融牌照这一稀缺资源。总体来看,我国村镇银行发展良好,但增速太慢。

六、我国农村支付环境建设

当前，我国农村支付环境逐步改善，支付环境建设工作面临良好的发展机遇，但也面临严峻的挑战，可以说是机遇与挑战并存。

（一）农村支付环境建设面临的机遇

我国农村支付环境建设工作面临的发展机遇主要体现在以下几方面。

1. 持续出台的惠农政策为推进农村支付环境建设提供保障

随着十八大报告中"推动城乡一体化发展"和"推进城镇化"战略部署的实施，农村地区的交通、通信等基础设施瓶颈将逐步突破，农村人口将由分散居住较快地向聚居化转变，为提高金融服务网络辐射能力、降低服务供给成本提供保障。国家有关财税支持政策也将激励金融机构将资源向农业产业链融资、农户小额信贷、农村金融基础设施布设等倾斜，特别是"新农保""新农合"等定期补贴资金发放导致的取款、转账需求，正成为撬动农村资金结算方式转变的杠杆。财政部有关数据显示，中央财政"三农"投入从2003年的2144亿元增加到2012年的12286.6亿元，累计总投入超过6万亿元，形成了包含四项直接补贴、造林补贴、家电下乡补贴等在内的较为完整的政策体系，补贴规模超过2000亿元。

2. "三农"支付服务需求的扩张升级为拓展农村支付服务市场深度奠定了基础

随着县域经济的快速发展和农村居民收入的增加，农村企业和个人对支付服务需求也不断升级，企业对包含小额贷款、现金管理等功能的非现金结算整体解决方案以及个人对存取款、转账结算、消费信贷等多元化需求较为强烈，为各参与方通过差异化竞争策略赢得细分市场份额提供了条件。

3. 信息技术的进步为降低农村支付服务供给成本提供了条件

"三农"支付服务具有交易分散、笔均金额小的特点，对成本较为敏感。现代化信息技术在支付清算系统、支付结算产品等领域的使用，提高了支付业务处理的自动化、自助化水平，降低了供给成本，为相关机构通过布设金融机具、发展电子化渠道提供低价支付服务创造了条件。

（二）农村支付环境建设面临的挑战

推进农村支付环境建设面临着以下挑战。

1.农村金融机构难以满足农村支付服务需求

农村地区金融机构网点少，经济发展、民俗习惯的差异较大，金融机构难以通过标准化、规模化的服务满足分散度高、差异性大的农村支付服务需求。

2.农民习惯用现金结算

农村居民习惯使用现金结算，对银行卡、网络支付等非现金支付工具的接受还需要一个持久宣传引导的过程。

3.农村金融机构缺乏适合农村特点的金融产品

金融机构在农村提供的支付服务产品多是对城市成熟产品的复制，适合农村特点、操作简易的产品较为匮乏。

4.农民防范金融风险的能力不强

农村支付服务风险不容忽视，信用卡套现、电信诈骗等支付领域的犯罪活动逐步向农村蔓延，而农村居民风险防范意识和能力有待进一步提高。

第二节　农村金融市场调查与分析（以济宁市为例）

下面通过对山东省济宁市农村金融市场问题的研究，寻求一些解决中国农村金融市场发展问题的措施。

济宁市是一个拥有 850 万人口的地级市，下辖 7 县、3 市、4 区，东部是山区，西部是平原，南部是微山湖区，煤炭和旅游资源丰富，经济发展在全省处于中等偏上水平。因此，透过济宁市农村金融市场的情况，可以得出带有普遍意义的东西。和全国一样，济宁经济正处于由传统农业经济向工业经济转轨时期，市场经济机制作用的发挥越来越重要。农户的经济功能在国有银行商业化后发生显著变化。近期，我们利用国庆长假期间，选派 200 余名在校大学生进行了一项社会实践活动：每个学生携带"农户经济及金融状况调查问卷",到农村调查农民的经济和金融状况。"问卷"涉及农户存款、借款等 10 项内容。调查范围覆盖济宁市 11 个有农村居民的县市区,最终收到调查问卷 2866 份。根据调查取得的资料显示,济宁市农村金融市场发育迟缓,农户经济状况差,收入水平低,储蓄能力弱,资金需求缺口大,农民借贷难问题突出,金融生态环境不良。在济宁市农村金融市场中,非正规金融规模超过正规金融规模。

一、济宁市农村金融市场现状

(一)大量资金从农村外流

近年来,济宁市农村缺乏有效的资金流入机制,资金从农村大量外流。农村正规金融市场组织不完善,无法为农村提供较好的金融服务。1999 年以来,济宁市农村基金会全部关闭,国有银行撤并县城以下基层机构,目前仍在农村开展业务的国有银行分支机构寥寥无几。这为遍布城乡的中国邮政储蓄银行提供了巨大的吸储空间,农村金融资源向中国邮政储蓄银行和农村信用社集中。中国邮政储蓄银行由最初只吸收储蓄存款不发放贷款,到发放一定数量的贷款。吸收的存款在上交法定存款准备金、发放贷款、留足准备金之后,其余以转存款的形式缴存中央银行,通过中央银行系统层层上划,大量农村资金因此从农村流出。据统计,2006 年 12 月底,济宁市邮政储蓄余额为 9.6 亿元,其中来自农村的邮政储蓄为 5.7 亿元,占 60%,这表明邮政储蓄资金的一半以上来自农村。2008 年 4 月 25 日,中国邮政储蓄银行济宁市分行正式成立,辖 11 个一级支行、41 个二级支行、185 处代理网点。建行以来,该行坚持服务三农、服务中小企业、服务社区的零售银行定位,自觉履行"普之城乡,惠之于民"的社会责任,植根孔孟之乡,密切结合地方经济发展需要,充分发挥网点覆盖面广、联通城乡的独特优势,加快转型,科学发展,经营效益和各项业务发展大步跨越,市场竞争能力不断增强,地方的品牌影响力和社会地位显著提升。2012 年,该行收入达到 3.65 亿元,位居山东省第 2 位,增幅位居全省第 1 位;各项存款余额达到 244.6 亿元,累计发放各类贷款近

160 亿元。由于成绩突出,2009 年至 2010 年,该行连续两年被济宁市委、市政府授予"支持三农发展贡献奖"荣誉称号;2011 年,被省分行授予"2011 年金雁奖先进单位";2012 年,被市政府授予"济宁市小微企业金融服务先进单位"荣誉称号。

农村信用合作社由于政府的干预与管制,加之历史包袱沉重等原因,信贷规模小,利率上浮幅度大,仅此一家根本不能满足农户和农村中小企业对资金的需求。由此可见,农村正规金融机构事实上成为农村资金外流的渠道。抽样调查显示,2011 年全市农村人均净收入 6338 元,银行存款 3926 元,占净收入的 62%。在这些银行存款中,大部分通过银行、农村信用社等金融机构从农村转移出去。

随着城市化发展的加快,济宁市民间投资出现城市化倾向,从农村起步逐渐发展起来的农村个体工商户、农村经济组织,随着生产经营规模的壮大,逐渐离开农村,有实力的农户甚至到城市购买住宅,从农村转移到城市。他们因此将资金带入城市,在城市投资和消费。据抽样调查显示,济宁市已有近 20% 的农民进入城市谋生,创办各类企业上千家,从农村带走自有资金及民间借贷资金十几亿元。

(二)商业银行在农村市场严重缺位

农业是风险较大的弱势产业,受自然灾害、市场供求关系及其他不确定性因素影响较大。原来作为农村金融主渠道之一的中国农业银行逐步走向商业化经营,市场定位和经营策略发生重大变化。近年来,中国农业银行虽然在经济较发达农村保留了一些营业网点,但其主要功能是吸收存款,信贷业务向现代银行演变,对农村的信贷投放极少,重点向城市倾斜。国有商业银行从农村金融市场的逐步退出,大大削弱了金融对农村经济的支持力度,使大量的存款资金以贷款的方式转移到城市。目前,中国农业银行信贷资金已由过去基本从农村金融市场退出,向逐步加大服务三农力度的方向发展。在被调查人群中,存款时首先选择中国农业银行的占 56%,首先选择农村信用社的占 33%,首先选择邮政储蓄银行的占 8%。截至 2009 年 12 月底,农行济宁市分行本外币存款余额 337.5 亿元,农户小额贷款 12.54 亿元,农业龙头企业贷款 8.72 亿元,支持农村发展的贷款只占其存款的 6.3%。另外,农业发展银行资金来源不稳定,筹资成本较高,与优惠贷款形成较大反差;对农业的放贷范围小,功能单一,只限于流通领域中农业种植业的粮、棉、油收购方面发挥着政策性金融组织的作用,从某种程度来说只是扮演着"粮食银行"的角色,只对粮食收购企业放贷,不直接为农户放贷,2009 年农业发展银行济宁市分行发放小麦最低价收购贷款 107000 万元。农村信用社"支农"力不从心,其管理体制、经营机制还不够健全完善,有些制度形同虚设,历史包袱沉重,不良贷款率较高。

(三)信贷资金不能满足三农需求

国有商业银行信贷配置日益远离三农经济而流向其他领域,农村信用社孤军作战,成为济宁市正规金融机构支农的主力军。据统计,截至 2006 年 9 月底,农村信用社已累计发放各项贷款 49.6 亿元,纯农业贷款累计发放 40.5 亿元,占全市纯农业贷款的 98% 左右。但面对日益增强的农村资金需求,仅靠农村信用社一家显然势单力薄。据了解,济宁市农村信用社的存款总量保持在 50 亿至 60 亿元,2005 年度存贷比例达到 78%。按照银监部门的规定,农村信用社 2006 年存贷比例不得超过 75%。贷款资金总量控制在 40 亿元左右,这个数字远不能满足农民信贷资金需求。农村、农业和农民难以获得足够的发展资金,农户特别是农村中小企业贷款难的问题普遍存在,农村资金短缺现象日趋严重。

其他各商业银行也只对风险小、收益高的农业龙头企业提供信贷支持,且支持力度不足。据统计,截至 2006 年 7 月底,工行济宁市分行本外币存款 57 亿元,向农业龙头企业放贷 9891 万元,支持农村发展的贷款只占其存款的 1.7%;中行济宁市分行本外币存款 40 亿元,向农业龙头企业放贷 2670 万元,支持农村发展的贷款只占其存款的 0.66%;建行济宁市分行本外币存款 45 亿元,向农业龙头企业放贷 3000 万元,支持农村发展的贷款只占其存款的

0.67%。在被调查人群中,借款通过银行(信用社)的占被调查总人数的38%;向亲戚朋友借款的最多,占被调查总人数的63%。显然,正规金融机构提供的信贷资金不能满足三农需求。

(四)农村保险不适应"三农"发展需要

改革开放以来,中国保险业在促进改革、保障经济、稳定社会、造福人民等方面发挥了重要作用。但是,国内保险业务主要分布在城市和经济比较发达的地区,济宁市农业保险几乎还是一块待开发的处女地。这与建立完善的社会主义市场经济体制不相适应,与社会主义新农村建设的要求不相适应。农民不仅渴望经济上有风险保障,而且需要生活上的基本保障。但由于客观原因,商业保险和社会保险均不能覆盖农村地区。一是农民的生老病死无保障。"一个母亲能养活八个子女,但八个子女却养活不了一个母亲"的现象大有人在。人老了没有生活来源,要靠子女养活,可许多子女无能力养活老人。病了没钱治病,就只好放弃治疗。如果农民参加了养老和医疗保险,这个问题就迎刃而解了。二是农村恶劣的自然条件,交通和通讯、科技文化落后等因素,制约经济的发展,遇到风险没有保险保障。三是农业的发展承受着来自自然环境和市场环境的双重风险。一方面,农业发展对自然条件的依赖性很强,农业自古以来就有靠天吃饭的说法,我国农业病虫害、洪水、冰雹、干旱等自然灾害频繁发生。在严重的灾害面前,政府缺乏施救资金,农民恢复生产、生活困难。许多农民脱贫后又因遭受自然灾害而返贫。另一方面,中国农业生产还没有摆脱粗放型经营的局面,大量分散的农户很难应对市场经济的挑战。由于信息闭塞、交通不便,产品不能适应市场需求,丰产不丰收,卖粮、卖瓜菜难时常困扰着农民,他们甚至白白地将自己辛辛苦苦收获到手的劳动果实毁掉。如果能够加入保险,将风险转嫁出去,农民收入就有了保障。

(五)非正规金融仍处于初级发育阶段

济宁市农村非正规金融占据较大的市场份额,但没有成型的非正规金融组织。在被调查人群中,将钱借给非正规金融组织或个人的占被调查总人数的 20%,通过非正规金融机构借款者占被调查总人数的 65.2%。农村非正规金融的主要形式是亲戚朋友间的相互借贷、单位集资和高利贷。当农民筹资不能通过正规金融机构时,只好借助于非正规金融。汶上县个体营运者杜某,1997年在亲戚的帮助下开始经营客运,到 2001 年春季,客车经济寿命终止,停止营运。当时看到货运市场利润不错,于是决定贷款买货车,但是 20 余万元车款几乎全部靠融资。他首先向亲戚朋友借了 3 万元,到当地农村信用社取得贷款 4 万元,其余 14 万元在建设银行取得汽车消费贷款。3 年过去,勉强将 14 万元汽车消费贷款偿还了,农村信用社贷款仅仅是分期偿还利息。这时他见货运还是不如客运收入稳定,于是又筹资 27.5 万元购买了二手客车的经营权。其中,他委托朋友在农村信用社为他贷款 8 万元,在亲戚的帮助下在建行贷款 8 万元,向亲戚朋友借 6.5 万元;其余 5 万元通过一朋友介绍并担保,以打欠条方式向一高利贷者举债,月利率 20%,期限 6 个月。贷款到期后,他仍无力偿还本金,便支付 3600 元利息后,重新打了 5 万元欠条,续期 6 个月。如此重的债务负担,使他辛辛苦苦劳动 10 年,只落得十几万元的债务和一辆寿命即将终止的客车。这一案例中的杜某还是一位"幸运者",如果没有亲戚朋友的帮助,是不可能进行这项投资的。如此高的筹资成本,投资者又能获利多少呢?

由于货币管理当局对非正规金融的严厉管制,民间金融供给不足,交易资金短缺,造成交易资金价格过高、借款人负担过重,在社会平均利润率走低的情况下,借款人很难用借入资金投资获利。因此,民间金融仍然处于初级发育阶段,难以进一步扩展规模和经营网络,无法充分满足农村经济和农民的融资需求,只能为农村经济和农民提供简单、急需的金融服务。

二、济宁市农村金融市场问题分析

济宁市农村经济发展中金融服务不足的问题,既有金融业本身的原因,也有农村经济环境和政策的因素。

(一)农村金融市场内在矛盾突出

农村金融体系整体功能已不适应农业和农村经济发展需要，农户、农村中小企业贷款难问题依然突出。"三农"领域资金需求远远超过农村金融机构所提供的资金数量，资金供求矛盾十分严重。近年来，济宁市农村信用社进行了改革，但改革模式单一，垄断经营局面没有改变，绝大多数农村信用社管理体制和经营机制没有实质性变化。中国农业银行的城市化导向和业务转移，成为其忽视农村金融市场的借口，对农村有市场、有效益的项目，银行也不进行资金支持。农业发展银行未在其金融服务领域内切实承担起政策性金融的职能。农村资金通过邮政储蓄等渠道大量外流，影响农村资金的整体供应。农村保险业发展缓慢，过去近 20 年间，济宁市农业保险呈逐年萎缩的态势。资本市场在农村几乎是一片空白，证券公司、信托投资公司、租赁公司、非正规金融组织、国际经济机构等在农村金融市场上的作用和功能几乎为零。农村中数量众多的中小企业很难进入资本市场进行融资，不能获得长期资本支持。

(二)农村金融市场外部环境问题

这主要表现在农村金融生态环境恶化。金融生态环境的概念由周小川首次提出，徐诺金结合生态学知识给出金融生态的定义：金融生态是指各种金融组织为了生存和发展，与其生存环境之间及内部金融组织相互之间在长期的密切联系和相互作用过程中，通过分工合作所形成的，具有一定结构特征，执行一定功能作用的动态平衡系统。农村金融生态环境是为农村经济发展提供资金融通及其他金融服务的各类金融机构为了生存和发展，与农村经济、金融发展相关联的所有因素及其他机构之间的密切联系和相互作用过程中形成的一种动态的、均衡的系统(黄福宁)。

首先，农业的利润率低会导致农村资金外溢。济宁市农业的现实回报率极低，农村金融机构赖以生存的土壤贫瘠。商业银行出于对利润的追求，必然将储蓄存款从农村通过其上级行贷放到非农领域。邮政储蓄作为政策性银行运营资金的主要供给者，其在农村吸纳的资金大部分流出于农村经济循环体系外。资金流动规律的作用，必然导致农村资金外溢，农村金融运行的整体生态环境恶化。其次，法制环境缺失，征信体系建设滞后，债权人利益被忽视。诚信环境的缺失直接导致农村金融生态环境恶化。道德风险的不可预见性，对农村金融生态环境造成冲击。汶上县2004年底农村信用社贷款余额5.6亿元，不良贷款1.3亿元，不良贷款率23%，其中党政干部和政府的贷款（或担保贷款）就有1560万元，这些很难及时收回。

对农村金融市场监管不力。农村金融业务存在格雷欣法则，不利于正规农村金融机构的发展。格雷欣法则是在金银复本位制下的"劣币驱逐良币"现象。由于私人贷款手续简单、期限较短，而农村信用合作社等正规金融机构不能满足农户对资金的需要，因而农村金融市场份额不断被非正规金融侵蚀，非正规金融将正规金融从农村市场上驱逐出去。

农村金融机构缺乏健全的内部控制制度。济宁市农村信用合作社定位低，缺乏市场竞争力，业务涉及范围较窄，内部控制制度建设方面严重滞后，甚至对传统业务都不能很好地进行控制。财务会计制度、人事及岗位管理制度、风险稽核制度、问责制度等内部制度的缺失，使农村金融机构的内部生态环境失衡。行政干预影响了农村金融的市场进程。

（三）金融当局忽视了对非正规金融的引导、监督

非正规金融是指处于监管当局视线之外的非正式组织开展的民间金融活动。非正规金融作为民间自发的融资方式，其产生和发展有其历史原因，也有其现实意义，既是借贷双方自身的内在需求，也是外部供给不足的一种理性选择。因此，针对非正规金融问题，金融当局只能积极地"疏"，不可消极地"堵"。农村非正规金融发育层次低、运作极不规范，其正反面作用和效果都很突出。过去，金融当局强化了其反面作用，不能对其正确引导和监督，而且盲目限制，甚至取缔。

近年来，非正规金融活动在济宁市越来越活跃。这种未得到

监管部门认可的金融活动之所以有着旺盛的生命力,一个重要原因是民营经济的发展形成大量资金需求。改革开放以来,济宁市民营经济得到迅速的发展,然而融资难问题却始终影响着民营经济的发展。据调查,济宁市约有 80% 的企业认为融资难是它们面临的主要发展障碍,90% 以上的个体私营企业是完全靠自筹来解决创业资金的。在民营企业融资构成中,自有资金约占 65%,民间借贷及商业信用约占 25%,向银行贷款仅占 10%,在正式资本市场融资则几乎为零。非正规金融活动中有相当部分是专门为民营经济服务、填补资金供应市场空白的,这种活动在很大程度上得到了地方政府的默许甚至支持。于是,非正式金融活动便十分活跃,成为民营企业解决创业和企业运作资金的重要渠道。尽管监管部门一再严格限制各种形式的民间融资活动,对民间"乱集资"活动严加取缔,但民间金融活动仍然有强大的生命力。民间融资活动主要是民间借贷、拖欠货款、私募股本、通过典当行抵押获得资金和企业互保加债转股。随着民间融资活动的发展,出现了相当数量的地下钱庄和中介人,成为民间金融市场的中坚力量。

非正规金融利息成本过高,形成不规范、高风险的投资市场,加大了借款者的经营风险。在货币市场,民间借贷大多是靠血缘或地缘关系维系的,交易双方若无亲友、雇佣、业务往来等关系便难以成交。在资本市场,出现大量私下交易及"原始股骗局"。

(四)村镇银行在发展过程中存在的问题较多

2012 年 11 月 9 日,山东济宁儒商村镇银行在任城区正式成立。该行是济宁银行发起并控股设立的村镇银行,同时也是全市唯一一家由本土银行发起的村镇银行。儒商村镇银行开业后,以服务三农、服务小微企业为市场定位,借助济宁银行结算融资渠道,传承济宁银行便民惠民精神,为满足三农资金需求增添新的力量。然而,村镇银行由于身处农村,其发展面临着很多制约因素,如经营风险很大、抵押物不足、结算系统落后等。村镇银行发展过程中已经出现不少问题,可归纳为以下几个方面。

一是村镇银行没有真正深入农村金融市场发挥服务"三农"的

作用。村镇银行本质上属于银行类金融机构,它与其他商业银行没有本质区别,是独立的企业法人;以安全性、流动性、效益性为经营原则,自主经营,自担风险,自负盈亏,自我约束。但"村镇"一词决定了它的设立区域和服务对象。它是在农村地区设立,主要为当地农民、农业和农村经济发展提供金融服务。但由于农户具有抵押物不足、农业弱质性隐含的还贷风险和非生产性借贷等一些先天弱点,而且农业具有投资回报周期长、盈利能力有限、抗风险能力弱等缺点,所以各种金融机构历来都是"嫌贫爱富"的,不愿意与农民打交道。村镇银行成立之初,还能严格执行有关政策和法规,以服务"三农"为己任开展金融服务工作。但在利益的驱使下,村镇银行很难实现"从一而终"的经营理念,逐渐偏离服务"三农"和支持新农村建设的宗旨,转而追求高回报、低风险的业务领域。村镇银行大多将其总部设在各试点地区的行政中心所在地,周边的金融和经济环境理想,商贸较为发达。从客观来看,其并未完全符合在金融服务空白地区布局的经营思路,村镇银行最终呈现"冠名村镇,身处县城"的格局。更有甚者,部分村镇银行没有专注"高风险,高成本,低收益"的小额农贷业务,而将目光放在贷款金额比较大的小企业主及出口企业上,偏离了设立村镇银行的政策初衷。如何在服务"三农"政策目标的基础上实现盈利是村镇银行持续发展必须解决的问题。

二是存贷比高位运行,流动性风险大。由于村镇银行是新开业的银行,社会公信力比国字号银行差,社会认可度低,所以村镇银行的吸储能力很低,加之农村资金外流严重和本来就不富裕的农民,进一步限制了村镇银行资金的来源,而且村镇银行网点少,现代化手段欠缺,缺乏对农民存款的吸引力,村镇银行面临可贷资金不足的问题,在很大程度上限制了其服务"三农"的规模扩张。与吸存难形成鲜明对比的是,村镇银行在发放贷款上颇具优势。村镇银行是县域内独立的法人机构,决策流程短,从接受客户申请到最终决定,最多只需3天时间。如果担保抵押措施到位(如村镇银行认可的客户提供保证担保),客户当天申请,当天就可贷款。

这对县域内资金需求具有明显的短、小、急特点的小型企业和个体工商户具有较强的吸引力。这就导致了村镇银行的存贷比持续高位运行。据银监会统计数据显示,截至 2009 年年末,已开业的 172 家新型农村金融机构(其中 148 家为村镇银行)吸收存款 269 亿元,贷款余额 181 亿元,存贷比为 67%,低于 75% 的监管高限。但事实上,村镇银行的存贷比普遍高于 75%。以吉林诚信村镇银行为例,该行 2007 年 3 月 1 日获准开业后,截至 2007 年 8 月末贷款余额为 1416 万元,存款余额为 617 万元,存贷比高达 228.54%,而且存款多数来源于县域企业。存贷比过高,一方面反映了县域贷款需求旺盛,村镇银行就地媒介资金能力很强;另一方面也反映了村镇银行资金来源渠道有限。按照监管层的要求,银行类金融机构存贷比不得突破 75% 的红线,但出于对"三农"的支持,监管层对村镇银行有所放宽,要求其 5 年内逐步达标。村镇银行持续的存贷比高位运行,流动性风险加大。一些村镇银行远离母行(特别是城市商业银行发起设立的村镇银行),而人民银行在很多县域没有分支机构和金库,紧急情况下外部支援能力有限。村镇银行总的存款规模小,需要防范存款异动风险,一旦出现流动性危机,将对其声誉带来毁灭性打击,使其吸收存款更加困难。

第三,控股模式单一。按照规定,村镇银行的产权结构中,最大股东或唯一股东必须是银行业金融机构,且持股不低于 20%。但大银行在发起设立村镇银行时,一般都要求持股 50% 以上,处于绝对控股股东地位。大中型银行对设立村镇银行积极性不高,主要有两个原因:一方面村镇银行投资回报周期长、盈利能力有限,不如扩张分支行网点效益高;另一方面,村镇银行如果经营不善,出现问题,将对母银行的声誉和品牌造成伤害。此外,在现有产权结构安排下,民营资本股东因话语权小,在短暂的热情之后,对村镇银行渐渐采取冷漠甚至观望的态度,这与鼓励民间资本参与农村金融改革的初衷大相径庭。截至 2009 年年末,我国已有 1300 多家小额贷款公司,这些贷款公司经过几年的发展已经达到了银监会规定的最大贷款量,业务扩张能力受到限制,因此转型愿望比较强烈。但是,银监会考虑到现阶段我国征信体系建设尚不完善,特别是在县城以下广大农村,征信体系建设尚处于起步阶段。为了保护存款人利益、确保村镇银行可持续发展,《小额贷款公司改制设立村镇银行暂行规定》明确规定:"小额贷款公司改制为村镇银行必须有银行业金融机构作为主发起人。"这一规定意味着小额贷款公司要把自己的控制权转让给银行,导致小额贷款公司改制的积极性丧失,各方利益主体兴办村镇银行的动力不足。

第四,村镇银行结算系统为网络时代的"信息孤岛"。部分村镇银行至今没有单独的行名行号,无法加入人民银行的大小额实时支付系统,只能进行资金的手工清算,汇划到账速度较慢,不能满足客户快速、便捷的服务要求,而且容易出现差错事故。由于村镇银行只是在县城的一个孤零零的点(极少数开设了一两个支行),村民存款、取款都必须要到网点来,让客户感到不便。因此,村镇银行对绝大多数农村居民来说没有吸引力。任何一笔从外地汇入的款项都是跨行跨区,汇费昂贵,加之在乡镇没有网点,取款不方便,外出务工的农民工一般不会选择村镇银行作为汇入行,村镇银行与中国农业银行、中国邮政储蓄银行、农村信用社在汇兑业务上的竞争处于不利地位。很多农村地区是典型的"打工经济",外出务工收入是当地经济的支柱,村镇银行失掉这笔业务,也就失去了大部分存款来源。此外,村镇银行的通存通兑没有开通、银行卡业务缺失,汇路不畅也是一个大问题。

第五,经营方式创新化与经营观念陈旧化的矛盾。传统的经营方式在农村金融市场是没有出路的。历史表明,村镇银行要想在农村市场实现可持续发展,必须创新自己的经营方式,如创新贷款风险管理制度、创新贷款审批流程、创新具有农村特色、真正符合农村实际的金融产品等。但目前村镇银行的从业人员大都是农村信用社的老员工,在经营观念上比较传统,难以实现这些创新。银行金融机构必须是村镇银行的最大股东,这一点容易造成大中型银行的管理输出,把村镇银行办成母行的一个支行,使村镇银行失去决策流程短、经营机制灵活的先天优势。大中型银行有成熟的风险管理制度、业务流程和企业文化,作为村镇银行的控股股东,很容易把自己的业务模式照搬过来,初期可能会减少成本费用,但国有银行在农村的实践表明,农村市场具有自身的特点,照搬成熟的商业银行的客户定位对象、业务决策流程、贷款还款方式在农村市场是没有生存空间的。如何避免村镇银行走四大商业银行的老路,使控股股东向村镇银行输出经验并使之适应县域市场的特点成为一大难题。

第三节 我国农村金融市场规模和结构分析

一、我国农村金融市场发展的规模分析

我国农村金融市场规模小、发育状况落后。从覆盖面来看,虽然农村金融覆盖了大部分地区,但从资金的可获得性看,覆盖面不到25%。而印度农村金融的覆盖面达到75%以上。从可持续性看,农村金融运行,尤其是小规模信贷运行的理念、方式、方法和效果还停留在发达国家20世纪80年代水平,是以项目为主的低利率利息补贴政策,不能以机构为基础,一旦项目结束,情况又回到了原来的样子,没有可持续性。从我国农村金融市场运行的现实情况看,强调覆盖面意味着公平,但却可能影响农村金融的可持续性。因此,在这两者之间需要寻求一个合理的平衡点。这就是未来我国农村金融改革和发展的关键所在。

我国农村借贷规模同农业重要的基础地位严重失衡。从表2-1可以看出,1996～2003年间,农业贷款规模占全国信贷规模之比在3.1%和5.3%之间,这同农业对经济发展的贡献极不相称。从2004年的统计数字看出,农业总产值占我国GDP的15.20%,而农业从金融机构获得的贷款仅占贷款余额的5.78%(表2-2、表2-3)。

表 2-1 我国农业信贷规模[①]

年份	各项贷款总额(亿元)	农业贷款(亿元)	农业贷款所占比重(%)
1996	61156	1919	3.1
1997	74914	3314	4.4
1998	86524	4444	5.1
1999	93734	4792	5.1
2000	99371	4889	4.9
2001	112314	5711	5.0
2002	131293	6885	5.2
2003	158996	8411	5.3

表 2-2 2004 年各季度农业总产值及其占 GDP 比重[②]

2004 年	农业总产值(亿元)	GDP(亿元)	比重(%)
第一季度	2028.77	27128	7.48
第二季度	4148.23	31660	13.10
第三季度	6384	34356	18.58
第四季度	8183	43371	18.87
合计	20744	136515	15.20

表 2-3 2004 年各季度农业贷款及其占贷款的比重

2004 年	农业贷款(亿元)	贷款总额(亿元)	比重(%)
第一季度	27502.8	492983.7	5.58
第二季度	29773.3	509906.3	5.84
第三季度	30533.5	514397.7	5.94
第四季度	30219.1	526316.5	5.74
合计	118028.7	2043604	5.78

---

① 2002—2004 年《中国金融年鉴》。
② 表 2-2、2-3 数据来源:国家统计局网站、中国经济景气月报。

资本的不足将导致经济体的发展陷入"贫穷陷阱"。长期以来，农村资本供给城市，为城市的工业化作出巨大贡献，但是，农业本来就属于弱质产业，再加上农村自身资本的缺乏，严重阻碍了农村经济的发展。市场机制的完善，要求金融体系不应对农村市场采取歧视性政策，必须发挥金融的资源配置功能，加大对农业的支持力度。

二、农村金融市场发展的结构分析

农村的信贷需求是不同市场主体，不同层次金融需求的集合。

（一）农村贷款结构

农村金融市场主体主要包括工商企业、农村经济组织和农户。农村金融资产在这三者间的分配不合理。农村贷款中的大部分依然流入农村第二、第三产业，而农村经济主体中数目最大的农户只得到 3% 左右的贷款。这样的贷款结构，很难满足农户的生产和生活对资金的需求。这同时为民间金融的发展留下广阔的市场空间。

（二）农村存贷款对比情况

将存款和贷款对比研究，既能反映农村金融结构是否平衡，又能反映农村金融体制资源配置是否有效率。我们可以用存贷差反映一定时期内存款余额与贷款余额的差额，它是农村地区使用外来资金或向外输出资金的绝对净值。存贷比可反映金融机构从农村地区吸纳的存款转化为贷款支持农村经济发展的状况。据统计，1996 年至 2002 年间，我国的存贷比都大于 1，最高是 2002 年，达到 1.4，这说明金融机构把从农村吸取的存款转化为贷款投入农村经济发展的能力较差。1996 年至 2002 年期间，平均每年存贷差 3500 亿元左右，2002 年达到 5473.2 亿元，这反映了农村资金外流严重，农村各经济主体不断把自己的资金剩余贡献到城市发展之中，"贫血"的农村经济不仅得不到"输血"，而且还在继续向城市"献血"。从以上的分析中可以看出，无论在规模上还是结构上，中国农村金融体系都无法很好地适应中国农村经济发展的需要。金融供给与需求失衡导致农村金融贫困，成为农村经济发展的"瓶颈"。

第三章 我国农村金融市场发展存在的问题

农村金融市场虽然经过多次改革并取得长足发展,但是依然存在着很多问题。目前我国农村金融市场最主要的问题就是农村金融供给不足,制约了"三农"发展以及城乡"二元结构"的消除。农村金融的供给问题既表现在总量上,也表现在结构上,而其中以结构问题最为突出。下面从农村金融服务机构、服务对象、金融产品与服务三个方面系统分析农村金融市场存在的问题。

第一节 我国农村金融服务机构存在的问题

一、农村地区金融服务机构网点少

当前,农村金融供给层面不足,农村金融供需之间的差额持续拉大。由于农村家庭联产承包责任制制度变革的边际收益递减,农业生产经营方式的变革比较活跃。一方面,农业产业化、农业个体经营等生产经营方式对资金需求量大增;另一方面,农村经济活动市场风险和自然风险增加,农村金融机构惜贷现象严重,推进业务改革进程缓慢,在一定程度上抑制了农村金融的需求。金融是经济发展的核心,是支撑实体经济得以发展的重要载体,一旦金融资金供给成问题,必然对实体经济层面产生严重的负面影响。

当前,我国部分县域金融网点覆盖率偏低,有的县甚至无一家乡镇金融网点。"无金融服务机构、人员、网络"的"三无"现象在农村地区还很普遍。商业银行改革以来,银行为实现"效益立行",几家主要银行都对乡镇基层网点进行大量撤并、人员裁减、业务收缩,逐步淡出农村地区。与此同时,为"三农"服务的金融机构建设没有跟上,大部分乡镇只有农村信用联社和邮政储蓄设有金融服务网点,而且农村信用社为控制风险的需要,进一步减少了农村金融服务网点,中国邮政储蓄银行大部分网点也只是代办性质,服务体系建设严重滞后。部分农村地区甚至出现了金融服务空白。据统计,截至 2007 年年末,全国县域金融机构的网点数为 12.4 万个,比 2004 年减少 9811 个。县域四家大型商业银行机构的网点数为 2.6 万个,比 2004 年减少 6743 个;金融从业人员 43.8 万人,比 2004 年减少 3.8 万人。其中,中国农业银行县域网点数为 1.31万个,比 2004 年减少 3784 个,占县域金融机构网点数的比重为10.6%,比 2004 年下降了 2 个百分点。

在四家大型商业银行收缩县域营业网点的同时,其他县域金融机构的网点也在减少。截至 2007 年年末,农村信用社县域网点数为 5.2 万个,分别比 2004 年、2005 年和 2006 年减少 9087 个、4351 个和 487 个。2004 年至 2006 年,除四家大型商业银行以外的县域金融机构网点数年均下降 3.7%,其中经济发达的东部地区县域金融机构网点数年均下降 9.29%。[①]

由于县域金融机构网点和从业人员的减少,县域经济获得的金融服务力度不足。县域企业金融覆盖水平近年来虽有提高,但总体水平仍然较低。证券、保险机构少,融资担保体系建设不充分,乡镇和农村地区金融机构数量少,为中低端客户提供的金融服务仍很薄弱。截至 2013 年 3 月,全国还有 1000 多个金融机构空白乡镇。与此同时,一些农村信用社在改革过程中热衷于推动以省、市为单位组建农村信用社法人,试图取消县一级农村信用社的法人地位。

实践表明,大型商业银行在农村地区提供金融服务不具备比较优势,其业务活动往往无法适应小农经济,也无法解决因严重的信息不对称而带来的高风险和巨额成本等问题。中国并不缺少大银行,但缺少贴近基层的中小金融机构,特别缺少根植于农村的微型金融组织。相对来说,贴近农户、符合农村基本需要的"小法人"

---

① 中国农村金融服务报告(2007).

更适合服务当地。从美国的情况来看,8000 多家银行类法人金融机构中,有 5000 多家是以县为服务范围的社区金融机构。与此相比,我国县域地方法人金融机构的数量尚显不足。因此,无论从国家银行业宏观角度考虑,还是从各类银行业金融机构的布局出发,现有的 2000 多家农村信用社县级法人不宜向成立全省统一法人的方向转变,避免减少县一级的农村信用社独立法人。

二、农村金融空间结构和组织结构失衡

农村金融机构城乡布局、区域性布局严重失衡。在我国东部经济发达地区,农村金融机构的区域布局相对较完善,商业金融也较发达,金融商品的供给较为充分。但在中西部地区,特别是落后地区,农村金融机构分布密度较小,金融商品的供给不充分,大多数农村居民和乡村企业只能享受来自农村信用社的垄断性供给,无法享受到其他金融机构的相关服务。此外,我国政府主导的金融处于绝对主导地位,民间资本型的中小商业金融和互助金融缺失;全国性的金融机构多,地域性的金融机构特别是地方农村金融机构少。中国农业银行进行商业化改革,导致其基本上淡出了农村。

三、农村金融机构法人治理结构不健全

近年来,随着农村金融改革的不断推进,在农村地区经营的金融机构也不断加强自身建设,完善法人治理结构,提高服务农村的能力,但由于目前农村各金融机构定位尚未十分明确,其法人治理结构不完善的问题仍较为突出。这主要表现在以下几方面。一是部分农村信用社省联社及派出机构与县联社之间的权责关系不够明确。部分地区省联社及其派出机构与辖内县联社"一级法人"社基本上变成了行政性的上下级关系,县联社作为一级法人的自主权受到了限制,股东大会、监事会等形同虚设。省联社及其派出机构对辖内法人联社管理过多,很容易造成管理体制的僵化,甚至出现行业管理机构越俎代庖现象。由于股东的权利与责任严重不对称,部分农户股金变成了定期存款,股东的主要目的是获得贷款上的便利和利息优惠。而且农村信用社的激励机制、监督机制、市场退出机制等与农村信用社经营绩效息息相关的宏微观机制虽然在改革设计中受到了重视,但在实践中落到实处还要走很长的路,道德风险问题仍然没有得到根本解决。二是中国农业银行目前正在进行股份制改革,整体的法人治理结构仍待完善,其在农村地区的分支机构经营机制的建立健全仍需一段时间。三是农业发展银行的定位和有效经营模式仍在探索,建立较为完善科学的政策性金融支农机制尚需时日。

四、激励金融机构支持"三农"的机制不够健全

改革开放以来,农村和城市相比,在经济发展水平、收入水平和消费水平上都处于弱势地位,国家财政投资和金融支持更多是放在城市发展和工业发展上,一定程度上忽视了农村产业发展和农村消费需要。

从金融渠道看,在统筹城乡发展的背景下,目前城乡资金呈现双向流动特征。从资金流入渠道看,农民进城务工收入逐年增多,通过中国邮政储蓄银行或其他金融机构汇回农村地区;中央银行对农村信用社和政策性银行给予再贷款支持,并对农村信用社改革提供资金支持;农业发展银行等政策性银行利用金融市场筹集社会资金以粮棉油收购贷款等渠道支持"三农"。从资金流出渠道看,主要是农村金融机构购买债券、拆借和上存资金等方式。鉴于农村经济产业收益率较低,农户等农村经济主体缺乏抵押担保品,一些地区的金融生态环境不够完善,相对来说,农村贷款交易成本高、风险大。解决农村资金外流问题,主要靠改善农村信用环境,为金融机构在农村提供有效金融服务创造商业上可持续的激励机制。

农村地区的金融政策存在问题。虽然国家出台了一些政策,但农村金融服务成本较高、信用环境较差、为农户提供融资服务的成本和风险较高,所以很多正规金融机构不仅没有加强农村金融服务,而且撤并了许多乡村服务网点,让农村得不到正规金融支持,农民往往通过小额贷款公司或民间信贷市场获得需要的资金,

付出的代价高,风险也大得多。

五、农村金融机构不良贷款比例仍然较高

虽然近年来农村金融机构不良贷款率有所下降,但不良贷款比例仍然较高,据统计,2007年年末,全部县域金融机构不良贷款平均占比13.4%,远高于同期全国四家大型商业银行8.4%的不良贷款率平均水平。2007年年末,东北、中部和西北地区县域金融机构不良贷款率分别为29.9%、20.4%和16.4%,高于全部县域平均水平16.2、7.0和3.0个百分点。我国农村金融机构不良贷款率较高的原因除了自身经营管理不够完善、治理结构存在一定问题外,乡村债务消化进程缓慢也是原因之一。农村金融机构除了自身经营风险外,在农村地区经营还面临比城市经营更高的系统性风险,农业保险、信贷抵押担保等发展滞后也是金融机构不良贷款率较高的重要原因。①

六、金融机构从农村金融市场"抽血"严重

农村储蓄存款在不断增加的同时,农村发放的贷款占其存款的比重却在下降,农村金融服务机构从农村吸纳的资金明显大于它们投向"三农"的建设资金,大部分资金投放到了非农领域,农民得不到应有的贷款,金融服务机构的经营渐渐偏离"支农"的大方向。

七、金融基础设施不完善,支付结算体系落后

适合农村经济特点的金融电子化、票据化基础设施研发和建设不足,覆盖的地域范围小,便捷化程度低。这些问题在很大程度上削弱了金融"三农"服务的能力,严重制约了农村各项事业的发展。

八、农业保险、信贷抵押担保等发展尚不能满足农民需求

农业是基础产业,又是弱势产业。农业保险是市场经济国家扶持农业发展的通行做法。然而,我国多数地区的农村基本上只

---

① 中国农村金融服务报告(2007).

有传统的存贷款业务,结算、保险、咨询、外汇等其他金融服务很少;农业保险业务甚至出现了萎缩的趋势,不能满足农村经济发展和广大农民对保险的需求。据有关专家测算,我国农村自然灾害的平均损失率粮食大约 6.5%,经济作物为 6%,大牲畜为 10%。正是这种高风险、高赔付率,使保险公司不断收缩自己的农险业务。

当前农业保险的规模与农村经济对农业保险的需求不相称。2007 年,农业保险保费收入仅 51.8 亿元,承保农作物 2.31 亿亩,大小牲畜 5771.39 万头(只),家禽 3.25 亿只(羽),仅能够为农业生产提供 1126 亿元风险保障。农业保险作为促进农村经济平稳发展、推动农村金融市场深化的重要工具,是农村金融不可缺少的组成部分。农业保险发展滞后,一方面,导致"三农"经济收入平稳增长缺乏保障;另一方面,也导致农村金融市场的信贷风险较高。

缺乏抵押担保物品是农民贷款难的重要原因之一。如何利用部分财政资金引导农村开展抵押担保创新是一个值得探索的问题。国际上,如荷兰等国家采取财政出资建立担保基金等形式,促进农村信贷发展;美国通过以农产品保护收购价格作为计价基础,要求信贷部门可以用农产品进行抵押担保。我国应借鉴国际经验,大力推动农村信贷抵押担保创新。[①]

此外,我国农村金融生态环境还需进一步完善。与农村金融发展相联系的公共基础服务设施建设等改革没有进行到位,在一定程度上制约了农村金融服务的发展。目前农村信用主要以农户为主,针对农村经济合作组织、专业协会等组织平台的信用建设仍在探索;在农村大量劳动力流动的情况下,如何针对农民工群体建立相应的信用体系、发挥金融支持农民工创业等,还需要进一步研究。

九、现有农村金融机构功能不健全

首先,中国农业发展银行难以承担农村政策性金融的重任。

① 计承江.农村金融创新中的担保问题探讨.金融时报,2012-11-19.

农业发展银行是我国唯一的农业政策性银行,本来应该为农副产品收购、农业基本建设和农业综合开放提供信贷支持,以推动农村经济发展。然而,由于多方面的原因,该行仅承担了经营粮食收购贷款单项业务,对其他职能却无力顾及。其次,国有商业银行不能满足农村资金的需求。国有商业银行现存的县及县以下机构,贷款权限较小,仅发挥吸储功能,在一些可盈利的涉农信贷项目上无所作为。最后,农村信用社难以适应农村经济发展的需要。农村信用社并不具备真正意义上的合作金融性质。经过多年改革,农村信用社的问题仍然很突出:一是农村信用社实质上仍然是政府的附属物,在政府隐形担保下运作;二是治理结构不完善,民主管理流于形式;三是经营中"商业化"倾向严重,使资金大量流向相对收益率较高的城镇非农部门。

中共中央连续多年发布1号文件,对我国三农问题提出持续性的支持政策。2013年1号文件对新时期三农问题提出了新的发展思路和政策。近年来,金融机构对"三农"的"贡献度"大幅提升,占到了整个银行业金融机构涉农贷款增量的30%,发展空间很大。因此,农村金融服务农村经济发展的功能有待进一步发挥。

第二节　我国农村金融服务对象存在的问题

一、服务对象信用度不高

信用是金融机构对服务对象最基本也是重要的要求,而由于农村经济不发达、农民观念陈旧、文化程度不高和法律意识不强,农民信用程度相对较低。诸如此类因素,导致农村金融机构贷款到期无法保证收回,经营风险增大,投资回报率不高。这在一定程度上影响了农村金融机构放贷的积极性,甚至挫伤了金融机构在农村发展的积极性。农村金融服务对象信用度低的原因主要有以下几方面。

（一）借款人欺诈

借款人欺诈可分为普通欺诈和严重欺诈。

1. 普通欺诈及其特征

所谓普通欺诈行为,指借款人主要通过向金融机构提供部分虚假信息以改善本企业的资信状况,获得用于借款人生产经营活动的贷款。普通欺诈的特征是:

(1)借款人向信用社提供的信息部分虚假。

(2)提供虚假信息的主要用意在于提高其资信状况,期望获得信用社的充分信任。

(3)获得的贷款主要用于真实的生产环节。如果经营按计划进行,借款人也不愿意拖欠贷款而在信用社留下不良记录,即使出现其他情况时,借款人虽然无力归还贷款,但通常愿意与信用社合作。

2. 严重欺诈及其特征

严重欺诈是指借款人通过一切手段从金融机构获得贷款并贷款主要用于借款人从事的主营业务以外的行业或挪用贷款而获取个人利益。这种欺诈的主要特征是:

(1)为了获得贷款,借款人不惜采取一切手段(包括违法手段)。

(2)借款人对其从事的行业并不真正关心,甚至借款人根本没有正当主业,或者从事的行业就是为了更方便地获取贷款。

(3)借款人获取贷款并不用于主要业务,而是以转移、投资、奢侈消费等方式,鲸吞贷款。这类欺诈行为主要以骗取金融机构贷款为最终目的,且通常利用、拉拢或腐蚀信贷人员,因这种恶意欺诈造成不良贷款的风险极大,收回的可能性很小。

(二)借款人通过企业改制,将金融机构的贷款"一改了之"

随着我国国有企业改革深入和市场经济体制的完善,企业间的兼并、收购以及企业改制成为一种常态,有的企业通过上述行为盘活了资产、扭亏为盈重新获得生机。与此同时,部分经营正常的企业,也借兼并、破产、重组、改制之机"逃债""废债""悬空"金融机构债权,大量的信贷资产在企业改制中打了水漂,成了企业改制的牺牲品。

(三)借款人遭受不可抗拒因素影响,致使贷款形成不良贷款

由于我国农业基础较薄弱,农业耕作的机械化程度相对较低,各种自然灾害,如地震的出现、山洪的暴发、飓风的骤起、久旱无雨、农作物遭病虫害侵袭时有发生。农民抗御自然灾害风险能力较低,大多数地方存在靠天吃饭的情形,这增加了涉农贷款收回的不确定性和贷款的风险性。一旦遇到自然灾害,农作物减产,农业歉收,直接影响农民收入,影响贷款的归还。

二、农民的现代金融素质亟待提高

可以说,广大农民阶层的金融需求是非常大的,但是农民的金融素质却相对低下,同时面对金融机构这样一个现代的金融体系,农民作为贷款申请者,谈判能力不强,而且农民的无组织状态又进一步加剧了农民的弱势地位。因此,如何把农民分散的金融需求以某种方式转化为集中表达的意愿的诉求,也是非常值得进一步研究和解决的问题。

三、农业生产效益不高,"三农"领域自身存在障碍

2009 年 10 月 28 日,中国银监会监管一部主任杨家才曾在中国农村金融论坛上指出,农业贷款关键是金融机构有没有放贷的内部冲动。农村金融机构放贷意愿受到还贷率的制约。中国农业贷款不良率达 7.4%,中小企业不良贷款率为 4.5%,这些指标高于工业贷款不良率 2.9% 及大企业贷款不良率 1.15% 的水平,金融机构的放贷损失比例太大,从而影响了金融机构向农业和农村中小企业放贷的意愿,这就需要财税政策对农村金融给予更多支持。中国农村金融机构覆盖率虽然大幅拓展,但当时全国尚有 2945 个乡镇没有金融机构,还有不少农民、农户和农村产业集团贷款需求难获保障。

除放贷意愿外,银行设点和农业贷款补贴是另外两大制约农村金融发展的因素。要从金融管制的角度降低银行设点的准入门槛,鼓励国内资本参与设立农村金融机构,并创造良好的地缘、人文、经济环境。为提高金融机构的放贷意愿,对金融机构发放涉农

贷款应给予税收优惠及风险补偿,农业贷款不能单纯依靠银行家对农村的同情和怜悯,更主要的应是有财税政策和产业政策的倾斜。

"三农"领域自身存在一系列障碍,生产周期长,对自然资源依赖性强,易受灾害。粮猪型生产结构和自给自足的生产模式很难改观,商品化程度低,再加上近年的外出务工潮影响,务农队伍多是老弱病残妇,文化水平低,观念陈旧,经营效益差。诸如此类因素,导致农村信用社部分贷款到期无法保证收回,经营风险增大。基于此,农村金融机构对"三农"贷款积极性不高,造成农户贷款难也就在情理之中。我国大多数农业生产还局限于传统的农业,农业生产技术水平低下,加上农业基础设施薄弱,自然灾害发生频繁,造成了农业生产风险大、经济效益不高,很大程度上制约了农民贷款热情。

四、农村个人金融服务问题

(一)农村个人金融服务成本高、风险大

农村个人客户资产大多规模小、抵抗自然灾害风险和市场风险能力弱,信用基础设施发展相对滞后。由于农村金融风险高、隐患多、防控难度大的局面没有根本改观,而农村个人客户存在居住分散、信息不对称、管理半径大的问题,农村个人金融服务成本高、风险大等问题还未能从根本上得到解决。

(二)农村个人客户金融需求相契合的产品体系与服务流程的问题

目前,与农村个人客户金融需求相契合的产品体系与服务流程问题突出。专门针对农村地区个人中高端客户带来的消费、投资、保险、税务等新兴需求设计的产品偏少,特别是业务准入和流程设计与农村个人客户需求不相适应。

五、农村中小企业市场竞争力薄弱

农村中小企业多数同农产品加工和农业生产密切相关,大都建在农村地区,对发展农村经济、增加农民收入具有重要作用,但是面临交通不方便、生产规模小、管理不规范、产品技术含量不高等问题,导致市场竞争力处于劣势,严重制约了还贷能力,必然陷入融资难困境。农村中小企业自身"先天不足"是融资难的根本。

（一）农村中小企业大多产品附加值低,企业风险大

由于经营者的素质、经历等原因,许多中小企业产业结构不合理,大部分农村中小企业都属于传统产业和劳动密集型产业,这些行业的产品附加值低、成本相对较高、盈利水平低、抗风险能力弱、企业技术装备落后、创新能力不强、员工素质普遍低下、自有资金严重不足,负债率偏高,因此新陈代谢快、稳定性差。这就造成了银行贷款在行业选择上将农村中小企业列入不支持或限制之列。

（二）企业内部治理结构上存在较大问题

股权结构单一、家族化管理、独裁型机制、经营策略和经营手段上的短期行为是其集中的表现。在企业发展初期,这些弊病并不明显,随着企业的快速发展、规模的不断扩大,其劣根性就逐渐暴露出来,这是银行机构对农村中小企业进行融资不得不考虑的问题。

（三）企业管理混乱,财务不规范

许多农村中小企业内部管理不规范,经营随意性大,各类规章制度缺失严重,或有章不循;企业财务制度不健全,建账不规范或不依法建账,会计核算经常违规操作,有些小企业根本不设账,以票代账,或者虽然设账,但账目混乱,给企业的融资带来困难。

（四）信用不佳

农村中小企业群体信用观念淡薄,机会主义盛行,缺乏长期发展目标,企业逃废银行债务现象具有普遍性。在财务方面人为操纵利润现象较多,财务信息严重失真,企业经营信息透明度差,甚至出于自身短期利益的考虑而造假账、出假报表、偷税漏税,使企业信誉受损、整体形象不佳。

（五）抵押难,担保难

农村中小企业由于自身规模较小,可用于抵押的固定资产非常有限,再加上抵押物价值评估、登记的费用较高,抵押之路难行。

同时,担保机构尚未普遍成立,其他企业又不愿意提供担保。因此担保难亦是中小企业的普通问题。

第三节　我国农村金融产品和服务存在的主要问题

一、创新主体单一

目前,农村信用社是农村金融产品和服务方式创新的主力军,2010年年末湖南创新贷款余额农村信用社占比74.8%,中国农业银行、农业发展银行、中国邮政储蓄银行等其他涉农金融机构由于信贷权限上收等因素,参与农村金融产品和服务方式创新的积极性和力度相对较弱。

二、风险分散机制有待完善

农业保险供给不足,风险补偿体系不健全。由于目前地方财政相应的风险补偿投入不足,涉农金融机构发放贷款的风险绝大部分由金融机构承担,信贷资金的趋利性与农业投入低回报之间的现实矛盾难以得到有效解决。此外,还有部分抵押品存在流转、处置风险问题。

三、农村信用环境亟待改善

经过多年的农村信用体系建设,湖南已为547万户有贷农户建立了信用档案,农村信用环境有所改观。但整体上来看,农民金融知识较为匮乏,部分人的信用意识还比较淡薄,逃废金融债权现象时有发生。

四、农村个人金融服务风险大、成本高

农村个人客户资产大多规模小、抵抗自然灾害风险和市场风险能力弱,信用基础设施发展相对滞后。农村金融风险高、隐患多、防控难度大的局面没有根本改观。又由于农村个人客户存在居住分散、信息不对称、管理半径大等不足,农村个人金融服务成本高、风险大等问题还未能从根本上得到解决。

五、配套政策不到位

农村金融产品和服务方式创新配套政策往往涉及财政、税务、工商、农林等部门，在创新工作开展初期，由于运作成本高、风险大，财政补贴、税费减免、涉农贷款风险补偿等配套政策不到位，加上相关抵押、评估、变现手续复杂、费用偏高，在一定程度上束缚了农村金融创新的手脚。

六、金融消费者权益没有保障

(一)客户投诉咨询量大，但人工接通率不够

根据某省农村信用社某月投诉电话量统计来看，客户拨打总量为 22.66 万通，平均每日为 7311 通。其中，自助语音应答为 18.95 万通，平均每日为 6112 通，占拨打总量的 84%；转人工 3.72 万通，平均每日为 1200 通，占拨打总量的 16%；人工接听量 1.65 万通，平均每日为 531 通，人工接通率为 44%。

(二)客户投诉咨询内容广泛

根据某省农村信用社某月投诉电话内容看，客户投诉咨询内容广泛，有咨询类业务涉及结算渠道收费、网上银行功能缺陷、挂失解挂流程、贷款流程及办理手续、金融自助机具使用及相关产品使用等问题，也有投诉类涉及工作态度、业务流程违规、贷款难、汇划转账不及时、业务技能不娴熟、工作时间不服务等问题。

第四章 我国农村金融市场低效运行的原因分析

农村金融市场不是个单一的市场,而是一个复杂的金融市场体系。缺乏金融供给主体是中国农村金融贫困和中国农村金融体制低效的根本原因。

第一节 我国农村金融市场体系中的需求与供给

需求是农村金融市场的一个主要方面。产业组织理论认为,界定市场范围一般要考虑两个因素:产品地域性和可替代性。从这个角度看,我国农村金融市场是由多个局部金融市场所组成的市场体系。

首先,资源禀赋、经济社会发展水平使我国不同区域农村生产经营存在很大差异,农村金融市场的地域性明显。周立(2004)将我国农村金融需求分为三类:农村发展需求、农业生产需求和农民生活需求。他认为,发达地区农民就业和收入已经非农化,金融需求主要表现为基础设施建设等发展性需求;中等发达农村的农业生产需要进一步发展,金融需求主要表现为农业生产需求;欠发达地区农民缺乏应对大项支出和临时性支出能力,金融需求主要表现为消费性生活需求。

其次,我国农村各地区的内部金融需求也呈现层次性,企业和农户之间、规模不同的企业之间、生产经营模式不同的农户之间对金融产品的需求存在差异。比如,一般种植户主要金融需求是小额信贷,而当地的龙头企业的金融需求是用于企业专业化和规模化的大额信贷,二者不可互相替代。因此,同一农村地区存在着不同的金融市场。

　　农村金融服务的对象主要是广大的农民群众、农村企业及乡村组织。农村金融体制创新的出发点和落脚点都是为了满足农业、农村和农民的金融需求。能否充分满足他们的金融服务需求以促进农村经济社会发展，是判断金融体制改革成败及金融服务质量高低的根本标准。

　　为了解广大农民的真实金融需求状况，了解广大农村各类金融资源的配置状况，探讨农村金融体系中存在的突出问题，听取来自农村基层对国家农村金融政策的建议与呼声，2010 年 1 季度，项继权、操家齐等人对全国农村金融服务状况和需求进行了抽样调查。

一、问卷调查的设计及实施结果

　　此项调查旨在了解当前我国农村金融需求的基本状况。由于农村金融需求多种多样，既有农村企业和合作经济组织生产融资的需要，也有农民个人和农户生产生活的融资、农村集体和社区基础设施建设的融资需要，为此，此项调查选择农民（农户）、农村企业及村委会组织为调查对象，并采取抽样方式确定问卷样本量。根据样本总量，按各省市和自治区农村人口数、村委会分别确定各省市自治区样本量。根据经济承受能力及可操作性，选择一般条件估算的值 2401 作为样本量。此次调查共发放农户问卷 2400份，回收 2356 份，回收率 98.2%，有效问卷 2328 份，有效率 97%；共发放村或社区问卷 100 份，回收 96 份，回收率 96%，有效问卷 89 份，有效率 89%；共发放农村经济组织和企业问卷 100 份，回收 90 份，回收率 90%，有效问卷 81 份，有效率 81%。

二、我国农户的金融需求状况

　　就中国的实际而言，农村的借贷都是以农户为基本单位进行的，因此农户是有关农村金融研究的基本单位或分析细胞（张杰，2003）。农户的金融需求，体现在存款的需求、投资的需求以及贷款的需求等方面。农户有了收入，就会考虑存款或者投资理财，因此首先了解农户的收入状况。

（一）农户的收入状况

在回答"您家 2009 年年收入大约是多少"这个问题时，有 55 人不到 1000 元，占被调查总人数的 2%，1000～3000 元的占 4%，3000～5000 元的占 8%，5000～10000 元的占 16%，1 万～1.5 万元的占 23%，1.5 万～3 万元的占 24%，3 万～5 万元的占 14.32%，5 万以上的占 8.92%。不过，由于受访者中经商、打工及村干部占的比重较高，这可能提高了农民总体收入水平。农民近三年的主要收入来源分别是种植收入和打工收入，选择种植收入的有 1175 人，占被调查总人数的 43%；选择打工收入的有 1035 人，占被调查总人数的 37%。

（二）农户的支出状况

受访者近三年生产方面投入或支出最多的项目从高到低分别是购买生产资料（种子、农药、肥料等）、购买农机具、雇请人工、灌溉、使用机耕及其他，尤其是生产资料投入占到 71.18%。这一方面可能表明农民加大了农业生产的投入，但同时也与当前农业生产资料价格涨幅较大有关。近三年农民生活方面投入或支出最多项目分别是小孩上学（36.24%）、建房（21.97%）、家用电器及交通通讯工具购置（15.58%）、看病（12.65%）、人情往来（10.15%）等。这说明虽然农村推行义务教育阶段学费减免、书本免费、补贴住宿费，大大减轻了农民的教育开支，但是，小孩上学及教育依然是农民生活方面的最大支出。而建房列第二位，表明随着农民收入状况的改善提高居住质量成为普遍需求。而家用电器及交通通讯工具购置这样的非刚性需求的上榜，更说明农民对生活质量的追求已上升到一个新的层次。另一方面，经常被人们视为不合理开支的"人情往来"，在农民生活开支中的比例并不大。

（三）存款情况

问卷调查结果表明，农民在银行（信用社）有存款的占被调查总人数的 61%，没有存款的占被调查总人数的 39%。这不仅说明农民收入水平提高有钱可存。同时，回答没有存款的比例不低，这也许是部分农民对"露富"存有戒心，但同时也显示相当数量的农民"无钱可存"或缺乏存钱的习惯。农民存款的银行机构分别是信用社、中国农业银行、中国邮政储蓄银行、工商银行和其他银行,其中信用社在农村依然是农民存款的首选,农村信用社和中国农业银行是农民存款的主要服务者。另一方面,农村邮政储蓄发展很快,在农民存款服务上超过工商银行,居第三位。在回答"您周围有没有人把钱存入或贷给(法定之外的)非银行的公司"这个特意设置的问题时,有381人回答有,其比例占被调查总人数的17%。这说明农民把钱存入或贷给(法定之外的)非银行机构,是个不可忽略的现象。

(四)借贷情况

1. 从银行贷款

只有21%的受访者表示曾经从银行取得过贷款,仅占受访者总数的1/5强,而79%的受访者表示没有向银行借款。

2. 从信用社贷款

从信用社贷款的比例明显比银行高,26%的人曾经从信用社取得过贷款。

3. 政策性贷款

在回答"您从上级政府及财政部门获得到资金支持(小额担保贷款、财政贴息贷款或扶贫贴息贷款)吗"这个问题时,有9%的人回答获得过,没有获得过的则占91%。

4. 向亲友借款

统计结果表明,高达78%的农民曾经向亲友借钱,74%的农民曾经把钱借给亲戚朋友。这说明在现代农村社会,向亲友借钱依然是农民借贷的主渠道。

5. 民间高息贷款

统计结果表明,有8%的人曾经从(法定之外的)非银行组织或个人那里取得过高息贷款,这表明当前借高利贷依然是农民借贷的途径之一。

6. 借贷的数量

有借款或贷款的农民中,金额在1万元以内的占被调查总人数的 51%,这表明农民的借贷普遍是小额信贷;1 万~5 万元的占被调查总人数的 37%,也比较普遍;5 万~10 万的占被调查总人数的 8%;10 万以上的最少,仅占被调查总人数的 4%。

7. 借贷的用途

在回答借贷的用途这个问题时,从高到低的排序是建房(36.89%),生产(24.30%),小孩上学(20.08%),治病(8.02%),其他(10.71%)。这里的顺序与前面的农民的支出顺序略有不同,建房列为贷款支出之首,生产居第二,教育为第三位。这表明仍有部分农民因治病及教育而贷款。

(五)投资情况

当问近年家里的余钱如何使用时,相当数量的农民参加了一些投资,数据显示农民投资金融资产渐趋多元化。11%的受访者选择入股当地合作社、合伙公司,9%的受访者选择自办公司(即自己创业),5%的受访者选择投资股票,4%的受访者选择放贷,13%的受访者选择购买商业保险,9%的受访者购买债券,选择参与集资的受访者高达 17%。选择其他形式的受访者有 32%。①

有关农村金融需求的研究可区分为农产行为研究、理论研究与实证研究三部分。总体上讲,对农产行为的研究主要有"理性小农""道义小农"和"拐杖逻辑"三个命题。T. W. Schultz(1964)与S. Popkin(1979)的"理性小农"命题认为,农户即企业,农民即企业家,激励农产的利润动机与创新行为以及创造外部市场条件十分重要,如果这些外部市场条件能够得到满足,农产就完全可以和企业家一样行动。"道义小农"命题认为,小农的最优化选择取决于自身的消费满足与劳动辛苦程度之间的均衡,而不是成本与收益之间的比较(Chayanov,1925);资本主义经济学的概念和分析方法是以市场的存在作为前提的(Polanyi,1957);小农经济坚守的是"安全第一"的原则,他们宁愿选择回报较低但较为稳妥的策略,而

① 以上内容引见项继权,操家齐. 中国农村金融需求及供给现状. http://www.chinareform. org. cn/Economy/finance/report/201111/t20111114_127407. htm.

不选择为较高回报去冒风险(Scott,1976)。黄宗智将中国小农经济的行为形象地概括为"拐杖逻辑"(1985、1990)。"拐杖逻辑"可用"小农收入二家庭农业收入＋非农收入"这一恒等式简单表示,其中家庭农业收入相当于人的双腿,而非农收入则可被视为拐杖,拐杖在双腿不大好使的情况下才可能派上用场。"理性小农""道义小农"和"拐杖逻辑"这三种农户行为命题哪一种更适合中国的实际呢?事实上,与西方不同,中国社会的特点是以个人为中心,向血缘基础上的家族扩展,按人际关系的远近、亲疏继续向外延伸的"圈层结构"。与此相对应的是崇尚礼俗,克己的熟人社会(王芳,2005)。所以,要解读中国农产,黄宗智提出的"小农命题"及其在此基础上形成的著名"拐杖逻辑",就有着较强的解释力。然而,需要进一步关注的是,随着经济发展和制度变迁,现在的农户是否依然是传统意义的小农,仍缺乏相应的证据。

在农村金融需求的理论研究方面,姚耀军(2006)认为,需求主体居住分散,收入较低,单笔存贷款规模小,生产有明显季节性且自然风险和市场风险较大,农业生产的自然依赖性导致信贷的地区风险大,缺乏必要的担保及抵押品,这决定了农村信贷服务的风险较大;农产作为一个基本的生产消费和生活消费单位,既需要生产性贷款,又需要生活性贷款。但在农户信贷需求中,非生产性信贷需求往往占更大比重(王芳,2005),这就决定了中国农村信贷的互助性、友情性和高利贷性,因而农产的信贷需求仍将长期遵循以下逻辑顺序:农产收入——非农收入——友情借贷——国家借贷——高息借贷(张杰,2005)。当然,这里需要对农户进行细分,不同的农户其信贷可得不同。根据农产的金融需求特征,农产可划分为贫困户、维持性农户(温饱型农户)和市场型农户,其主要信贷需求特征表现为生活开支、小规模种养生产信贷需求以及专业化、规模化生产和工商业贷款需求等。当然,由于我国不同区域的发展程度不同,农产的金融需求也因此不同,即发达地区农户的主要金融需求为发展需求,中等发达地区农产的主要金融需求为农业生产需求和生活需求并重,欠发达地区农户的主要金融需求为生活需求(周立,2004)。针对农产需求特征,由于非正规金融在信息上的优势和交易上的灵活性,就成为农产信贷需求供给的主渠道。

在农村金融需求的实证研究方面,温铁军等(2001)对15省24市县的村庄调查发现,民间信贷率高达95%。史清华等(2002)对山西745个农产的调查表明,农村借贷活动逐渐频繁,并由生存性消费借贷向发展性生产借贷转化;传统"道义金融"向市场"契约金融"转变;消费性借贷与生产性借贷形成相互消长的关系;金融政策应及时调整,以适应农村借贷发展需要。朱军银等(2003)对安徽6县180村217个农户调查发现,民间借贷资金占近80%;李锐等(2004)对10省30个县3000个农产调查显示,农户借款中有72.8%来自各种非正规渠道。李建美(2005)据全国农村固定观察点系统在全国31个省市自治区对20842个农户的常规调查的数据分析,表明2003年农产民间借款额占农产借款总数的71.83%,民间借款仍是农产借款中最主要的来源。张慧茹(2008)通过对农户固定观察点的数据分析,认为低成本、灵活和敏捷是理想的农户金融服务需求的一般性特征;而复杂多样性、层次性和不断升级性是我国农产金融服务需求的个性化特征。汪小亚(2009)分析了我国20000个样本农产的金融需求、金融供给特点,并给出了农村金融机构创新、农村金融组织创新、农村金融产品创新等我国农村金融发展的理想路径。李子奈等(2009)对我国16个省区、72个县的5100家农户进行了入户调查,总结了我国贫困农区、传统农区、发达农区和现代农区金融需求的模式和金融供给的模式。①

(六)农民对金融新服务的期盼

推进农村金融富农,应用金融工具增加农民收入,关键要完善农业保险和农村贷款担保模式。2012年夏天,山东淄博市爆发玉米黏虫灾害。虽然之前当地购买了农业保险,但保险合同只约定

---

① 何凤隽,仇娟东.基于供求视角的农村金融理论与实证研究综述.西南金融,2010(11).

了玉米粗缩病和玉米螟这两种病虫害,黏虫并不在赔付范围内。在该市高青县,芹菜大户赵艳兵最近想建个能存200000千克芹菜的中型冷库,但需投资上百万元,由于缺乏抵押物,对于能否获得银行贷款心里没底。这些案例一方面说明农民的现代金融观念不强;另一方面,农民期盼着金融新服务,其金融需求并没有得到较好地满足。

1. 改变"靠天吃饭"

自2007年中央财政开始实施农业保险保费补贴政策以来,补贴品种逐年增加,比例逐年提高。当前我国每个产粮大省都有2家以上农业保险经营机构,也仅能初步满足农业保险发展的需要。长期以来,农民保险意识不高、种植规模化程度低、保险公司投入相对不足成为阻碍农业保险发展的制约因素。2012年,国内农业保险保费收入为240.6亿元,同比增长38.4%,但总体看,保费总收入仍较低,灾害补偿水平也较低。目前没有参加农业保险的农户占比依然较大,主要农作物品种数以百计,而政策性农业保险险种较少,还不到30个。就连一些知名的蔬菜主产区还不能提供蔬菜保险,水产养殖类保险也仅在小范围试验,不少农民欲投保而无门。一方面,广大农户期盼平价优质的农业保险;另一方面,多数农业保险公司只涉足有财政补贴的领域。

2013年3月正式实施的《农业保险条例》是我国首部针对农业保险的专门法律,从而终结了我国农业保险"单纯依靠政策经营"的时代。以往没有政策扶持的时候,北京千子红樱桃农民合作社100亩樱桃采摘园的保险费需要3万元,而在相应的政策出台后仅需6000元。同时,越来越多的人意识到,在商业承保之外,完善农业保险互助合作组织十分必要,尤其要涵盖对增加农民收入有重要影响的区域性优势经济作物和主产区的主要粮食作物。农业保险的立足点是维护农业简单再生产,解决受灾农户的因灾返贫问题,实现小灾略有结余、丰年加快积累。中国社科院农村所研究员李国祥认为,农业保险应该朝着稳定农产品供给、恢复农业生产能力的方向发展,不应盲目求全。目前,我国一些省份尝试建立了自己的巨灾风险分散制度,但往往使保险公司承担了过重的超赔责任。在农业部经管司副司长黄延信看来,如果不在国家层面建立巨灾保险机制,一旦遭遇特大灾害,农业保险将难以承担。

2. 增加"造血功能"

随着农业向专业化、规模化发展,规模化养殖和高标准大棚投入巨大。而我国农村资金的系统性流失巨大,很多银行的农村业务产品单一、手续繁杂,农业发展面临巨大的资金缺口。在黑龙江肇东市五里明镇,先锋玉米合作社是个总投入 2000 万元的大型社。理事长徐凤玉对合作社贷款难深有体会,直到 8 个合作社组建了农业开发公司后才有了转机。龙江银行帮助农业开发公司与中粮集团达成供应合作,由中粮集团统一收购公司的玉米,银行对公司的贷款由玉米销售款偿付。这样,凭借银行创新的"农业供应链信贷"产品,资金问题得到了解决。

可见,农民贷款难关键难在缺乏担保和有效抵押物。处于农业产业链末梢的农户,信用贷款的条件不足,加上银行对农户的信息收集成本偏高,因而银行直接给农户贷款的风险普遍偏高。安徽农业大学教授冯庆水指出,这恰恰需要农村金融担保发挥作用,但我国农村金融担保体系几乎空白,已成立的农村金融担保机构,多数资本金规模偏小。

相对直接向银行融资,由农业担保公司提供担保后融资概率更高,贷款额度也会增加。重庆市农业担保公司是一家国有政策性金融服务机构,探索拓宽抵押担保物范围,将生物资产列为金融可抵押物。"种猪和猪圈都可以是有效抵押物。"透过生猪价格走势与公司生猪养殖类担保放款走势图,该公司董事长张敏看到,通过产业链控制担保风险,预判生猪养殖行业走势,实行错峰担保支持,在价格低谷期时支持养殖场,在价格高峰期时支持加工企业是可行的。不过,对于贷款需求在 30 万元以下的农户,通过担保公司申请贷款并不现实也不经济,这要更多依靠资金互助社或小额信贷机构。中国扶贫基金会会长段应碧表示,当前农村贷款主体中,企业和种植、养殖大户的金融需求比较容易得到满足,但一般农户、贫困农户较为困难,应该发展公益性小额贷款扶持这类人群脱贫致富。

2013 年中央 1 号文件提出加强对农村金融改革发展的扶持和引导;部分地区也在推进农村金融倍增计划,通过增加县域金融网点,扩大农业保费补贴覆盖面等手段来助力农民增收。随着多层次、多形式的农业信用担保体系建立,农村金融服务水平将会有较大的飞跃。

三、我国农户的金融供给状况分析

通过调查发现,农户的金融供给状况体现在如下几方面。

（一）信用社与农民靠得最近

在回答"离您家最近的是哪家银行机构"这个问题时,57%的受访者选择了信用社,这说明随着国有商业银行网点的收缩,只有信用社仍充当农村信贷主力军的角色,与农民靠得最近;农村邮政储蓄业务正迅速发展。

（二）存在大量金融空白点

这些年相关部门做了大量工作以消除农村的金融空白点,为农民工提供更方便的金融服务,也取得了一定的效果,但仍有大量金融空白点。统计结果表明,有 36.1%的金融网点离农户家在 3 千米以上。这说明消除农村金融空白点的工作还有很远的路要走。

（三）相当部分农民认为存取款不便

从统计结果来分析,认为存取款很方便和比较方便的占多数,但仍有超过 1/3 的人认为不太方便和很不方便。对这一部分农民的需求也应引起重视,作为下一步的努力方向。至于认为不便的原因,相当部分人认为是网点太少、距离太远以及服务态度不好、利率太低等。

（四）多数农民认为贷款困难

统计结果表明,22%的农民认为从银行和信用社贷款很不方便,44%的认为不太方便,两者相加占被调查总人数的 66%。这充分说明,在农村依然是贷款难。

（五）农民对获得银行贷款信心不足

调查结果表明，农民对从正规银行机构贷款缺乏信心。大多数人在需要借款时首先想到的是亲戚朋友，其次是信用社，再次才是银行，还有少数人准备借高利贷。

（六）贷款难的原因

农民认为向银行或信用社贷款难的主要原因依次是手续太复杂，不方便（25％）；没有关系，贷不到（22％）；没有抵押财产，贷不了（20％）；贷款利息比较高，受不了（18％）；放款数量太少，不够用（15％）。

从供给视角看，农村金融需求得不到满足的主要原因在于供给不足。这可以从金融供给不足的内容、原因、治理措施等方面进行理论与实证研究。

美国耶鲁大学经济学家帕特里克（Hugh. T. Patrick，1966）提出了两种有关金融供给的模式：一是"需求追随"模式，二是"供给领先"模式。他还认为，这两种模式与农村经济发展的不同阶段相适应，两种模式之间存在一个最优顺序问题。该理论对于研究我国农村金融组织的制度供给具有理论指导意义。此外，还有学者总结了我国金融供给抑制的形式：有的认为是供给型金融抑制，有的认为是需求型金融抑制，还有人认为我国农村金融抑制主要表现为供给型金融抑制，需求型金融抑制是从属现象；而我国农村金融供给不足的主要内容包括农村金融制度、农村金融服务、农村金融创新、农村金融人才等方面的供给不足，以及农村金融生态畸形（高晓燕，2007）。王遥（2008）认为，正规金融的不作为所造成的巨大资金缺口部分从借贷灵活的民间金融得到了弥补，因此，应通过确定各金融组织机构的业务定位，创新农村资金供给路径，改革传统农村金融机构体制和运作机制使民间金融"浮出水面"等方式，繁荣农村金融市场。杜彪（2008）则认为，农村非正规金融对正规金融替代的根本原因在于农村非正规金融与世代相传的文化传统和非正式制度可以相互融合，而推进农村金融体制改革必须充分重视和利用非正式制度与传统。李世新等（2009）认为，我国农村金融供给不足的主要原因在于商业性金融、合作性金融、政策性金融和民间金融等四类信贷供给主体难以协调发展。谭露等(2009)认为,我国农村金融供给不足的原因在于金融机构的缺失,从而也给出了引入金融中介、扩大乡镇银行试点范围、成立社区性金融组织、建立农业保险机构等政策建议。彭宇文(2009)认为,影响农村金融供给的主要因素是农村金融制度、金融扶持政策的稳定性,以及包括抵押、农业信贷的高风险性、非生产性借贷等在内的农村金融市场问题,基于此,农村金融发展的主要出路在于农村金融环境的优化及农村金融体系的改革与完善。

在农村金融供给的实证研究方面有如下研究。何广文(2001)研究认为,我国农村金融服务的供给严重滞后于农村金融需求,其需求表现出多层次性的特征,不同的需求应该有不同的金融组织和不同形式的金融供给来满足,他提出要构建需求导向型农村金融组织结构体系,以均衡农村金融商品的供求。汪三贵、朴之水(2001)分析了贫困农户的信贷需求、信贷供给以及影响因素,他们的结论是大部分农产能够获得正规信贷,但贷款的额度有限,许多农产不愿以任何利率借款,说明缺乏信贷需求,增加贫困地区农产获得信贷资源的能力并不能促进非农活动的发展,这也是小额信贷项目面临的最大挑战。郭沛(2004)运用数理模型估算了中国农村非正规金融的规模,并指出农村非正规金融出现的根本原因是中国农村正规金融制度安排存在缺陷,主要诱因是高收益导向的供给和巨大的融资需求。王国红等(2008)以湖北农村非正规金融为例,对其履约机制进行了实证分析,并得出结论:农村非正规金融具有极强的自生能力和可持续性,因此,应放松管制,引导正规金融与非正规金融的连接。鞠荣华等(2009)通过对全国 348 个样本农产及一些金融机构的调查表明,农村资金通过农村正规金融机构流出农村,农产和农村企业存在着规模巨大的资金需求,而农村信用社等正规金融机构的资金供给只能满足这些资金需求的一小部分,巨大的资金缺口需要民间资金供给满足。李诗源(2010)通过对青海 283 个样本农户的调查分析表明,我国西部地区农村金融供给存在结构性失衡问题,农村金融的可得性低、融资难。

四、我国农户对创新贷款抵押方式的接受程度

在这次问卷调查中,针对农户的贷款需求,提供了一些创新的贷款产品选项供农民选择,了解他们的接受程度。

(一)农民普遍对贷款的条件不了解

在回答"您认为银行机构,面向农村应该提供或者开辟哪些贷款类型"的选项时,排第一的选项是"不清楚"。这说明农民贷款怕麻烦,对金融机构信心不足,或者表明金融机构宣传不到位,与农民缺乏沟通,使得农民根本不愿意去了解这些贷款政策。

(二)农民对用土地抵押贷款持谨慎态度

在回答"您认为为了贷款是否应该允许用自己承包经营的土地来抵押"时,有51%的人回答应该,49%回答不应该,两者旗鼓相当,可见对自己赖以安身立命的土地问题,农民的态度是谨慎的。

(三)农民基本能接受房产和林权抵押

统计结果表明,63%的农民能接受用房产抵押贷款,这比用土地抵押高了12个百分点,但也有37%的农民认为不应该。愿意接受用林权抵押贷款的有58%,略低于用房产抵押贷款。

五、调查得出的结论和建议

对全国农村金融需求的抽样调查表明,我国农村金融服务不断发展,金融产品也不断增多,农村信用社是农村金融服务的主渠道,农村邮政金融服务也迅速发展,农民的金融需求和行为日益多样化。但是,农村金融服务仍不能满足农民的需要,当前迫切需要加快农村金融网点的布局,拓宽农民融资渠道,改善金融服务质量,提升金融服务的水平。

(一)农村金融产品日益丰富,农民的金融行为多样化

当前农村金融已经从简单的存贷行为扩展到多个领域和多种类型。农民的金融行为日益多样化。农户的余款除了存银行之外,投资股票、基金等高收益、高风险的金融产品也成为他们的选择,购买商业保险、债券的也有一定的比例。这说明农民持有的金融资产呈现多元化的特点。

(二)农民的金融需求多样化,生活消费投入需求强烈

从农民支出及借贷用途来看,购买生产资料、建房、教育、医疗等等都是投入的重点。但是,在当前的多种投入需求中,改善住房条件成为首选,生产居第二,教育和医疗则分列第三和第四位。这表明当前农村生活消费投入需求强烈。政府要加大农村金融机构对农民住房改造、教育医疗及购买农业生产资料等的信贷支持。

(三)农民需求以小额贷款为主,积极推广农村小额信用贷款

当前农民的借贷需求普遍是小额信贷。这要求我们大力发展小额信用贷款业务,也为我们推广不需要抵押担保的农村小额信用贷款提供了良好基础。

(四)农村新型金融机构发展较慢,信用社担当金融服务的主角

近年来一些商业银行出于成本考虑,纷纷收缩农村金融网点。截至 2006 年年末,中国农业银行网点位于县城(含县级市)的有7408 个,较 2000 年减少 952 个;位于乡镇的有 7229 个,较 2000 年也大幅减少。而新型农村金融机构发展较慢,尽管各地成立了一些村镇银行、贷款公司、资金互助社,但截至 2009 年年末,全国已有 230 家三类新型农村机构,其中开业 172 家(村镇银行 148 家,贷款公司 8 家,农村资金互助社 16 家),筹建 58 家,还难以适应农户的需要,应加快农村金融服务机构建设。

(五)农村金融服务仍有空缺,加快农村金融网点的全覆盖

虽然近些年有关部门大力推进农村金融网点的布局工作,但是,截至 2009 年年底,全国金融网点空白乡镇还有 2792 个,金融网点空白行政村超过 94.53%。此次调查也显示,目前我国农村仍存在大量的金融空白点,接近 40% 的金融机构离村民的距离在3 千米以上,"金融网点少、离家距离远"是农民普遍不满的问题。2010 年中央 1 号文件要求实现三年消灭基础金融服务空白乡镇的目标,但是,这一目标仍仅限于乡镇,并未覆盖到村。不少地方由于乡镇规模太大,仍给农民造成不便,增加成本。应加快农村金

融网点建设,合理布局,给农民提供更便捷经济的金融服务。

(六)农村贷款难、服务差依然存在,应大力改进金融服务质量

当前农户对农村金融服务总体满意度不高,对改进服务期望很大。这种不满意主要集中在"存取款不方便""网点少、离家远""服务态度不好"等问题上,尤其是农民普遍反映"贷款太难"。由于农民难从正规金融机构贷款,向亲戚朋友借款以及高息贷款便成为一种选择。这不仅要求为农民贷款提供更好的条件和机会,也要求完善贷款机制,改善服务质量。

(七)探索住房、林地和土地抵押融资方式,扩大农村有效担保物范围

农户难以从正规金融机构贷款融资的重要原因是缺乏可抵押的财产和担保,因此,如何扩大农村有效担保物的范围,完善农民的信用和担保体系,是当前农村金融体制改革的重要问题。应积极探索农村新的抵押方式,在为农民提供更多融资机会的同时防范金融风险。

第二节　有效供给主体不足导致农村金融体制低效运行

资金配置的高效率来自金融市场机制的有效运行。市场机制是以价格为显示信号、通过市场供求双方的力量对比变化来配置资源的机制,供求双方是市场机制调节的主体。在农村不同层次的金融市场上,缺乏能够有效提供信贷的金融机构,即有效供给主体不足,这是金融市场调节机制失效的根本原因。下面以分散的农户小额信贷市场和乡镇企业信贷市场为例加以剖析。

在农村金融市场体系中,分散的农户小额信贷市场是农村金融市场的底端,但又十分重要。农户数量大且分散,经营规模小,个体信贷数额小,经营此类业务的交易成本大,这个市场一向不被金融机构重视。其次,农户经营是我国农村最基本的生产经营单位,农户增收是"三农"最迫切解决的问题。然而,资金短缺制约着

农户发展生产、实现增收。

　　我国农村金融机构无法满足农户小额信贷需求,农户旺盛的资金需求在正规农村金融市场上却找不到供给,他们只好转向非正规金融市场。我国农村民间金融活动非常活跃。据中央财经大学课题组研究(王晨波,2005),全国 15 个省份农户通过非正规金融途径取得的借贷规模指数为 56.78,即农户只有不到一半的借贷是来自银行、信用社等正规金融机构,非正规金融途径获得的借贷占农户借贷规模的比重超过了一半。根据国家统计局农调队对农户固定调查点进行的抽样调查(傅志寰,2004),农户从银行和信用社得到贷款难度较大。2000 年至 2003 年,农民每人每年从银行和信用社借入资金 65 元,通过民间借贷借入 190 元,分别占借入资金总量的 25% 和 75%。

　　乡镇企业是农村经济的中坚力量。它的发展壮大形成农村大额信贷市场需求,但是,乡镇企业信贷市场有效供给主体短缺,信贷资金供给不足。1999 年到 2003 年,全国乡镇企业贷款占金融机构全部贷款的比重,由 6.50% 逐渐下降到 4.80%。[1] 其中,有乡镇企业发展规模萎缩的原因。最主要的是正规金融机构在农村的数量减少,乡镇企业在正规金融机构取得贷款的难度加大。在发展水平不同的经济区域,乡镇企业从正规金融机构融资难的情况普遍存在。

　　清华大学经济管理学院李子奈教授 2009 年组织师生对全国 16 个省区 72 个县进行了农村金融发展调查。他们并没有采用问卷方式,而是对 5000 多个农户进行入户调查,每个农户都有 2 个学生或者老师访谈半个小时以上。这就可以得到一些数据背后的信息。以此为依据,他们对我国不同区域农户的金融需求的模式,包括它的差异性和一致性进行分析,进而提出我国金融需求的供给模式。

---

　　[1]　2002~2004 年《中国金融年鉴》。

一、适合我国农村金融需求发展模式的区域划分

传统的以省为单元东、中、西的划分，不适合于农村金融发展模式的沿用。他们以县为基本单元，按照生产力水平、产业结构和经济增长的路径，把我国农村地区分为贫困农区、传统农区、发达农区和现代农区四类。对于贫困农区，基本特点是农业资源禀赋条件比较差，生产力不发达，经济落后，农民仍处在脱贫的阶段。这在调查对象中占 20% 左右。传统农区基本特点是传统的农业为主要收入来源，农户主要利用自有的土地增加收入，农业经营规模小，农业产业化不高，农民基本满足温饱，但是依靠传统农业增加收入比较困难。这在调查对象中占 40% 左右。发达农区的基本特点是农业资源禀赋条件优越，传统农业或特色农业发达，农业经济规模大，组织化、产业化程度高，农民收入水平比较高。这在调查对象中占 20% 左右。现代农区是非农产业为农民收入的主要来源，农户主要通过市场获得生产要素，依靠技术进步、技术和经营增加收入，这个样本也占 20% 左右。

二、不同区域农户金融需求模式分析

按照上述四类区域的划分，他们对不同区域的农户金融需求的模式进行了分析，从不同角度考察不同区域农村金融需求。

（一）农户的金融意识

调查组以农户的闲置资金的处理方式来表达农户的金融意识，发现在现代农区储蓄比例是最高；在发达农区投资比例最高；在贫困农区闲置资金很少，很少的闲置资金，自己放在家里面比例是最高的。

（二）农户的金融依存度

农户的金融依存度，他们是以有借贷需求的农户比例来表示，有借贷需求和实际发生借贷的差距还是比较大的。用这个指标衡量，贫困农区农户想借贷的比例很高，但是成功借贷的比例是比较低的，差距还是贫困农区最大，现代农区和发达农区差距相对小一点。这个借贷包括亲友互借，不是完全从金融机构的借贷，如果从

金融机构借贷,贫困农区的差距还会更大。

(三)借贷原因比较

通过比较发现,发展生产或者是开辟其他的增收渠道,是借贷的主要原因。如果把教育和建房也作为投资的话,投资、发展还是所有区域农户借贷的主要原因,其中以发达农区比例最高。当然,贫困农区因为消费要借贷的比例明显高于其他地区。

(四)农户借贷的规模的比较

不同地区农户借贷的规模,基本上是随着农村收入水平而提高的,农户希望的借贷规模逐渐增大,而且农户借贷需求规模的差异性也逐渐增加。但是,在这里发达农区除外,发达农区农户借贷规模是最小。对这个现象进行分析:为什么发达农区出现农户借贷平均规模小呢?最后发现,农户资金缺口普遍存在但又普遍较小,所以他的借贷比例是最高的,平均的户均借贷规模是比较小的。

(五)农户借贷的利率

不同农区农户借贷利率的情况大体上是这样的:发达农区,无论是能借的最低利率还是能接受的最高利率,都是比较高的。这是他们可以承受的;贫困农区也相应比较高,这是迫于无奈,因为利率低是借不到的。

(六)农户的借贷方式

不同地区农户借贷方式差异不大。亲友互借还是贫困农区农户借贷的主要方式,除了发达农区少一点之外,其他还是这样的。尤其是传统农区,亲友互借的比例是最高的,农村信用社借贷的比例是最低的。

(七)不同地区农户借贷的担保方式

不同地区农户借贷担保方式和借贷方式有关。到信用社贷款主要是以信用贷款为主,亲友互借也是以信用为主,如果是小额贷款,就是以担保贷款为主。

(八)农户缺乏借贷意识

通过对不同地区农户没有借贷原因进行分析发现,许多农户缺乏借贷意识。他们有借贷需求,却没有借贷行为。无能力偿还也是没有提出借贷的主要原因之一,特别是贫困农区占有相当大的比例。

三、不同地区农户金融需求的一致性

前面对不同地区农户金融需求的差异性进行分析。一致性的分析可以检验调查资料的可靠性。通过下面的几个指标可以检验它的一致性。

(一)农户借贷利率的一致性

通过对农户借贷利率和其他几个之间的一致性考察发现,农户储蓄比例越高的地区,金融机构可以放贷的比例也就越高,金融市场也就越宽松,农户能借到资金的最低利率水平也就比较低。资金短缺程度高的地区,亲友互借的比例比较高,例如贫困地区和发达农区。

(二)借贷利率和金额的一致性

不同地区借贷利率和金额也具有一致性,农户存在着一种自我调试的借贷需求,农户的需求金额会随着借贷难易程度,借贷利率进行调整,借贷利率和农户需求金额相关。

(三)需求额度差异性和借贷方式之间的一致性

需求额度差异性和借贷方式之间也存在着一致性。一个农区选择亲友互借或者正规金融机构比例高的话,金融需求额度的差异性就比较大。这种一致性反过来可以说明调查结果的价值。

四、我国农村金融供给现状的分析

不同地区农村金融供给的相同之处在于,都是商业银行推出农村贷款市场,都是农村信用社成为面向农村金融机构的主力军。调查发现,贫困农区的非政府小额信贷机构的实验是比较成功的。扶贫小额贷款在贫困地区仍然存在广泛的需求。传统农区农业产业化程度比较低,农户的资金需求差异性比较小,适合亲友互借。目前亲友互借比例是最高的。发达农区农业产业化程度比较高,支持农业发展的任务比较重,需要贷款的农户比例也比较高,户均

贷款额度又比较小，可以接受的利率也是最高的。这为发达农区发展城镇银行提供了很好的基础和条件。已经建立的乡镇银行目前在发达农区最多。

另外，几千元、一万元钱的扶贫式小额信贷在现代农区已经缺少需求了，农业大户、中小企业是这次农区主要的金融服务对象，村镇银行虽然愿意进入，但是据调查，发达农区的现代化对城镇银行并不是太欢迎，他们认为现在的金融机构已经很多了，密度已经很大了。

当前，我国农村金融供给存在的主要矛盾和问题仍然是供给不足、资金短缺。满足农村金融的需求和金融机构的可持续发展这两大目标之间的矛盾是主要的原因。因为我们追求的这两个目标本身是存在着矛盾的，这是目前制约农村金融发展的主要原因。农村金融供给模式的目标，就是留住农村资金，并吸引城市资金进入农村。

（一）农村金融机构发展模式

不同地区的农村金融机构发展模式应该有所差异，贫困地区应以政策性金融和农村信用社为主体，传统农区以农村信用社为主体，大力发展互助金融。发达农区应以农村信用社为主体，加快发展村镇银行等小型商业性金融机构。现代农区应以商业性金融为主，加快农村信用社向商业性金融的过渡。农村信用社改革应因地制宜，不搞一刀切。

（二）农村金融产品的发展模式

当前，小额信贷仍然是面向农户的主要金融产品。但是它的含义、作用、发放机构以及贷款额度随着地区的不同而改变。由贫困农区的扶贫式小额信贷，传统农区的发展式小额信贷，向发达农区和现代农区的自付小额信贷过渡。农村信用社面向农户的贷款，在现代农区逐渐过渡到以抵押贷款为主，这是从担保方式来讲的。

非政策性金融信贷的利率在一个较长的时间内将呈现从贫困农区到现代农区由高到低的变化趋势，贷款的期限将呈现从贫困农区到现代农区的由短到长的变化趋势。这是通过需求调查以后对不同地区农村金融供给模式的认识。

可见,尽管我国存在一个以中国农业银行、农业发展银行和农村信用合作社为主体的农村金融体系,但是农村金融各局部市场存在着有效供给主体不足的情况。资金供给远远小于农村对资金的需求,农村金融市场资金配置功能不能充分发挥,农村金融市场低效率配置资金资源的情况长期存在,形成"均衡陷阱"。

第三节 我国农村金融市场的缺陷

农村金融市场虽然经过了长足发展和多次改革,但是依然存在着很多的不足。目前我国农村金融问题主要表现在农村金融供给不足,制约了"三农"发展以及城乡"二元结构"的消除,农村金融的供给问题既表现在总量上,也表现在结构上,而其中以结构问题最为突出,主要表现在以下几个方面。

一、农村金融供给层面不足,农村金融供需持续拉大

由于农村家庭联产承包责任制制度变革的边际收益递减,农业生产经营方式的变革比较活跃。一方面,农业产业化、农业个体经营等生产经营方式对资金需求量大增;另一方面,农村经济活动市场风险和自然风险增加,农村金融机构惜贷现象严重,推进业务改革进程缓慢,在一定程度上抑制了农村金融的需求。金融是经济发展的核心,是支撑实体经济得以发展的重要载体,一旦金融资金供给成问题,必然对实体经济层面产生严重的负面影响。

二、农村金融空间结构和组织结构的失衡

农村金融机构城乡布局、区域性布局严重失衡。在我国东部经济发达地区,农村金融机构的区域布局相对较完善,商业金融也较发达,金融商品的供给较为充分。但在中西部地区特别是落后地区,农村金融机构分布密度较小,金融商品的供给不充分,大多数农村居民和乡村企业只能享受来自农村信用社的垄断性供给,无法享受到其他金融机构的相关服务。此外,我国政府主导的金融

处于绝对主导地位,民间资本型的中小商业金融和互助金融缺失;全国性的金融机构多,地域性的金融机构,特别是地方农村金融机构少。中国农业银行进行商业化改革,导致其基本上淡出了农村。

三、现有农村金融机构功能不健全

首先,农业发展银行难以承担农村政策性金融的重任。农业发展银行是我国唯一的农业政策性银行,本来应该为农副产品收购、农业基本建设和农业综合开放提供信贷支持,以推动农村经济发展。然而,由于多方面的原因,该行仅承担了经营粮食收购贷款单项业务,对其他职能却无力顾及。其次,国有商业银行不能满足农村资金的需求。国有商业银行现存的县及县以下机构,贷款权限较小,仅发挥吸储功能,在一些可盈利的涉农信贷项目上无所作为。最后,农村信用社难以适应农村经济发展的需要。农村信用社并不具备真正意义上的合作金融性质。经过多年改革,农村信用社的问题仍然很突出:一是农村信用社实质上仍然是政府的附属物,在政府隐形担保下运作;二是治理结构不完善,民主管理流于形式;三是经营中“商业化”倾向严重,使资金大量流向相对收益率较高的城镇非农部门。

四、农业保险体系缺失

农业是基础产业,又是弱势产业。农业保险是市场经济国家扶持农业发展的通行做法。然而,我国多数地区的农村基本上只有传统的存贷款业务,结算、保险、咨询、外汇等其他金融服务很少。农业保险业务甚至出现了萎缩的趋势,不能满足农村经济发展和广大农民对保险的需求。据有关专家测算,我国农村自然灾害的平均损失率粮食大约为 6.5%,经济作物大约为 6%,大牲畜大约为 10%。正是这种高风险、高赔付率的事实使保险公司不断收缩自己的农险业务。

五、农民的现代金融素质亟待提高

可以说,广大农民阶层的金融需求是非常大的,但是农民的金融素质却是相对低下,同时面对金融机构这样一个现代的金融体系,农民作为贷款申请者,谈判能力不强,而且农民的无组织状态又进一步加剧了农民的弱势地位。因此,如何把农民分散的金融需求以某种方式转化为集中表达的意愿的诉求,也是非常值得进一步研究和解决的问题。

造成农村金融服务缺失的原因是多方面的。表面上看,是农村正规金融机构"嫌贫爱富",实际上,其中还有更深层次的复杂原因。

首先,农村金融市场的信用基础存在缺陷。数据表明,农村对信贷资金有强烈的需求,但金融部门却不能供给足够的信贷份额,原因在于传统农业产出效率相对较低,难以负载过多的资本投入。更重要的是,农村金融市场普遍缺乏信用工具和风险补偿机制。据济宁市的抽样调查,农户或农村民营企业因为"找不到担保人"和"没有合适的抵押物"而得不到银行贷款支持的占被调查总人数的60%以上。

其次,农村金融市场缺乏资金回流机制。现在的农户有了钱,已经有越来越多的人懂得到银行存款,因此,来自农村的存款并不是少数。据统计,2005年年末,山东省乡镇及以下的存款余额为2053.96亿元,占县域存款余额的40.38%;其中,储蓄存款余额为1857.38亿元,县域金融机构的可用头寸有1500亿元。到2013年2月,仅山东省农村信用社各项存款就突破10000亿元。可见,农村可贷资金并不短缺。问题在于农村金融制度安排不完备,农村的资金缺乏有效的疏导和回流机制。如果制度安排能够遏制农村资金外流,使农村资金留在农村使用,农村金融市场供给不足的问题将会有效缓解。

再次,农村金融市场缺乏有效的竞争机制。在农村金融市场上,正规金融机构已经是农村信用社、中国农业银行、农业发展银行"三足鼎立"。表面上看,农村金融市场组织机构完备,但这些机构的功能定位不清,各类金融机构没有形成有效的竞争,农村金融机构服务效率明显不高。农村信用社在成为农村金融主力军的同时,事实上也基本垄断了农村金融市场。农村信用社贷款利率太高,客观上造成农民利息负担过重,农户未能享受到改革成果。垄断的农村金融市场缺乏外部竞争压力,造成了对农村金融需求的"感应迟钝",提供于"三农"的金融产品单一。①

六、农村金融消费者权益受损分析

农村金融消费者权益受损主要有以下几种情况。

(一)产品知情权受损

农村金融消费者咨询问题较多,可以看出消费者对在购买金融产品或接受金融服务中,应当享有知悉其购买、使用产品或所接受服务的真实情况的权利,金融机构负有为客户提供真实知识或信息的义务。但在提供服务过程中,因人少事多或因有公告、产品宣传手册等种种原因,往往忽视甚至不再向客户提供相关提示。

(二)产品选择权受损

由于利益的自我维护意思,在一些产品上,个别金融机构向客户提供服务时,会自定规避风险和违反自由选择的条款。例如,一些网点在贷款时会根据利益保障原则和扩展业务收入利益驱使,要求客户同时投保财产保险或人身意外伤害险,或者设定相关条件设定相应贷款利率,不由客户享受利率自由协商权利。

(三)享受服务权受损

一些基层网点不经告示随意关门停业或歇业,缩短营业时间,随意拒办某种业务,办理业务遇到问题不及时解决,也不给出合理解释,随意剥夺消费者的金融服务权;有的网点服务质量差、办事效率低,使客户等候办理业务时间长,浪费客户时间。

(四)信息资金安全性受损

在部分基层金融机构仍存在着违规办理存款、查询、冻结业务,随意泄露、披露客户信息,以及安全防护措施不严密等威胁金融消费者资金安全现象。一些网点在推销相关产品时,由于忽略客户对产品知情权而没有履行告之义务,导致客户资金受损,从而引发了客户吵闹冲击网点等恶性事件的发生。

---

① 刘民权. 中国农村金融市场研究. 中国人民大学出版社,2006.

第五章　研究农村金融市场
发展的理论依据

　　农村金融理论受现代金融发展理论及政策主张的影响。从历史演变的过程来看,理论界有关农村金融方面的研究主要经历了三个阶段,分别出现农业信贷补贴论、农村金融市场论和不完全竞争市场论三个主要学派。

　　从农村金融理论的发展来看,强调政府作用的传统发展经济学逐渐被以强调市场力量的新古典发展经济学所取代。根据各自的理论前提假设,三种理论分别就政府在干预农村金融市场、进行利率管制、对金融机构保护与管制的必要性,以及贷款资金的来源、提高资金回收率的方法、专项贷款的有效性和非正规金融等问题进行研究,并提出了各自不同的政策主张。

　　在20世纪80年代以前,农业信贷补贴论一直是农村金融理论界的主流。该理论的基础是,认为农村居民特别是贫困阶层没有储蓄能力,农村面临的是资金不足问题。同时,由于农业收入的不确定性、投资的长期性和低收益性等,农村商业金融不能持续,农业不可能成为商业银行的投资对象,这就导致农村金融陷入困境,大量的资金外流。解决办法是,从农村外围注入政策性资金,并建立非盈利性的专业金融机构来进行资金分配。由于农业信贷补贴论本身的理论假设前提存在缺陷,这种农村金融政策引发了资金回收率低、使用效率低下等一系列矛盾,加之对农村金融市场机制的忽视,致使农村金融循环发展的长效机制难以形成。因此,它对于实践的指导并不算成功,且在一定程度上影响了农村金融市场的可持续发展。

　　20世纪80年代,在批判农业信贷补贴论的基础上产生了农村金融市场论,并逐渐替代了农业信贷补贴论。其理论基础是,农村金融资金的缺乏,并不是因为农民没有储蓄能力,而是由于农村金融体系中不合理的金融安排(如政府管制、利率控制等),抑制了它的发展。该理论强调市场机制的作用,反对政策性金融对市场的扭曲,特别强调农村金融市场利率市场化,其政策主张有:要发挥金融市场作用,减少政府干预,实现利率市场化,实现农村储蓄和资金供求的平衡;取消专项特定目标贷款制度,适当发展非正规金融市场等。

20世纪90年代以来,农村金融市场理论在实践中也表现出一些不足。信息经济学的兴起,推动农村金融市场理论进一步发展。该理论在强调市场机制作用的同时,也主张政府在一定的程度上介入农村金融市场,以弥补市场自身的缺陷。随后出现了不完全竞争市场论,强调政府对农村金融市场监管应采取间接调控机制,并依据一定的原则确立监管的范围和标准,重点解决农村金融市场的信息不对称问题,即农村金融市场不是一个完全竞争的市场,尤其是放款一方(金融机构)对于借款人的情况根本无法充分掌握,再加上农村的特殊情况,金融机构很难控制农村系统风险,应采用政府适当介入金融市场、借款人的组织化等非市场措施。

之后,国内外学者们以这三个理论为基础,从不同的角度对农村金融的理论问题做了进一步的深入研究,包括农村金融体制、经济增长与金融发展之间的关系、金融约束、金融结构、金融功能和金融效率等内容。①

第一节　农业信贷补贴论

一、农业信贷补贴论的前提和内容

农业信贷补贴论支持信贷供给先行的农村金融战略。该理论的前提是农村居民、特别是贫困阶层没有储蓄能力,农村面临的是

---

① 曹协和.农村金融理论发展主要阶段评述.财经科学,2008(11).

慢性资金不足问题，而且由于农业的产业特性（即收入的不确定
性、投资的长期性、低收益性等），它也不可能成为以利润为目标的
商业银行的融资对象。该理论因此得出结论：为增加农业生产和
缓解农村贫困，有必要从农村外部注入政策性资金并建立非营利
性的专门金融机构来进行资金分配。根据该理论，为缩小农业与
其他产业之间的结构性收入差距，对农业的融资利率必须较其他
产业为低。考虑到地主和商人发放的高利贷及一般以高利率为特
征的非正规金融，使得农户更加穷困，也阻碍了农业生产的发展，
为促使非正规金融的消亡，经过银行的农村支行和农业信用合作
组织将大量低息的政策性资金注入农村；同时，以贫困阶层为目标
的专项贷款也兴盛一时。20 世纪 80 年代以前，农业信贷补贴论
是处于主导地位的农村金融理论。在该理论的指导下，发展中国
家普遍实行了相应的农村金融政策，扩大了向农村部门的融资。
比如，在 20 世纪六七十年代，亚洲各国政府通过设立各种专门的
农业金融机构，将资金注入农村，以更多满足农村内部资金的需
求，在一定程度上促进了农业生产的增长。

二、农业信贷补贴论的缺陷

实践证明，农业信贷补贴理论是不成功的。它存在固有的缺
陷，主要表现在以下几个方面。

（1）由于存在能够持续获得廉价资金的预期以及利率上限的
规定，农民就缺乏储蓄的激励，使信贷机构无法动员农村储蓄以建
立自己的资金来源，从而不能成为真正的和有活力的金融中介
（Avishay Bravennan 和 Monika Huppi，1991）。农业信贷成为纯
粹的财政压力。

（2）农村穷人并不是低息贷款的主要受益人，低息贷款的补贴
被集中并转移到使用大笔贷款的较富有的农民身上（速水佑次郎、
拉坦，1986；沃格尔，2000）。廉价贷款存在对非目标受益人获得贷
款的激励，从而会破坏信贷计划目标的实现（Adams et al.，1984）。
如果利率不反映资本的真实成本，廉价资金将导致信用需求的夸
大，因而补贴贷款必须定量配给。如果低的利率上限使得信贷机

构无法补偿因贷款给小农户所产生的高交易成本时,官方信贷的分配就会偏向于照顾大农户(Avishay Braverman 和 Monika Huppi,1991)。

(3)政府支持的不具有多少经营责任的农村信贷机构缺少有效地监督借款者投资和偿债行为的动力(Avishay Bravennan 和 Monika Huppi,1991)。衡量这些信贷机构的业绩通常是根据它们贷款的快速审批和贷款额的增长,而不是财务方面的业绩,造成了借款者故意拖欠贷款。此外,农村金融机构管理中的低效率和低能力也进一步恶化了高拖欠率。比如,缺少经常性的会计核算和贷款记录不完备使得很难确定支付何时到期,也很难强制执行贷款协议。因此,在大多数带补贴的农村信贷体系中拖欠率都很高,但这并不能只归咎于农业生产所具有的高风险。

(4)农村信贷机构缺少可持续发展的能力。对消除贫困贡献最大的可能既不是贷款也不是储蓄,而是建立一种可持续发展的金融机制。由于农业信贷补贴政策逐渐损害了金融市场的可持续发展能力,导致信贷机构活力的衰退,缺少可持续发展的能力,最终使得农业信贷补贴政策的代价很高,但收效甚微。实践表明,农业信贷补贴论下的专门农业贷款机构,从未发展成为净储户与净借款者之间真正的、有活力的金融中介。

虽然该理论对发展中国家的农村经济发展有过一定的指导作用,但是,由于其理论前提假设与现实偏离较大,导致许多国家在依据该理论而实行相应的农村金融政策时,不可避免地陷入困境,主要表现在储蓄动员不力、过分依赖外部资金、贷款回收率低下、偏好向中上层融资等方面的问题十分严重。事实上,即使是贫困农户也有储蓄需求。例如,许多亚洲国家的经验表明,如果存在储蓄的机会和激励机制,大多数贫困者会进行储蓄。此外,这些政策可能会加重贫困农民对政府的依赖性,降低农民自力更生的动力等。

第二节 农村金融市场论

20 世纪 80 年代以来,农村金融市场论或农村金融系统论
(Rural Financial Systems Paradigm)逐渐替代了农业信贷补贴论。
农村金融市场论是在对农业信贷补贴论批判,并接纳了肖和麦金
农的金融深化和金融抑制论的基础上产生的,强调市场机制的作
用。麦金农和肖的理论基本逻辑是金融制度的落后会阻碍经济的
发展,经济的停滞反过来又将制约着金融制度的发展;为此,要解
除"金融抑制"就必须进行"金融深化",减少政府对金融的过多干
预,利用市场调动人们储蓄与投资的积极性,促进金融和经济发展
之间的良性循环。

一、农村金融市场论的理论前提和基本内容

农村金融市场论的主要理论前提与农业信贷补贴论完全相
反,而且比较强调市场机制的作用。

其一,农村居民以及贫困阶层是有储蓄能力的。对各类发展
中国家的农村地区的研究表明,只要提供存款的机会,即使贫困地
区的小农户也可以储蓄相当大数量的存款,故没有必要由外部向
农村注入资金。

其二,低息政策妨碍人们向金融机构存款,抑制了金融发展。

其三,运用资金的外部依存度过高,是导致贷款回收率降低的
重要因素。

其四,由于农村资金拥有较多的机会成本,非正规金融的高利
率是理所当然的。

二、农村金融市场论的基本内容

农村金融市场论完全依赖市场机制,极力反对政策性金融对
市场的扭曲,特别强调利率的市场化。因此,农村金融市场论认
为,农村金融资金的缺乏并不是由于农民没有储蓄能力,而是农村
金融体系中不合理的金融安排所致,如政府管制、利率控制等,从

而抑制了金融的发展,因此要充分发挥金融市场的作用,减少政府的干预,实现利率市场化和农村资金供求的平衡,以及取消专项特定目标贷款制度,适当发展非正规金融市场等。

该理论认为,利息补贴应对补贴信贷活动的一系列缺陷负责,而利率自由化可以使农村金融中介机构补偿其经营成本,这样就可以要求它们像金融实体那样运行,承担适当的利润限额;利率自由化也可以鼓励金融中介机构有效地动员农村储蓄,这将使它们更加不依赖于外部的资金来源,同时使它们有责任去管理自己的资金。

不过,农村金融市场论的功效或许并没有想象中的那么大。例如,通过利率自由化能否使小农户充分地得到正式金融市场的贷款仍然是一个问题。自由化的利率可能会减少对信贷的总需求,从而可以在一定程度上改善小农户获得资金的状况,但高成本和缺少担保品可能仍会使他们不能借到所期望的那么多的资金,所以,仍然需要政府的介入以照顾小农户的利益。在一定的情况下,如果有适当的体制结构来管理信贷计划的话,对发展中国家农村金融市场的介入仍然是有道理的。

该理论的政策主张可以概括为如下五点。

第一,农村内部的金融中介在农村金融中发挥重要作用,储蓄动员是关键。

第二,为实现储蓄动员、平衡资金供求,利率必须由市场决定,实际存款利率不能为负数。

第三,农村金融成功与否,应根据金融机构的成果(资金中介额)与经营的自立性和持续性来判断。

第四,没有必要实行为特定利益集团服务的定向目标贷款制度。

第五,非正式金融具有合理性,应当将正式金融与非正式金融结合起来。

但是,过分强调市场功能,其功效也同样遭到质疑,比如,通过利率自由化能否使小农户充分地得到正式金融市场的贷款。自由化的利率可能会减少对信贷的总需求,高成本和缺少担保品仍然会使小农户不能借到所期望的全部资金,此时还是需要政府介入,以照顾小农户的利益。

第三节 不完全竞争市场理论

一、不完全竞争市场论的基本内容

20世纪90年代后,人们认识到为培育有效率的金融市场,仍需要一些社会性的、非市场的要素去支持它。不完全竞争市场论就是其中之一,被运用到农村金融理论分析。按照该理论的基本分析框架和逻辑,发展中国家的金融市场不是一个完全竞争的市场,尤其是贷款一方(金融机构)对借款人的情况根本无法充分掌握(不完全信息),如果完全依靠市场机制就可能无法培育出一个社会所需要的金融市场。为了补救市场的失效部分,有必要采用一些非市场要素,政府应成为市场的有益补充,比如适当介入金融市场和借款人的组织化等。政府对农村金融市场的监管应当采取间接的调控机制,依据一定的原则确立监管的范围和标准。

二、不完全竞争市场理论的基础

对不完全竞争市场和信息不对称问题的研究成果,构成了农村金融不完全竞争市场理论的基础。农村金融不完全竞争市场理论是政府介入农村金融市场的理论依据,但它显然不是农业信贷补贴论的翻版。不完全竞争市场理论认为,尽管农村金融市场可能存在的市场缺陷要求政府和提供贷款的机构介入其中,但必须认识到,任何形式的介入,如果要能够有效地克服由于市场缺陷所带来的问题,都必须要求具有完善的体制结构。对于不完全竞争市场理论分析可知,非市场要素介入发展中国家的农村金融市场时,主要有以下两点要做。

首先,是农村金融机构的建设。改革和加强农村金融机构,排除阻碍农村金融市场有效运行的障碍,而不是发放信贷补贴。这包括消除获得政府优惠贷款方面的垄断局面,随着逐步取消补贴而越来越使优惠贷款集中面向小农户,以及放开利率后使农村金融机构可以完全补偿成本。尽管外部资金对于改革金融机构并帮助其起步是必需的,但政府和提供贷款的单位所提供的资金首先应用于机构建设的目的,包括培训管理人员、监督人员和贷款人员,以及建立完善的会计、审计和管理信息系统。

其次,是强调借款人的组织化对解决农村金融问题的重要性。通过小组成员间的相互监督可以解决道德风险问题,从而消除信息不对称和高交易成本问题,为新型小额信贷业务的发展提供理论依据。美国和孟加拉两国分别有着各自的成功之处。

不完全竞争市场理论强调,借款人的组织化等非市场要素对解决农村金融问题是相当重要的。Ghatak(2000)、Laffont 和 N'Guessan(2000)等的研究表明,小组贷款能够提高信贷市场的效率;Ghatak(1999,2000)、Ghatak 和 Guinnane(1999)、Tsaael(1999)等的分析模型解释了在小组贷款下,同样类型的借款者聚集到一起,有效地解决了逆向选择问题;Besley 和 Stepthen(1995)、Stiglitz(1990)的研究表明,尽管在正规金融的信贷中,银行由于无法完全控制借款者行为而面临着道德风险问题,但是,在小组贷款下,同一个小组中的同伴相互监督却可以约束个人从事风险性大的项目,从而有助于解决道德风险问题。

不完全竞争市场理论也为新模式的小额信贷提供了理论基础。新模式的小额信贷强调解决农村金融市场上的信息不对称和高交易成本问题,而旧模式的小额信贷强调通过便宜的资金帮助穷人。旧模式的小额信贷基本上是信贷补贴论的翻版,由于忽略机构的可持续性而难以为继。

三、农村金融市场中的政府职能

与农业信贷补贴论的观点不同,该理论认为政府在农村金融市场中的行为职能表现在以下几方面。

第一,创造一个稳定的低通胀的宏观经济环境,为农村金融市场发展的前提条件。

第二,在农村金融市场得到一定程度的发育之前,不宜过早地实行利率自由化,政府应运用政策手段将实际利率保持在正数范围之内,同时控制存贷款利率的增长。

第三,实施一定的特殊政策,如提高农村金融市场的进入门槛、限制新参与者等保护措施。

第四,在不损害银行最基本利润的前提下,向特定部门的低息融资等政策性金融是有效的。

第五,鼓励贷款方与农户之间融资与肥料、农产品等实物买卖相结合的方式,确保贷款的回收。

第六,利用担保融资、使用权设定担保以及互助储金会等办法来改善信息的不对称。

第七,强调借款人的组织化等非市场要素组织形式,以克服农村金融市场中的不完全信息问题。

第八,适当介入非正规金融市场以改善该市场一般效率较低的问题。

四、不完全竞争市场论的不足

虽然不完全竞争市场论在运用信息经济学分析工具分析农村金融市场时更加贴近现实和有一定价值,但是,它隐含着这样的一种逻辑:作为"市场缺陷"的市场的不完全信息问题可以通过政府干预来解决。从知识论的角度看,存在着这样一个悖论:政府相对于市场来说,具有一种这样的特点,即善于运用为众人所共知的全局知识,但不善于运用分散在不同时间和地点的局部知识。因此,用较多的政府干预来解决不完全信息问题,往往是用政府之所短替代市场之所长。

五、国外应用农村金融不完全竞争市场理论经验的借鉴

(一)美国经验借鉴与中国现状分析

1. 政策性银行的引导作用与非政策性银行的政策性业务剥离

美国政策性农村金融机构是由美国联邦政府主导创建的,专门针对本国农业和农村发展提供融资的政策性机构。其主要功能是为农业生产和与农业生产有关的活动提供信贷资金和服务,并通过信贷活动调节农业生产的规模和发展方向,协助实施农村金融政策。可见,美国的政策性农村金融机构运作模式是通过信贷来引导农业发展方向,其引导作用才是开展信贷活动的本意。

相比较中国的农村政策性银行中国农业发展银行,主要业务是为粮棉油收购提供资金支持的,业务比较单一,资金管理模式是封闭运行。这样,就不能通过资金投放侧重点的不同而起到引导农业发展方向和规模的作用。扩大业务范围,真正发挥其政策性引导作用,应是中国农业发展银行的发展方向。中国农业银行,按其商业银行性质剥离了政策性业务,将扶贫贷款、农业综合开发贷款、粮棉油贷款等政策性贷款剥离出来,避免了商业性业务和政策性业务混营,消除了中国农业银行的道德风险。中国农业发展银行与中国农业银行各司其职,确保了各自有效运行并更好地为农村发展服务。

2.合并农村信用社与中国邮政储蓄银行是解决农村资金短缺问题的出路

美国农村合作金融体系是由美国政府主导设立的农贷专业银行及其基层机构,从而组成农村信贷系统。最初的农村金融合作组织都是在政府领导并出资支持下建立起来的,随着国家资金的逐步退出,现在的农村合作金融已成为由农场主所拥有的合作金融机构。可见,最初解决资金问题的办法是先由政府出资,最终到股权私有多元化。这样,一方面保证了资金来源的持续性,另一方面也形成有效的激励机制。

对应的我国农村合作金融机构问题是我国农村信用社由于受自身产权关系不明晰、法人治理结构不完善、包袱重、资产质量差、服务手段落后等因素制约,对农村的金融服务缺乏动力,至今仍发挥不出应有的作用。而农村金融的另外一支力量中国邮政储蓄银行,在农村存款上虽有很大的竞争力,但它并没有将这些资金大量投放农村市场,更没有较多地用于农业方面,而是通过上存渠道,使农村资金外流。两者一个资本来源不足,一个缺乏有效的发放渠道,如果把两者进行有机的结合,可形成互补效应。可以将中国邮政储蓄银行从农村吸收的资金留在农村,切断农村资金通过中国邮政储蓄银行外流的渠道;另一方面,信用社资金来源不足的问题会得到缓解。信用社资本充足率的提高,将提高其抗风险能力和竞争能力,克服其以往由于资产原因而难以有效服务农村金融的问题。

3. 农业保险的准公共品属性

早期美国农业保险是由私营保险公司提供的,但由于农业保险的风险巨大,其经营的农作物保险均以失败而告终。为了帮助农民对付农业生产面临的风险,美国政府积极参与了农作物保险计划。现行的美国农业保险完全由商业保险公司经营和代理。当然,商业保险公司经营时会受到政府提供的经营管理费和保险费补贴等有力支持。可见,对于农业保险的准公共品属性来讲,政府的参与与主导是必不可少的。

由于我国过去农业"粗放型"的经营方式和长期以来对农村金融发展的抑制,导致农村缺乏应有的风险保障体制,保险公司不敢涉足农业市场,否则会无利可图,甚至出现亏损。因此,农业保险不能完全按照纯商业化模式运作。农业保险服务具有准公共品属性。我们应把政府主导下,政府与商业保险公司"混合经营"的模式作为我国农业保险的主导形式,建立政府主导下的政策性农业保险制度,引导保险公司参与农业保险市场。

(二)贷款组织化的孟加拉国经验借鉴与中国现状分析

由于农村多数贷款是小额贷款,存在着信息不对称和交易成本高的问题。不完全竞争市场理论认为借款人的组织化对解决此项问题有重要作用,孟加拉在这方面成功经验值得我们借鉴。孟加拉国草根银行家尤努斯因成功开办乡村银行,经营小额扶贫贷款而获得 2006 年度诺贝尔和平奖。孟加拉国乡村银行自 1974 年创立以来,小额信贷受到了当地穷人的热捧,近 60% 的借款人和他们的家庭已经脱离了贫困线。孟加拉国乡村银行模式是一种非政府组织从事小额信贷的模式。孟加拉国乡村银行以小组为基础的农户组织,要求同一社区内社会地位相近的贫困人口在自愿基础上组成贷款小组,相互帮助选择项目,相互监督项目实施,相互承担还贷责任。银行根据借款人的需求发放无抵押的、短期的小额信贷,但要求农户每星期分期还款。这种银行在放贷的同时要求客户开设储蓄账户,存款金额达到一定程度的时候必须购买银行的股份,从而成为银行的股东。这个模式确保了小额贷款的高还款率被迅速推广到亚洲、非洲和拉丁美洲的许多发展中国家,成为一种非常有效的扶贫方式。

对于我国的实际情况而言,与孟加拉国存在以下不同之处。

1. 经营小额扶贫贷款业务的专门机构不同

中国没有像孟加拉国乡村银行那样的机构专门经营小额扶贫贷款业务,而现有的农村金融机构不愿经营这种业务。因为农村小额扶贫贷款风险大、规模小、质量差、成本高、收益低,银行成本与收益不匹配。孟加拉国经营小额贷款的机构都是在政府扶持下发展起来的,在经营中政府都给予一定的补贴。中国缺乏有政府补贴的农村金融机构,导致贷款人的缺位。要想实现借款人组织化,先得建立类似"孟加拉国小额贷款机构"的农村金融机构;起初政府对其应该给予必要的支持,在经营中逐步实现股权结构多元化,最终让借款人参与进来成为其股东,形成一系列约束激励机制。

2. 贷款对象不同

孟加拉国乡村银行要求农民以小组为基础,形成同一社区内社会地位相近的贫困人口在自愿基础上组成贷款小组,从而形成"利益均占、风险共担"的机制。中国却没有以农村社区为单位把贫困农民组织起来形成的贷款小组。这就无法解决因借贷双方的信息不对称而引起的监督信息费用太高的问题。我们可借鉴孟加拉国的经验,对于我国以乡村为单位的行政划分进行有效组织,构成类似的贷款小组。由于同一乡村内部彼此更加了解并能很好地互相监督,这样就减少了信息的不对称及道德风险问题。

3.选择的项目不同

孟加拉国的农民贷款小组相互帮助选择项目,相互监督项目实施,相互承担还贷责任。贷款小组的成员如果想获得贷款,必须先选好项目;如果没有项目,则申请不到贷款。中国的小额扶贫贷款一般都不要求农民先有项目。在这种情况下,贫困农民在得到贷款后很可能会用于看病、为小孩交学费或家庭其他非生产方面的支出等,这样还贷就没有保障,难以保障专款专用。可见,贷款的目的并不只是简单选择对象发放款项就行,而应该在贷款之前就考虑贷款质量问题。让贷款成为获取利润的资本,只能解一时之急,而不是救济款。

4.贷款保障机制不同

中国的小额扶贫贷款一般都要求农民有抵押品,但贫困农民连维持生计都比较困难,没有财产给银行抵押,他们难以获得小额扶贫贷款。孟加拉国乡村银行根据借款人的需求发放无抵押的、短期的小额信贷,但要求农户每星期分期还款。在放贷的同时要求客户开设储蓄账户,当存款金额达到一定程度的时候必须购买乡村银行的股份,从而成为银行的股东,确保了贷款人与借款人利益的一致,促进还款积极性的提高。所以,小额扶贫贷款的工作重点应该放到还款而不是贷款上,这就确保了贷款的良性循环。单一的抵押只能压缩贷款,帮助不了切实需要贷款的农民。

综上所述,在农村不完全竞争金融市场中,我国一方面应把重点放在农村金融机构的建设上,通过金融中介机构支持农村经济发展。国家直接参与农村金融市场并不利于从根本上解决农村金融问题,只是一时的扶助而已。只有机构自身能够保持良好运行之后,才能和农村发展形成互动,走向良性循环。另一方面,应尝试贷款组织化,协助建立相关机构,并把重点放到引导贷款应用于好的项目,变为能够盈利的资本,这样才有助于贷款的健康运转与归还,也可以确保贷款组织化的持续性经营。

第四节 农村金融理论在我国农村的实践

长期以来,我国农村金融改革的注意力只集中在政府补贴上,按照传统思维,认为粮食重要、农业重要,越重要越有优惠,所以对农业、农村、农民的贷款利率比较低。

一、农村金融政策过度强调低利率和信贷补贴

在 20 世纪 90 年代中期以前,农户、农村企业、农村开发性项目贷款利率一般要比普通工商业贷款利率低 0.5～2 个百分点;在改革开放初期至 20 世纪 90 年代中期,中国人民银行一直上调存贷款利率水平,但总是在工商业贷款利率提高并执行一段时期以后,才提高农业贷款利率,农业贷款利率的上调一般要滞后于工商业贷款利率半年至一年时间。20 世纪 90 年代中期以后,尽管逐渐取消了农村优惠利率贷款政策,但仍然要求商业银行对贫困农户和贫困地区的农村企业发放低息贷款,财政部对商业银行给予贴息。2001 年 6 月 11 日,中国人民银行、财政部、国务院扶贫开发领导小组办公室、中国农业银行还联合发布了《扶贫贴息贷款管理实施办法》。该办法要求中国农业银行向贫困农户发放低息贷款,政府以财政资金给予贴息。目前主要服务于全国 592 个国家级重点贫困县的农户扶贫贴息贷款,其年利率为 2.288%,而正规金融机构贷款年基准利率为 5.31%。

低利率、强调信贷补贴的农村金融政策所带来的后果是,一方面农村金融机构积累了大量的不良资产,另一方面农村金融需求得不到满足,特别是贴息贷款不能有效地到达贫困者手中,并且回收率较低,扶贫贴息贷款还贷率仅为 30% 左右。我国农村金融已有的经验表明,仅仅靠补贴是解决不了农村金融问题的。目前,农村金融市场理论和不完全竞争市场理论日益受到重视。

二、农村利率市场化是解决农村金融问题的重要途径

在实践中,农村利率市场化改革和小额信贷试验正在进行。

农村利率市场化改革试点的情况表明,利率市场化以农村信用社存款和贷款利率水平的双双提高为特点,试点信用社的存款和贷款都有相当幅度的增加,支持了当地经济发展和社会进步,农村信用社也获得了很好的经济效益。但正如在前面回顾农村金融市场论所指出的,农村利率市场化也不是万能的。

（一）农村金融机构确定统一的高利率增收节支

经济学理论告诉我们,建立在垄断基础上的自由价格决定权带来的是效率与社会福利的极大损失。近几年,随着商业银行从农村地区的撤退,农村信用社逐渐垄断了农村地区的信贷资金供应。面对这样的市场结构,农村信用社并没有通过差别定价来满足不同额的金融需求。比如一些农村信用社反映,如果实施差别定价,为防止信贷员寻租贷款定价权,必须建立利率管理的制约机制,增大管理成本。因此,根据客户的承受能力,尽可能高地确定统一的执行利率,不失为一种增加收入、节约成本的做法。

（二）农村利率市场化需要国家货币政策的配合

张军(2004)通过考察浙江苍南县农村信用社利率浮动改革实践发现,尽管利率浮动改革对当地金融市场、金融机构、农户、农村中小企业和民间金融的信贷行为都产生了一定程度的积极影响,但也暴露出现行货币政策的局限性,以及相应改革措施不配套等问题。因此,利率浮动改革还不能从根本上解决当前农村金融不能满足"三农"发展需要的问题。就小额信贷来看,保守估计,中国以小额信贷的名义累计投入的资金在 100 亿元人民币以上,有近 3000 万人从中或多或少受益。不过,中国的小额信贷试验同国际上的成功小额信贷活动相比,有很多不同。尽管中国农村也有一些由国际机构、非政府组织和私人捐助者所主导的小额信贷试验,但政府直接、主动地参与是我国农村小额信贷的一个突出特征。由于政府主导的小额信贷追求单一的扶贫目标,缺乏持续发展的动力和条件,因此在严格意义上并不能算作完整的小额信贷模式,相当程度上仍属短期扶贫行为。另外,政府实施的、主要通过中国农业银行管理并发放扶贫贴息贷款的小额信贷扶贫项目,本质上就是补贴信贷,故补贴信贷的弊端在这里也显露无遗。例如,陕西省小额信贷扶贫项目平均贷款回收率在 2001 年不到 40%。

如果将为低收入人口提供可持续的金融服务作为小额信贷的终极目标,那么中国目前的小额信贷项目大部分仍处于发展初期,要达到可持续发展仍面临一系列的障碍和需要大量的政策改革和制度创新。例如,政府限制所有小额信贷项目吸收强制性存款,也禁止其动员自愿性储蓄,并对利率水平给予一定的限制,中央银行还没有批准小额信贷机构化,这些都影响了小额信贷的可持续性。

二、农村金融理论指导我国农村金融改革

通过对三种农村金融理论的分析和评述,我们可以从中得到以下启示。

第一,适当的激励机制下,贫困农户也有储蓄需求。

第二,利率不能过低,最好由市场决定,由此得到储蓄的动员和资金的融通。

第三,农业补贴只应用于农村金融市场机制失灵的地方,如绝对贫困的农户。

第四,竞争有利于对局部知识的利用,如那些服务于地方经济的合作金融、中小金融、非正规金融,即多元化的农村金融结构,有利于加强农村金融机构的效率及金融资源的优化配置。

第五,政府对规范、稳定农村金融的作用是不容忽视的,但其介入应该是适度的。

第六,完整的农村金融结构应包括政策性金融机构、商业性金融机构、合作性金融机构,在提供存款、贷款金融工具外还应有担保、抵押、租赁、农业保险等金融服务形式。

由此,应在对农村金融市场论和不完全竞争理论进行一定的理论转换,在两种理论的兼具指导下,建立一个竞争性和多元化的农村金融市场,在利用存贷金融工具的同时,适当运用政策性工具(补贴、担保、金融租赁等),实现我国农村金融结构的多元化。

第六章　我国农村金融市场体制的改革与完善

　　改革开放以来,以政府为主导的农村金融改革持续进行。2003 年至今,以农村信用社改革为中心的农村金融改革推向新高潮,有关农村金融改革方向和路径的争论喋喋不休。已有的研究成果呈三个明显特征。一是停留在农村金融的某一个方面的研究,特别是从农村信用社的研究出发来讨论农村金融问题,以农村信用社的模式选择替代了农村金融模式的选择①。更多的人认为,农村信用社改革就是农村金融改革的全部,农村信用社问题解决了,金融支农问题也就解决了。二是尽管也提出要通盘考虑农村金融改革,应该一揽子规划农村金融体制构建②,并且也有了对经济欠发达地区县域金融制度安排的综合考虑(曾康霖等,2003),但是并没有人从宏观角度对农村金融体制构建一揽子规划的深入探讨;更多的研究仅是就事论事,没有考虑各种农村金融供给机制的协调和整合。三是尽管也提出了要处理好金融发展与经济增长的关系,要从需求出发探讨农村金融组织体系的构建③,但是将农村金融置于宏观经济背景,从经济系统论角度展开的研究还不多见。农村金融理论研究的不足,导致农村金融改革缺乏理论的指导、系统协调能力低下、农村金融体系没有活力。明确农村金融市场要解决的问题后,本文从系统论角度出发研究农村金融问题,将农村金融改革置于国家整体宏观经济系统和农村经济系统之中,

　　① 　曾康霖.我国农村金融模式的选择.金融研究,2001(10).
王自力.试论农村金融改革的新思路.金融时报,2002-3-7.
　　② 　谢平.中国农村信用合作社体制改革的争论.金融研究,2001(1).
　　③ 　何广文.中国农村金融供求特征及均衡供求的路径选择.中国农村经济,2001(10).高帆.中国农村中的需求型金融抑制及其解除.中国农村经济,2002(12).

讨论农村金融改革问题，提出农村金融改革措施，这是研究方法和研究视角的革新。

一、努力破解农村金融难题

农村金融是农村改革发展的可靠保障。要确保当前农村改革发展和新农村建设顺利推进，迫切需要创新农村资金投入机制，破解农村融资难问题。农业丰则基础强，农民富则国家盛，农村稳则社会安。农村金融在农村经济发展中处于核心地位，其服务水平的高低在很大程度上影响着农村经济发展的水平。进一步加强"三农"工作，积极发展现代农业，扎实推进社会主义新农村建设，促进农村经济社会又好又快发展，就要努力创新农村金融体制，加快建立商业性金融、合作性金融、政策性金融相结合，资本充足、功能健全、服务完善、运行安全的农村金融体系，持续加强和改善农村金融服务。

近年来，我国农村地区已经初步形成以银行业金融机构为主，包括保险、证券、担保机构在内的多层次、广覆盖的农村金融机构体系，这些金融机构的网点深入农村，较好地满足了农户和农村经济组织在存款、贷款、汇款和保险等方面的金融服务需求；农村金融涉农贷款规模不断扩大，金融创新产品不断涌现，可持续发展能力逐步增强。然而，从目前广大农村金融现状看，我国农村金融仍然是金融体系中的薄弱环节，还有不少困难和问题有待解决。例如，农村金融服务广度和深度有待于进一步强化，空白点的金融服务有待进一步深化。又如，农村金融产品和服务方式创新力度缺乏有效平台支撑，难以满足县域多样化、多层次的金融服务需求。再如，农业保险尚不能满足农业发展的需要。农业保险技术复杂、赔付率高，一些商业保险公司因考虑其经济效益目标不愿涉足，已有的一些县级商业性保险机构也不愿从事农业保险业务。另外，农村民间借贷情况也不容忽视。虽然农村民间借贷在活跃农村金融市场、扩大农户生产经营资金来源、促进农村个体经济发展等方面起到了一定的积极作用，但容易引发债务纠纷、借贷利率较高的负面作用非常明显。这些都迫切需要构建一个有效的农村金融供求体系，满足农村金融的多层次需求。

　　当前中央高度重视农村金融问题,关于破解农村金融难题的政策措施正在频频落地。中国银监会已经发布了《关于实施金融服务进村入社区工程的指导意见》《关于实施阳光信贷工程的指导意见》和《关于实施富民惠农金融创新工程的指导意见》,引领农村中小金融机构启动实施"三大工程",旨在通过健全农村金融服务网络、实行信贷过程公开化管理、创新符合农村经济特点"量体裁衣"式的金融服务产品等,让农民获得贷款更容易,办理业务更便捷,服务费用更优惠,像城里人一样享受现代金融服务。这些政策措施有利于增强农村中小金融机构的核心竞争力,切实提升农村金融服务水平,值得人们期待。但是,仅有这些还远远不够,农村金融问题是一个世界性难题,迫切需要相关地区和部门的共同努力,从顺应农村金融市场竞争格局和服务需求变化等方面入手,提升农村金融服务质量和效率,持续满足多元化、多层次的农村金融服务需求,从而真正破解农村金融难题。

第一节　我国农村金融体系的结构与运作机制

　　目前我国农村金融体系的结构与运作机制还存在缺陷,还不适应市场需要,与解决"三农"问题对金融服务的需求还有差距。美国经济学家 J. 斯科特(Scott)提出"道义经济"命题,认为小农经济坚守的是"安全第一"原则,具有强烈生存取向的农民宁可选择避免经济灾难,而不会冒险追求平均收益最大化;或者说,他们宁愿选择回报较低但较为稳妥的策略,而不选择为较高回报去冒风险[①](1976)。这一命题为研究农村经济和农村金融制度问题提供了一个重要支点与视角。

一、政府、农户与农贷制度的关系

　　华裔学者黄宗智教授提出了"小农"命题和"拐杖"逻辑。他的灵感源于他对这两大命题的审视和评判。黄宗智的小农命题是分

---

　　①　张杰. 中国农村金融制度:结构、变迁与政策. 中国人民大学出版社,2003.

析中国农村金融市场制度的基础。中国农村社会维持几百年的小农格局,农民的心态普遍是保持温饱无忧;当入不敷出时,就想到寻找"拐杖",挣取非农收入,其次则是谋求向熟人借贷。政府对农户提供信贷支持的制度与小农经济相映成趣。在小农经济条件下,政府与小农之间存在微弱的均衡关系,政府信贷支持长期存在,目的是维持小农不贫不富的状态。维持政府与农户分割农村剩余过程这种脆弱的平衡,必须增加农户获取的经济剩余,使他们积累更多的财富,在此基础上才能确立一个正常的农村金融制度。如果农民不仅仅为了生存而争夺农地剩余,也就可能产生正常的金融需求。

二、小农家庭的金融偏好

家庭是中国农村金融制度的一个基本单位。G. S. 贝克尔(Becker)的家庭理论认为,尽管千百年来社会经济文化环境发生了巨大变化,但家庭却依然保留了对全部制度的最大影响;在任何社会里,家庭对一半或一半以上的经济活动都承担着责任。贝克尔把现代家庭视作一个企业,研究其内部结构与产出的最大化。而中国的小农家庭包括现在经济欠发达地区的大部分农民家庭自古以来追求的不是产出最大化。通过我们的调查可知,许多中国农户至今倾向于自给自足和轻不言债。农户不仅是消费单位,而且是产出单位。中国的小农家庭行为向以贝克尔为代表的主流经济学的家庭理论提出挑战。这就是为什么现代意义上的农村信贷在中国难以建立的缘由。

圈子主义精神是农户友情借贷(非正式金融)存在的基础。农业借贷制度的正常发展有赖于小农经济的经营化转型和小农家庭的个人主义取向。对于中国的小农家庭而言,一旦出现关系到生死存亡、急需借贷的大事,不外乎向熟人无息借贷、向正规金融机构寻求信贷支持,两者均行不通时只好高息借贷。要么是无息(熟人或国家)借贷,要么是高息借贷,这就是中国特色农村借贷的潜规则。即使农户能够提出正常的信贷需求,但是,纯粹的商业借贷也很难突破圈层结构的障碍。那些看似十分现代的扶助手段和金融制度总是如此地遥不可及,最终还是传统的家庭主义结构最能够向其成员提供最日常和最低限度的保护。贝克尔强调,随着经济的发展和社会进步,会出现一个完善的市场来替代原来由家庭组织完成的事情。每个人都可以通过在自己遇到困难时到资本市场借贷,经济宽裕时到银行储蓄的方法来进行自我保险[①](1981)。对于中国农村来说,市场借贷制度不一定是好的和先进的而民间借贷就是不好的,有用才是好的。好而无用的东西就像镜子里的烧饼不能充饥。

三、农村信贷供求结构特性

刘易斯(W. A. Lewis,1954)曾指出,在技术停滞的经济里,储蓄并不能真正用于增加生产资本,更常见的是被用于建筑金字塔、教堂和其他一些耐用消费品。中国农户因婚丧支出而告贷的家庭不在少数。对于这种非生产性资金缺口和农贷需求不应由正规的或商业性的金融来满足。大部分农贷只能由熟人或者国家来提供。非生产性资金需求决定了农村信贷的互助性、友情性和高利贷性。

改革开放以来,富裕起来的农民把大量的资金用于非生产性支出,而不是投入生产。据抽样调查,济宁市农户因喜酒、喜面及丧事礼金支出标准不亚于城市居民,农户该项支出每年平均在800元左右,而城乡收入差距相差悬殊。正规金融机构的贷款严格限制其生产性用途。非正规的金融贷款几乎都用于突发、大额以及明显的特殊消费,如丧葬婚嫁或用于房屋修造等,贷款提供者一般为亲朋好友,属友情借贷,一般不计息。由于非正规金融的贷款给了贷款人以道义上的权威,因此可以确保贷款仅用于预定目的。这就是中国农村借贷市场上长期延续的供需结构。弥补农户资金缺口的办法要么依赖非正规金融借贷,要么增加非农收入。在中国小农经济基础上,不存在商业性质的正规金融市场发展条件与空间,这就是为什么商业性金融机构退出农村市场的原因。由于友情借贷等非正规金融占据绝大部分农村金融市场份额,这种信贷又主要用于非生产性用途,因此,中国的农村金融市场长期

---

① 张杰. 中国农村金融制度:结构、变迁与政策. 中国人民大学出版社,2003.

以来是一种非生产性资金借贷市场。

国有金融机构在乡村设点以后，农户的存款远远大于他们从这些正规金融机构获得的贷款作为总量。友情借贷毕竟数量有限，如果存在一个适当的金融组织作为资金充足农户与资金缺乏农户之间的媒介，开展生产性信贷供求活动农村金融市场就是另一番模样。但这样合适的金融组织，长期被视为非法而不能生存与发展，因此农户的生产性信贷需求得不到满足。同时，农户存款进入国有正规金融机构而转移到非农部门，并由此转换成金融剩余用于对城市发展的金融支持。

2012 年 11 月 20 日，中国人民银行行长周小川在"2012 新浪金麒麟论坛开幕"演讲中表示，在金融机构改革中，要构建多层次、广覆盖、可持续的农村金融服务体系，以服务三农为根本方向，充分发挥政策性金融、商业性金融和合作性金融的作用；进一步深化农村信用社改革，发挥其金融主力军的作用，培育发展新型农村金融机构，鼓励各类金融机构积极探索服务三农的有效方式，引导带动更多信贷资金和社会资金投向农村，支持符合条件的现代农业企业，通过资本市场发展扩大，积极拓展期货市场服务三农的渠道和模式，继续完善农业保险制度，扩大农业保险范围和覆盖区域。十八大报告指出，深化金融体制改革，健全促进宏观经济稳定、支持实体经济发展的现代金融体系，加快发展多层次资本市场，稳步推进利率和汇率市场化改革，逐步实现人民币资本项目可兑换；加快发展民营金融机构；完善金融监管，推进金融创新，提高银行、证券、保险等行业竞争力，维护金融稳定。

四、农村便民金融服务中心方便了农民

在宁波，哪怕是居住在偏远农村的村民，也已开始享受到了像城里人一样便捷高效的金融服务。宁海县力洋镇海头村 71 岁老村民谢修全高兴地讲"自从有了村口的'微型银行'，我无须再为了每月 100 多元的养老金，纠结要不要特地进趟城去取了。平时的生活开销，包括缴水电费，在家门口都可以完成。"这里所说的"微型银行"，是宁海县率先试行的"便民金融服务中心"。村民只要有一张任何银行的银联标准卡,就可以像城里人一样在村口银行存取款、查询、借贷,甚至接受理财服务。这是 10 年前农村人想都不敢想的事。农村人一般都不会在家里放太多闲钱,以前但凡有个急用,邻居那里借不到的话,就得坐公交车到老远的镇上信用社去取。相对于城市金融而言,过去农村金融业务单一、管理粗放、风险突出、改革滞后,而如今,金融服务的触角已延伸到每一个城区和乡镇。出于维护及操作上的困难,银行的 ATM 机目前尚未能进驻农村。眼下,"微型银行"的助农取款业务,村民取现以 POS 机刷卡方式就可实现,只要银行卡"嘀"的一声在 POS 机上划过,500 元现钞便在点钞机上闪过。取款人只要在"助农取款登记表"上简单记录姓名、取款时间、取款金额等信息即可。这条"支付绿色通道"24 小时开启,每人每天可支取 1000 元而不收取任何手续费。目前,宁海县已建立金融便民服务点 330 个;其中,有 37 个服务点已开通了助农取款业务。2012 年 3 月,POS 机助农服务项目在 POS 机小额取款基础上,又新增了刷卡缴费业务,包含水、电、通信等在内的 20 多个费种,村民们均可在"微型银行"缴纳。农户小额贷款业务亦可足不出户,通过"微型银行"办理。村口有了这样一家功能强大、服务便捷的"微型银行",对于居住在偏远山区的村民而言,帮助之大不言而喻。农村金融便民服务点设立后,宁海县农村信用合作联社将农户小额贷款受理服务前移到农村,一对一派出农村金融指导员,帮助农户代理小额贷款,通过他们与农户近距离地接触和了解,对农户的小额贷款申请进行实地调查、审查,符合条件的农户,快则一两个工作日就能在农村信用合作社办好手续拿到贷款。这样,村民便无须像以前那样到镇里信用社排长队了。便民金融服务中心,是宁波市大力推进农村金融服务创新的一个缩影。以助农取款为亮点的农村金融服务,在慈溪、奉化等县(市)亦迅速发展,较好地解决了农村偏远地区群众取款难问题。

在农村,很少发生商业化非正规金融交易,因为私人贷款者的地位在法律上一直没有明确,而且大多数农户没有可抵押的财产。在中国农村,不可能有私人性的农村金融组织普遍出现,中国农户的信贷需求仍将长期遵循先以非农收入充实家庭流动资金,然后是友情借贷和国家信贷支持,迫不得已时才利用高息借贷。

我国农户农贷抵押问题,一直困扰着农村金融市场主体。农户的收入一旦有了增长,农村高利贷的活动空间就会缩小,农户之间的友情借贷也会向有息的方向发展。因为随着收入的增加,农户的所谓"面子成本"(张杰,2001)也会上升,从而倾向于寻求其他匿名性质的农贷制度安排的支持。

第二节 系统论视角下的农村金融市场

系统是按一定目的、条件和环境,按一定的关系组成的互相作用的若干要素的有机整体。系统论认为,宇宙中包括人类社会宏观和微观方面在内的一切事物,都可以视为若干大小系统。宏观经济是一个系统,农村经济则是宏观经济系统中的一个子系统,而农村金融又是农村经济系统的一个子系统。

一、农村金融是农村经济系统的一部分

宏观经济系统包括农村经济和城市经济两个基本的子系统。在农村经济系统中,农村金融又是其重要的子系统。同时,整个国家金融体系是宏观经济系统的一部分。经济的二元特征所带来的金融二元性导致了农村金融与城市金融的分割,农村金融成为整个金融系统的子系统,同样处于宏观经济系统二级子系统的层次之上。由此可以认为,在宏观经济系统中,农村金融处于农村经济子系统与金融子系统的交集之中(图 6-1)。

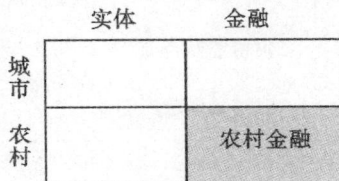

图 6-1 农村金融是农村经济系统和金融系统的交集

二、农村金融本身是一个独立的系统

农村金融作为一个独立的系统,它是由若干要素所组成的有机体。按照不同层次划分,包括宏观层次的金融监管系统、中观层次的金融机构系统以及微观层次的金融需求主体系统。其中,宏观层次的金融监管系统和中观层次的金融机构系统构成农村金融的供给系统,金融机构系统是农村金融系统的主体,在整个农村金融系统中起着关键的作用(图 6-2)。

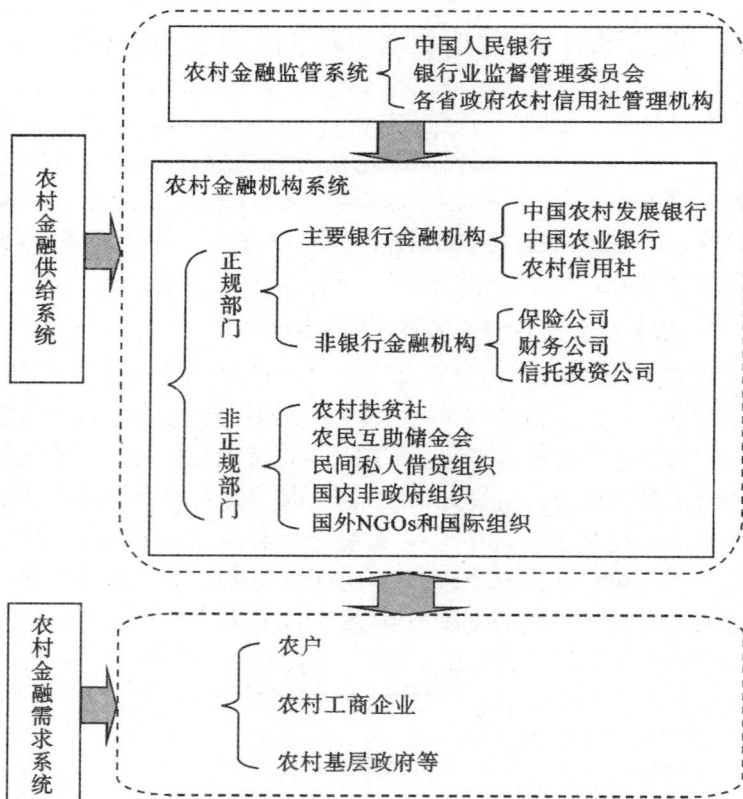

图 6-2　农村金融系统图示

三、我国农村金融系统的行为特征

从理论上讲,农村金融系统具有整体性与相关性、环境适应性与动态性特征。系统是由相互依赖的若干部分组成,各部分之间存在着有机的联系,构成一个综合的整体,以实现一定的功能。因此,农村金融系统各部分要有统一性和整体性。农村金融系统中相互关联的各部分或部件形成"部件集",其中各部分的特性和行为相互制约、相互依赖,即具有相关性。农村金融系统及其环境之间通常有物质、能量和信息的交换,各种环境要素的变化都会引起农村金融系统特性的改变。为了保持农村金融系统原有特性,农村金融系统必须具有对环境的适应能力。作为一种制度安排的农村金融系统形成以后,在一定时期内具有相对稳定性,随着环境的变化,农村金融系统本身也需要发展,需要在变化了的新的环境下找到新的均衡,这就是农村金融系统的动态性。在设计农村金融改革路径时必须充分认识和考虑到上述系统特性。然而,现有中国农村金融改革视角始终停留在对农村正规金融机构系统内部关系的调整和改善上,缺乏整体性和相关性考虑。首先,现有农村金融系统整体上结构与功能不对称,各"部件集"之间不协调,导致农村金融系统的功能无法很好地发挥,表现为金融监管与金融机构经营系统不能协调运作。农村金融改革要构建农村金融系统中各子系统间协调运作的长效机制。其次,农村金融市场供需之间不协调。

农村金融具有较强的扩散效应,它的前瞻效应、旁侧效应和回顾效应对农村经济各构成要素的发展产生直接的影响(图 6-3)。农村金融与农村经济发展相关联,农村金融系统的良好运行,能够促进农村经济各要素的合理配置与协调发展。[1]

---

[1]　何广文,李莉莉. 从系统论视角看农村金融改革. 农业现代化研究,2004(专刊).

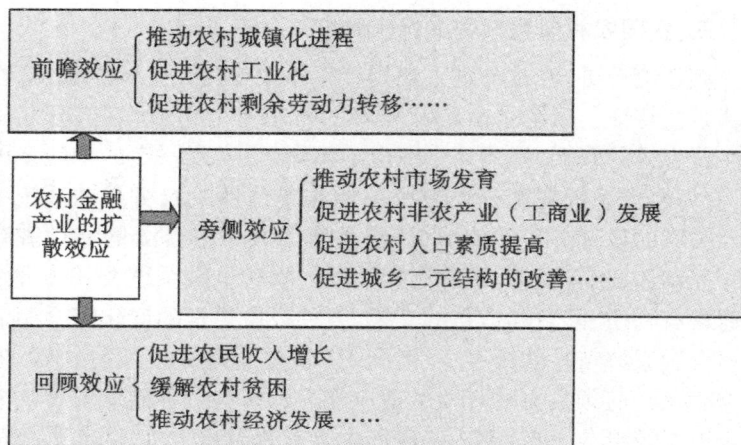

图 6-3 农村金融产业的扩散效应

四、从系统论角度,探索农村金融改革的道路

研究农村金融系统的发展路径,应考虑到系统的整体性、相关性、环境适应性以及动态性特征。这就要求将农村金融监管机制、各种农村金融供给机制、各种农村金融需求机制等联系起来放入一个大系统中进行分析和综合研究,优化金融资源配置,实现农村金融供需均衡。农村金融体制改革,不能以某种预设条件的内生数理模型为基础,也不能简单运用产权界定或创造寻租机会、避免道德风险与逆向选择的新古典的金融约束理论,而要同中国社会的政治、经济发展相联系,把金融视为社会发展、经济增长的基本要素,进而从系统整体优化原则出发,系统性整体推进。

首先,消除城乡二元金融格局,实现城乡金融协调发展。经济决定金融,农村经济决定农村金融。生产要素向效益好的行业和地区流动,这是市场经济的基本规律。城市经济发展速度快,城市金融发展自然也快,高素质人才都进入了城市金融机构。在城市,理财金融产品层出不穷。农村经济落后,导致农村金融发展相对滞后,信贷资金流失,金融机构从农村撤离,县以下农村尚不能保证农户基本的储蓄存取款和商品生产基本汇兑结算需求,更谈不上提供其他金融服务产品。从事农村金融服务人员的学历低、人员素质较差,造成农村金融机构管理水平低、金融服务缺位。据统计,农村贷款年均增长速度低于全国平均速度的 5.94%,人均贷款额城市是农村的 10 倍。协调城乡金融发展,消除城乡二元金融格局,关键是加大对农村金融的重视程度,构建体制完善、服务覆盖面广、现代化手段高、信贷资金充足、管理水平高的农村金融体系,形成国有或者国有控股的大型银行、农村合作银行、农村政策性银行以及民营农村金融机构多种形式并存的农村金融市场格局。

第二,引导非正规金融有序发展。要最大限度地满足农村金融需求,必须实现金融机构的多元化。为解决农村金融有效供给不足问题,应放宽民营经济进入农村金融市场的条件,创设和在现有农村金融机构基础上重组一批县域小型金融机构,培育村级农村合作金融组织。要加快农村金融市场的自由化进程。对非正规金融组织合法性重新界定,将其有益成分的具体形式进行规范,并纳入农村金融系统。坚决取缔危害农村经济和社会发展的金融活动及其组织,打击高于法定利率 4 倍以上的高利贷行为。这样,不仅可以限制非法金融行为,为那些有利于我国农村经济发展的民间金融组织提供生存发展的空间,同时,在民间金融组织的竞争压力之下,迫使国有商业银行加快改革的步伐。

第三,农村金融改革与经济体制改革同步推进。农村金融系统包含于农村经济大系统之中。要处理好农村金融发展与农村经济增长的关系,从经济发展的区域性特征出发确定农村金融发展战略取向。发达地区应该采取"需求跟进"型农村金融供给发展战略,经济欠发达地区采取"供给领先"型农村金融发展战略。农业发展银行在功能设置上不搞"一刀切",适当新增一些农业项目贷款业务、贷款担保业务、中间业务,重点支持农业和农村基础设施建设、退耕还林和生态环境建设以及农村社会化服务体系建设、农业和农村经济结构战略调整;重点支持高科技农业、优质高效农业和出口创汇农业,支持农业产业化经营;重点支持农业产业化龙头企业,支持城乡一体化建设和小城镇建设,实现农村客户和农村金融机构的双赢。

第四,改革和完善农村金融监管机制。金融监管是农村金融系统中的一个子系统。目前,我国农村金融监管主体呈现多元化格局,分别来自于中国人民银行、中国银监会及省政府金融监管部门。政出多门造成职责分工不明,易出现监管缺位或越位现象,对各农村金融机构的监管很难统一协调。应设立专司农村金融市场监管的机构。在这个市场形成初期以及在它走向完善的过程中,监管机构对农村金融市场主体行为的监管是非常重要的。它可以对农村金融机构的资本充足率、资本负债情况、利率高低等进行适当的检查和监控。这样做,不仅对金融秩序和市场的稳定起到极大的推动作用,而且对保护贷款人的利益大有好处。监管机构还可以在市场失灵的时候对整个市场进行宏观的分析,从而指引整个市场回复到正常的轨道上。[①]

第三节　发展农村保险市场,为农村经济发展保驾护航

农村保险是农村金融市场体系的有机组成部分。保险是多数单位和个人为补偿因自然灾害或意外事故造成的经济损失,以货币形式建立特定用途的后备基金,实现对损失补偿的社会经济互助行为。保险分为商业保险和社会保险。按照马斯洛的需求层次理论,农民在解决温饱以后,安全需要便提上议事日程。而保险通过对特定危险事故造成的经济损失给予补偿,为社会经济发展和人民生活安定提供物质保障。在我国,农村保险服务落后于农村经济的发展。由于农业受自然灾害、气候、市场等因素的影响大,农业保险赔付率高,商业保险公司没利可图,加之农民投保意识淡

---

① 何广文,李莉莉. 从系统论视角看农村金融改革. 农业现代化研究,2004(专刊).

薄,农业保险业务不仅未得到长足发展,而且呈萎缩之势。农村经济发展需要保险服务,而保险服务于农村经济的作用没能充分发挥。

大力发展"三农"保险,是中国保险业做大做强的必由之路。在建设社会主义新农村的进程中,积极开拓农村保险市场,为保障农业生产顺利进行、促进农村经济发展、稳定农村社会经济秩序,发挥重要的保险保障作用。在国内保险主体增多、外资保险公司纷纷介入、市场竞争日趋激烈的情况下,中国的保险业应紧紧围绕新农村建设做文章。

首先,农村保险市场发展潜力巨大。目前,中国已开业的保险公司有 100 多家(含中资、外资、中外合资保险公司)。虽然保险主体增加很快,但保险业务却呈现不均衡态势,车险等传统保险业务占到 85％以上,而且保险业务主要分布在城市和经济比较发达的地区。由于农业经济欠发达,农村发展滞后,农民生活贫困,因此,农村和农业保险业务几乎还是一块待开发的"处女地"。中国 13 亿人口 9 亿在农村,这就决定了中国农村是最大、最有发展潜力和空间的保险市场。农民有保险需求,但购买力不足。这就需要尽快提高农民收入,增强农民购买保险的能力。解决"三农"问题可以将农村潜在的保险需求变为现实,要不断开辟"三农"保险新领域,加快开发符合中国国情、适合农民购买力的保险新产品,同时要借鉴学习国际先进的保险技术,打造中国民族保险业品牌。

其次,新农村建设需要农村保险服务"三农",保险可以为新农村建设发挥风险保障作用。发展"三农"保险,是广大农民抵御自然灾害和转移风险的有效途径,是健全农业支持保护体系的重要举措。"三农"保险的发展,可以推动农业生产扩大规模、提高集约化生产水平,从而加快农业产业化进程;可以改善农业和农业经营主体的信用地位,引导农业金融资本流入,从而促进农业金融体系的稳定;通过大力发展农民意外伤害保险、补充医疗和养老保险,有利于健全农村社会保障体系、解决农民养老和看病难问题。乡土、人缘、文化、民族习俗等是农村保险发展的优势。中国民族保险业应抓住社会主义新农村建设机遇,抢先占领农村保险市场,更好地为新农村建设提供风险保障服务。

再次,增强农民保险意识,拓展保险领域。要发展农村保险业务,首先要普及全民保险知识,提高农民的保险意识和对保险产品的选择投保能力。新农村建设是广大农村前所未有的发展时期,这预示着潜在的、巨大的农村保险市场正在形成,这既是个严峻的挑战,又是个巨大的商机。中国保险业面对开放,市场竞争的日趋激烈,要避开市场竞争焦点,开拓农村保险市场,发挥本土优势,主动承担起服务新农村建设的重任。要发展农村保险,为农业和农民生活提供避险保障。要社会保险和商业保险并举,前者要像社会保障体系中的养老、医疗保险一样,由政府和农民按适当比例投保,建立农业保险基金,农业歉收时由该基金补偿损失。农业商业保险也需要政府的支持,使该险种有利可图。

据安华农业保险股份有限公司安华研究院编辑的《中国农业保险发展报告2012》(庹国柱,2013)显示,2011年,我国农业保险制度建设和业务经营有了重要的进展,除了港、澳、台之外,中国大陆31个省、市、自治区都进入政策性农业保险试验的轨道,总保险费收入达到174亿元,较2010年增长28%;此外,补贴范围也在扩大,农房保险、农机保险、渔船保险等涉农保险也有较快发展。2012年国务院正式颁布了《农业保险条例》,这使得农业保险有了法律依据。

第四节　从共生理论视角探讨农村金融体制改革

"共生"一词源于希腊语。德国真菌学家德贝里(Anton de Bary)将共生定义为不同种属生活在一起,暗示了生物体某种程度的永久性的物质联系。共生是生命进化的主要方式,共生关系是生物体生命周期的永恒特征。共生进化观点对达尔文的进化论产生巨大的冲击。共生理论和方法在20世纪中叶以来开始应用于社会领域,主要是医学领域、农业领域和经济领域。

一、共生理论在农村金融体系中的应用

根据共生进化论,政府实施农村金融体制改革未取得预期效果,原因在于忽略了农村金融制度是农村经济发展的诱致性产物。农村金融是农村经济发展到一定阶段的产物,农村金融不会脱离农村经济而单独存在。由于农村金融需求主体存在差异,导致金融需求的不同。这就要求金融机构的多样性供给与之对应,而不能人为地强制规定金融供给主体。实质上,农村金融体系和生物体系一样存在共生现象,其"进化"也应该遵循共生规律。

第一,农村金融和农村经济协作共生。农村经济由各种生产要素市场组成。成熟的农村金融制度在农村经济中起着核心和枢纽的作用:商业性金融机构通过吸收存款聚集广大农民的闲散资金,并利用利率杠杆引导资金合理流动;政策性金融机构代表国家发放贷款,扶持"三农"发展,促进国家产业和地区发展战略的实现。我国传统的农村金融制度使得资金的聚集和有效配置都受到抑制,从而阻碍农村经济的发展。农村经济是农村金融市场生存和发展的土壤。当农村经济迅速发展后,随着农村各类经济主体收入水平的提高,他们会产生不同的金融需求。不同经济主体的金融需求构成一个巨大的农村金融市场。农村金融和农村经济密不可分,农村金融体制如果能够很好地满足各类农村经济主体金融需求,那么它也将会促进农村经济的持续发展;否则,它将会成为农村经济发展的桎梏。而持续健康增长的农村经济又为农村金融的成长注入动力和活力,是稳定而富有效率的农村金融制度的"孵化器",只有内生于农村经济内部的金融制度才具有持久的生命力。

第二,不同金融机构之间协作共生。迄今为止,我国农村金融制度形成了包括商业性、政策性、合作性金融机构在内的正规金融机构和非正规金融机构并存的农村金融体系。不同的金融机构在提供金融服务方面各有比较优势。从知识论的角度看,任何一类金融机构只能解决部分金融问题。不同的金融组织需要金融活动的多样化来面向需求,提供各种金融服务产品。就农户而言,其金

融需求既有家庭在生活消费方面需要借贷资金的需求,也有开展生产、经营活动需要借贷资金的需求。从形式上讲,我国农村金融市场只包括商业性、政策性、合作性金融机构在内的正规金融机构面向不同的经济主体提供服务,事实上,已经形成了正规金融机构和非正规金融并存的格局。据济宁市抽样调查结果显示,农户借款中,银行信用社贷款仅占 37.84%,向亲戚朋友借款占 62.84%,向高利贷者借款占 1.35%,其他占 6.76%。这说明农村正规金融机构贷款夜晚只占农村金融市场 1/3 多点的份额,而非正规金融和亲友成为了广大农民借贷资金的主要来源。正规金融机构掌握的信息有限,交易成本较高,一般都是通过标准化的操作程序提供金额大、周期长、信息透明、程序规范,近乎标准的金融产品。非正规金融由于自身规模较小,贴近农村,信息充分,经营机制灵活,能够以较低的成本和风险提供金额小、期限短、操作简单的金融产品。二者互相补充,在竞争中协作共生。在正规金融机构中,商业性金融、合作性金融和政策性金融也要协作共生。农业生产需要政策性金融机构的扶持,乡镇企业和部分农民的金融需求应由商业性金融机构来满足,但是当商业银行利率高于农业借贷资金回报率时,需要通过地方经济主体的互助合作来解决资金短缺的问题。由于合作性金融内部成员共享所有信息,降低了交易风险,因此在互助的前提下互相融通,可以较好地解决内部成员的金融需求。

二、共生理论对完善农村金融市场体制的启示

根据共生规律,要为农村金融体制改革创造良好的金融环境。要完善市场信息传导机制,使得农村金融机构能及时掌握国家政策。在发展正规金融机构的同时,要给予非正规金融以合法地位,使其公开地从事金融活动,以改变正规金融机构垄断农村金融市场的局面。农村经济主体需求的多样性和层次性,呼唤多元化农村金融的有序竞争。在农业发展银行、中国农业银行和农村信用合作社三家正规金融机构中,真正面向大多数农民的只有农村信用合作社。如何发挥好农业发展银行的政策性金融作用,拓展政策性金融服务范围,实现政策性金融与商业性金融共生,仍是一个悬而未决的问题。农村信用社集商业性和政策性于一体,并朝着商业化方向迈进,这意味此类合作性金融机构在农村市场上的逐渐退出。要鼓励民间互助性合作金融发展,建立农民自己的合作性金融机构,贷款对象主要面向社员,实行民主管理和社员自治。在国有银行退出农村金融市场的情况下,放宽农村金融市场准入措施、实现农村金融市场供给主体多元化已经是大势所趋。但是,农村金融市场一直存在竞争不充分、网点覆盖率低、服务满足程度不高等问题,落后的技术和人员素质难以胜任现代金融业务。政府应在技术上扶持农村金融机构,使农村金融市场网络化、工作人员专业化,为金融创新提供条件。

第五节 农村正规金融市场的完善

一、农村合作银行发展路径选择

深化农村信用社改革,改进农村金融服务,不仅关系到农村信用社的稳定健康发展,而且事关农业发展、农民增收、农村稳定。近年来,国家对农村信用社的改革力度逐步加大,农村信用社在金融支农服务中发挥着至关重要的作用,但在经营管理方面存在着许多问题。要使农村信用社走出困境,必须理顺农村信用社管理体制,根据各地实际选择适宜的改革模式。

第一,农村信用社管理体制上存在的主要问题及原因。农村信用社经过 50 多年的改革和发展,已经成为中国农村金融市场的主要力量。截至 2005 年年末,农村合作金融机构投放农村贷款总量突破 2 万亿元,全国 7000 万户农户获贷款支持,占有贷款需求且符合贷款条件农户数的近 60%,不过在农村金融市场,一直存在的竞争不充分、网点覆盖率低、服务满足程度不高的问题。由于我国合作金融制度供给的非连续性,改革在一定程度上未冲破旧体制、旧思想观念的束缚,农村信用社在长期经营管理中积累了诸多矛盾与问题,具体表现为农村信用社产权关系不清、经营机制不完善、管理体制长期没有理顺、资本金严重不足、贷款质量差、法人治理结构不科学、民主管理流于形式、经营风险大、管理多元化导致市场责任主体错位、内控机制不健全、难以形成有效的激励与约束机制、"道德风险"严重、国家对农村信用社支持不力等等。《关于农村金融体制改革的决定》中指出,要按合作制原则改革规范农村信用社,把农村信用社改造成真正的合作金融组织。借鉴西方国家合作金融的经验,可建立社员大会或社员代表大会、理事会、监事会等一整套决策机构、执行机构和监督机构。这样一套相互促进、相互制约的管理体制,理论上无懈可击,但由于我国农村信用社是处于转轨时期的"股份合作制"阶段,还不能完全用合作制的原则来衡量。

　　第二,农村信用社管理体制的完善。发展合作金融是解决"三农"问题的客观需要,是适应公有制实现形式多样化的客观需要,也是完善我国金融体系的客观需要。在管理体制上,农村信用社要坚持市场经济的取向,按照阶段性、规模经营及责权利相结合原则,确定产权形式,稳步推行统一法人社的组建,做到产权归属明晰、产权主体多元化。在产权制度改革的基础上,要构筑适应农村信用社、农村合作(商业)银行发展的经营运行机制,改革和完善法人治理结构和内部控制制度,实现对农村信用社风险的有效防范和控制,使农村信用社逐步转变成为真正的由农民、农村工商户和各类经济组织入股的市场主体,自主经营,自负盈亏,更好地为农民、农业和农村经济发展服务。农村信用社是农村金融不可或缺的合作金融机构。为使农村信用社管理体制改革顺利进行,要处理好历史积累的包袱,增资扩股,构建新的产权关系,完善法人治理结构,落实资金扶持政策,完善内部控制制度,增强支农服务功能,健全合作金融保障体系,继续发挥支持一家一户购买农业生产资料和大型农机具的资金需求,成为农民自己的银行。①

---

　　①　陈耀芳,邹亚生.农村合作银行发展模式研究.经济科学出版社,2005.

二、国家政策性银行业务实行商业化运作

农业发展银行应按照"增加功能,划分地域,企业经营,国家补助"的思路深化改革,按照分业经营、分账核算、分别考核的原则,在继续做好现有业务的基础上,进一步拓展业务领域和资金来源。2005 年初,农业发展银行行长郑晖提出了农业开发性金融战略性调整的目标,按照打造现代银行的要求,重点支持农业产业化大项目、大企业,努力开展企业存款业务,拓宽融资渠道。农业发展银行已获准将贷款范围由粮、棉、油产业化龙头企业扩大到农、林、牧、副、渔业范围内的产业化龙头企业,并允许开办农业科技贷款业务。如今,农发行的业务范围已经达到包括商品棉贷款、化肥储备贷款、储备糖贷款、储备肉贷款、烟叶储备贷款、羊毛偏存贷款等在内的 18 种业务,"以继续做好粮棉油收购贷款业务为主体,支持龙头企业、农副产品加工和转化,同时以支持农业和农村发展的中长期贷款业务、发展中间业务为补充"一体两翼的发展格局逐步形成。农发行传统的政策性粮、棉、油收购信贷业务,由财政承担风险,新获批的业务由农发行自主经营、自担风险,在市场化因素、商业化经营方面做出重要调整。目前,山东基本上达到每个县都有 2～3 个农发行支持的龙头项目。农发行辽宁省分行开始投放资金支持全省农业产业化龙头企业和农村经济发展,业务范围的扩大和职能的完善为其发展奠定基础,要将农发行建设成发展目标明确、内控机制健全、管理手段先进、可持续发展的政策性银行,为社会主义新农村建设做出贡献。

2004 年,国家开发银行就已经开始将开发性金融推进到县域经济、三农、中小企业,出台了扶持中小企业发展的政策;2005 年,将资金重点投向中小企业、"三农"等优先发展行业,先后与浙江、江苏、云南、广东、上海等省信用联社签署业务合作协议,将开发性金融推进到县域中小企业等农村经济服务领域。2006 年 2 月 16日,国家开发银行与安徽省政府在北京签署合作协议,计划在未来五年内向安徽省提供总额 120 亿元的社会主义新农村项目建设政策性贷款;其中,以支持农业产业化和中小企业发展为重点的县域

经济领域达到了 70 亿元。国家开发银行将借道开拓县域农村金融市场，切实承担国家政策性银行的职能作用。

三、中国农业银行重返农村市场

在国有商业银行中，中国农业银行营业网点最多、网络覆盖城乡。在由国有专业银行向商业银行过渡中，中国农业银行受利益驱使，信贷业务逐步淡出农村金融市场，侧重于城市大客户，远离农村中小客户，却没有取得预期的效果。中国农业银行要发挥农村国有大型银行的作用，成为国家掌控农村金融的主力金融机构，在讲究效益的前提下，支持农村工业化和城市化、城镇化发展，支持农村县域经济发展。现在，中国农业银行已开始认识到，自身优势并不是金融机构云集的大中城市，而是自己舍弃的农村市场，应把县域经济作为自己信贷支持的重点，立即停止撤点、减员，充实农村机构网点和服务人员，保持一个乡镇一个金融服务网点。中国农业银行高层决策者再次将发展眼光转向自己的传统市场，经营战略也从城市悄悄向农村转移，要将中国农业银行办成一个名副其实支援农业的银行，加大中国农业银行对农业和农村经济的支持力度。中国农业银行资金应取之于农，用之于农，发挥商业性金融支农主力军作用。中国农业银行行长杨明生（2005）强调，中国农业银行要以县域经济为重点，做大做强县域金融，实施城乡一体化经营，积极打造县域金融精品网点，充分发挥中国农业银行县域商业主渠道的作用。后来，他还表示："随着农村金融体制改革的深入，中国农业银行将按照建立现代商业银行的要求加快改革，更多地适应市场经济发展的需要，更全面地开拓其业务领域。"中国农业银行为"三农"提供的金融服务主要包括支持农业产业化、小城镇建设和信贷扶贫等。

四、中国邮政储蓄银行为农村金融市场增添活力

过去，邮政储蓄机构利用中央银行提供的吸存与转存利差优势和国有商业银行压缩农村营业网点的机遇，在农村广泛布设邮政储蓄网点，将吸存的农村资金通过中央银行转移出去。据统计，

全国共有 3.6 万个邮政储蓄网点,其中 2 万个分布在农村地区。这种"抽血"行为,造成农村资金外流,农村资金不能进行体内循环,农村金融市场资金短缺,内部失衡加剧。2006 年 2 月,湖北省邮政储蓄开始推出邮政储蓄定期存单小额质押贷款业务,从而揭开了邮政储蓄机构开展资产业务的序幕。要辩证地看待邮政储蓄定期存单小额质押贷款业务,测算它的盈利能力,把握好小额质押贷款方向,找准社会、邮储、农户三方需求的切入点,实现共赢。中国邮政储蓄银行的成立,改变了邮政储蓄机构只吸收农村存款、拿取政策性利率优惠却不为农村提供资金支持的局面。赋予中国邮政储蓄银行面向农村开展资产业务,发放农业贷款和向中、小企业及农民提供小额贷款的权利,将给农村金融市场带来新的活力。邮政储蓄银行初步实现金融业务的规范化经营,邮政储蓄计算机系统已实现了在全国任一联网网点的通存通兑,并建立起计算机清算系统,能快速将资金结算到各地。中国邮政储蓄银行及其监管部门应认真总结经验,发现并及时解决问题,认真研究农民生产、生活的多样性,满足农民的金融需求,促进农村经济的发展。[①]

五、解决好村镇银行发展中出现的问题

作为农村金融组织多元化的一种创新,对村镇银行需要不断探索和完善。

第一,要明确自己的目标客户群,加强政策扶持,增强村镇银行的盈利能力。村镇银行的成立初衷就是为了深化农村金融发展,带动农村经济的发展。根据当前的收入状况,可以将农民大致上分为三类。一类是文化水平落后、无一技之长、生产要素欠缺、勉强维持生计的农民,处于温饱水平以下。二类是正在脱贫致富的农民,已经实现温饱,从事简单的个体经营、种植业、渔业等。三类是已经富裕起来的农民,实现小康,从事规模化的经营活动(章芳芳,2008)。村镇银行扶持的主要对象应该是第一类和第二类农民。由于对象的特殊性,如何保持村镇银行的盈利能力是实现村

[①]　陈磊.完善农村金融体系 提高农村金融服务水平.农村金融时报,2012-5-8.

镇银行可持续经营的前提。国家在政策上应该给予一定的优惠，可以适当放松利率管制，允许村镇银行根据当地的经济发展水平、贷款人的资信情况在央行基准利率的基础上更大幅度地调整利率，放松村镇银行的贷款利率的浮动规模。这样做，一方面可以改善村镇银行盈利不佳的现状，增加村镇银行的利息收入，改善村镇银行服务于"三农"的积极性，另一方面也是对我国利率市场化一次非常有意义的试点。要加大对村镇银行的税收优惠和财政扶持力度，可以"先征后返"，对村镇银行实施税收优惠，使其享受与农村信用社同样的税率和扶持政策。同时，建议适当降低村镇银行银联入网门槛，促进村镇银行加快发展银行卡业务，实现资金周转的良性循环。针对村镇银行不在"村镇"的情况，除实行"东西挂钩、城乡挂钩"的双挂钩政策，即如果在全国百强县（或大中城市辖内）设立1家村镇银行必须在中西部地区设立2家村镇银行。在国定贫困县设立1家村镇银行可以在全国百强县（或大中城市辖内）设立1家村镇银行外，还要保证村镇银行服务"三农"的方向，政策上应该向国定贫困县、老少边穷地区倾斜。

第二，扩大村镇银行资金的来源，合理分配贷款去向。村镇银行资金来源匮乏是制约其发展的关键因素之一。提高村镇银行的信誉度、提高村镇银行的服务质量是吸引存款的有效手段，但由于农村地区本来资金就很匮乏，而且农村资金通过农村信用社、中国邮政储蓄银行等金融机构大量外流，不利于农村地区的发展，因此，应该像南水北调一样，从城市抽水调到农村，使"城市反哺农村"，解决村镇银行的吸存难。要允许村镇银行总行设在地市级城市，但只能吸收存款，不能发放贷款，同时在县域设立若干分支行，既吸收存款又发放贷款，当然，村镇银行在城市里面能不能吸收到存款还是个问题；还可以推动大中型银行设立"村镇银行事业部"，即在机构、人员、激励机制上与银行的其他业务分开，能够把"三农"业务和城市业务适当区分开来，从而方便在内部管理上做出特殊的安排。这一思路与银监会破解中小企业融资难的思路一脉相承。中国人民银行可以考虑对村镇银行实行相对较低的差别法定存款准备金率,给予村镇银行一定再贷款的支持,建立村镇银行与商业银行等金融机构之间的合作机制,允许村镇银行进入现有的银行之间的支付清算系统,坚持现有的商业银行向经营状况良好的村镇银行发放贷款的政策,引导资金像农村市场回流,扩大村镇银行的资金来源途径。在贷款去向方面,村镇银行应该努力坚持小额、分散的原则,提高贷款覆盖面,防止贷款过度集中,减少村镇银行的风险。截至 2008 年 9 月,吉林磐石融丰村镇银行已发放贷款 782 笔,贷款余额为 2389 万元,其中单笔贷款最大金额为 200万元,贷款利率为 6.27%,发放对象为非农民;单笔贷款最小金额为 1000 元,贷款利率为 9.159%,发放对象为农民。数据显示信贷资金过度集中,风险较大;而对农民发放的贷款金额较小,利率较高。200 万元对一个国有商业银行来说已经是一笔数额不小的贷款,更何况对村镇银行这样旨在为"三农"服务,主要以小额贷款为主的小银行了。

　　第三,完善村镇银行的股权结构。允许村镇银行的股权结构多元化,如果银行股权起到控股权作用,容易把村镇银行建成支行,因此深化村镇银行股权结构改革是提高村镇银行经营效率的有效途径,其中一种理想的产权结构是发起银行持股 1/3 以上,把当地政府吸纳进来,作为第二大股东,两者相加后所占股权比例可以超过 50%,然后再审慎地吸收分散的若干民营企业作为普通股东。这种股权机构,发起银行能以较少的出资金额实现对村镇银行的控制,地方政府也有动力给予村镇银行更多实质性的扶持,并推动其切实为"三农"服务。同时,地方政府入股将有助于提高村镇银行的信誉度,有助于吸收存款,民营股东则能帮助村镇银行迅速适应当地的经营环境。但是,地方政府参与容易出现"寻租"现象和腐败行为,导致村镇银行经营效率低下。如何提高地方政府参与的积极性同时避免其权力过大是一个两难的选择。另外,可以考虑建立村镇银行控股公司。中国银行与淡马锡控股公司合作成立村镇银行控股公司的做法值得借鉴。村镇银行控股公司一旦成行,将以专业化、规模化的方式推进村镇银行的设立,并有望引进国际先进的微型金融运营经验。由村镇银行控股公司发起设立数十至上百家村镇银行,可以实现规模效应,控股公司整体盈利能力可观;其次,通过村镇银行控股公司的专业化经营和管理,适当引进国外先进的微型金融技术,可以提高村镇银行的管理水平;同时,在村镇银行控股公司模式下,村镇银行成为母银行的"孙公司",与直接发起设立村镇银行相比,即便个别村镇银行经营不善,对母银行的品牌伤害也不大。

第四,借鉴国内外的成功经验,成立借款小组和乡村中心。诺贝尔奖获得者穆罕默德·尤努斯为解决穷人的生活问题,解决穷人的贷款难问题萌生了创建村镇银行的想法和信念,而且在孟加拉国严峻的外部条件下顽强地生存了下来,成为孟加拉国乃至全世界金融界的骄傲。可见,金融机构在农村地区是可以生存并发展的。孟加拉国乡村银行在经营上主要有以下几个特点:贷款对象准确定位于农村地区的贫困妇女,有完整的层级组织结构,其中5个人自愿组成一个借款小组,以6个小组为单位组成一个乡村中心是乡村银行运行的基础,独特的小组担保机制减少了信息不对称,降低了违约概率,另外市场化的利率和宽松的还款期限也是他们成功的诀窍。我国一些农村地区存在"信用岛"现象,民间金融机构存在一种只在"熟人圈"(通常亲眷除外)私人放贷的现象。在"熟人圈"内,有足够的了解和信任且双方的行为结果是可预期的,而且违约的后果是非常严重的,这样能很好地控制放贷风险。农村地区信息不对称问题其实是可以解决的,借款小组和乡村中心可以在我国村镇银行进行试验,将社区农民分成若干小组,由小组成员对其他人的借款承担连带责任,有时还有小组成员对某人的借款进行审议,对于及时还款者的下一笔借款给予利率等方面的优惠,从而形成了有效的监督和激励机制。在借款小组的基础上,可以由村里的干部或者威望比较高的人成立乡村中心,由于他们对自己本村的情况比较熟悉,可以控制村镇银行的贷款风险。其中,惠民村镇银行历时三年探索出的"农村金融合作代理组织"制度就是对这一方法的实践。因此,在大量的、分散的"信用岛"存在的情况下,如果村镇银行合理利用"农村族间"信息相对对称这一特点,可以降低贷款违约概率。

村镇银行主体明确、产权清晰、贷款审批机制灵活,为农村经济和农户提供了有效的金融产品和金融支持;其较低和灵活的利率定价抑制了民间高利贷发展,而在许多现有银行业金融机构无法延伸的地区,更为农村提供了必需的基本金融服务。但村镇银行业有它自身的局限性和存在的问题,靠村镇银行完全解决农村地区的"金融抑制"是不现实的,同时农村的金融需求是多维度、多层次的,在发展村镇银行的同时也要兼顾其他农村金融组织形式的发展,如农村资金互助社、NGO 小额信贷组织(非盈利性质的公益型小额信贷机构)等。

2012 年上半年,短短的 100 天时间,济宁市范围内就诞生了 3 家村镇银行:嘉祥县中银富登村镇银行、邹城建信村镇银行、济宁高新村镇银行。据济宁一服装厂老板董先生讲:"我们是给运动场馆做高档浴服的,因为规模小、机械设备少,在别家银行跑了很久都没贷到款。但在这里把机器设备和厂房作为综合抵押品,半个月就贷出了 100 万元。村镇银行解决了我们周转资金的大难题,小企业就需要这种好银行。"

村镇银行的主要服务对象是"三农"、小微企业、个体工商户和城乡居民。长期以来,小微企业融资难、贷款难问题突出。据邹城某冷储服务有限公司张先生讲:"我有时候找信用社,有时候找小额贷款公司或者其他金融机构借款,反正想各种办法,但都是手续复杂、时间久、贷款额受限,成本却非常高。有了村镇银行,再也不会跑断腿儿才能贷到款了。"村镇银行作为正规金融机构,在农村信用社、中国邮政储蓄银行和中国农业银行之后进入县镇、乡村经济领域,对农民、小微企业贷款融资现状的改善发挥着日益重要的作用。济宁市金融办银行保险和担保科一科长曾对我们说,现在县域经济和三农对经济增长的拉动作用很强,但农村金融市场发育还不够完善,应该说,村镇银行的引入还是很有必要的。关于村镇银行选址,济宁高新村镇银行一办公室人员说:"高新区企业众多,经济发展活跃度高、潜力大,需要引进村镇银行增加新融资渠道,注入金融新活力。"嘉祥中银富登村镇银行宋先生也毫不避讳地说:"正因为经济欠发达,才契合村镇银行的性质。"村镇银行低门槛与灵活的机制很受青睐。村镇银行主要为注册资本 500 万以下、年销售收入千万元以下的小微企业服务,贷款金额不能超过注册资本金的 10％,门槛低,机制活。邹城建信村镇银行一工作人员说:"现在主要给棉纺、制造企业和个体工商户贷款,三农方面则是涉农企业以及他们的上游农户比较多。"以"准抵押"服务为例,小企业的厂房多建在租赁来的集体土地上,没有产权证,法律上无法生效。但现在贷款申请客户只要提供三方协议,有机械设备,经过资产评估、公证证明后,村镇银行便可放款。嘉祥县黄垓乡一纺织厂的老板说:"我这全用机器设备作抵押品,在别处怎么也贷不出来款。愁得我都有去借高利贷的打算了。但在中银富登,12 天贷到了 225 万元,数额大,时间短,真是方便快捷,我要把朋友客户都介绍过来。"据中银富登一客户经理介绍,普通银行的担保抵押率为 60％到 70％,而该行在调查审核清楚后,如果认为企业、商户成长性好,最高可给出 120％的担保抵押率。"虽然我们的风险增大了,但对客户来说能解决不少问题。"同时,村镇银行作为一级独立法人,有独立审核权限,省去很多上报流程。中银富登还推出了"5 年授信额度"服务,客户使用更加方便。

村镇银行被市场广泛接受还需要一个过程。截至 2012 年 7 月初,中银富登已发放贷款 2000 多万元。然而,贷款规模小、金额低,客户信用意识较差、财务透明度较低,对银行来说也面临考验。"同样的贷款量,我们勘察和审核工作要比大银行劳动多、难度大。"他们感慨地说。从存取款方面来说,由于目前受结算手段制约,还不够方便。"村镇银行只有存折,大小额支付系统和票据支付系统未开通,银联卡和网上银行均未使用。"徐先生这样坦诚地表示。说起村镇银行面临的最大难题,三家银行的负责人有着一致的答案:村镇银行认知度和接受度低。"很多人对村镇银行情况不了解,有人会以为我们不是正规银行。"要让群众认知,接受这一新生事物还需要一个过程。"就像我们新引进的生物指纹识别技术，可以和留密同时使用，不仅方便，也更安全。但现在只有记密码较吃力的老年人用得多，这也需要大家慢慢习惯。"他们表示，对于地方来说，是非常鼓励发展村镇银行的，但由于银行业的特殊性质，必须稳步发展。"在保证本地金融稳定的前提下，只有处理好银行发展和防范风险的关系，才能发挥好撬动经济发展的杠杆作用。"

第六节　非正规金融市场的引导和规范

民间非正规金融组织是经过有关部门许可，金融当局对其业务活动监管较松或基本不监管，与银行、信用社、证券机构、保险机构等正规金融组织及其金融活动相对应的民间组织。它不同于地下金融，更不同于非法金融。地下金融是没有合法身份，处于隐蔽状态的地下钱庄、高利贷等。非法金融是指没有金融业务许可证的企业开展的非法吸收公众存款、不经有关部门批准从事直接集资等金融活动。地下金融和非法金融活动不利于金融秩序的稳定。为实现金融和经济的协调发展，要积极引导和规范非正规金融市场的行为，消除其消极影响，利用其积极因素，使正规金融和非正规金融协调发展，在解决三农问题、中小企业融资问题上发挥重要作用。

在农村金融市场上，官方正规金融组织与非正规金融组织并存是发展中国家一个普遍现象。农民越是贫困，利用信贷平滑其波动收入流的动机就越强（Bardhan、Udry，2002）。为提高农业边际产出，必须建立科学适当的农村金融制度。各国政府都非常重视农村金融市场的发展，并通过一系列官方渠道扩展农村信贷，从而大大增强了正规金融组织在农村金融市场上的地位和作用。然而，在发展中国家，非正规金融组织并没有被政府的大规模发展计划挤出。麦金农（1973）认为，政策对金融市场过度干预会导致金融体系的抑制和非效率，利率高限刺激对资金的需求并阻碍资金的形成,而过度的资金需求迫使金融机构采用非市场利率手段进行资金配给,同时使不受利率限制的非正式金融市场得以发展,形成二元金融结构;即使是金融自由化国家,非正规金融也占有很高的比重。Stiglitz 和 Weiss(1981)基于信息不对称以及筛选、监督和合约实施成本差异,对发展中国家的二元金融结构进行解释。张军(1997)对温州民间非正规金融考察后指出,利率在民间借贷市场上起着"过滤功能",非正规金融组织稳定的高利率是对农村金融市场上关于还贷风险信息不对称分布的反应。林毅夫、孙希芳(2005)构建了一个包括异质的中小企业借款者和异质的贷款者的金融市场模型,证明非正规金融的存在能够改进整个信贷市场的资金配置效率。①

一、农村非正规金融市场的借贷行为

农村非正规金融对农业增长、农村发展和农民增收具有积极作用,不仅有利于农民建立现代信用观念:资金的有偿使用和增值收益,还可以弥补农村正规金融供给的不足,促进民营经济的发展,实现农村"储蓄—投资"转化的顺利运行。此外,当政策制定者干预正规金融活动而要求其改变信贷投向时,农村非正规金融将不受政策限制而继续为资金需求者提供服务。目前中国农村非正规金融是理论界研究的重点,它的组织形式包括自由借贷、银背、私人钱庄、合会、典当业信用、民间集资、民间贴现和其他民间借贷组织(如金融服务公司、财务服务公司、股份基金会等)。中国农村非正规金融之所以富有强大的生命力,是因为农村金融市场有巨大的融资需求和高收益导向的供给。从需求角度讲,农村经济主体的融资需求具有分散化、规模小、周期长、监控难、风险大等特点,商业化的正规金融难以满足这种需求,民间借贷天然地、长期地与小农经济相联系,农村正式金融的退出导致农村非正规金融的迅速分蘖(温铁军,2001)。从供给角度讲,农村贫富差别的加大是农村非正规金融市场繁荣的直接诱因。富裕的农民到正规金融

---

① 刘陈杰,王雪.农村现行二元金融结构的理论分析.货币金融评论,2005(11).

机构存款收益很低,农村又缺乏国债、证券等投资品种。资金盈余者受利益驱动,成为非正规金融的供给者或中介人,将小规模的短期储蓄集中起来,为农村需求资金的经济主体提供融资便利,促进了货币或资本向投资的转化。

(一)农村中小企业的借款行为

资金缺乏是制约农村中小企业发展最主要的因素。由于中小企业的资金需求时间性强,一旦不能及时满足资金需求,将对其生产或贸易的顺利进行产生非常不利的影响。资金需求一旦得到及时满足,中小企业便能抓住机遇,及时投入生产,实现预期收益。因此,取得资金的难易程度与取得预期收益的可能性呈正相关关系。中小企业很难从正规金融市场借到资金。Fry(1995),Anders,Isaksson(2002)认为,由于金融抑制下的政府配给、正规金融机构的所有制偏见和制度歧视,新兴中小企业难以在正规金融市场借入资金。Stiglit 和 Weiss(1981)提出均衡信贷配给模型,认为银行为了规避道德风险和逆向选择,以低于均衡利率的水平进行信贷配给,有一些借款者即使愿出高价也无法得到额度以外的贷款。我国民营企业向国有商业银行贷款,感到困难的占63.3%,仅有42.8%的民营企业可按国家规定利率从银行借到钱。[①] 而非正规金融部门对中小企业的发展提供了巨大支持。温铁军(2001)调查表明,民间借贷的发生率高达95%,说明中小企业十分依赖非正规金融部门。中小企业向正规金融部门借款,将面临巨大的交易成本和其他隐性成本,如提供有效担保的成本、出具真实财务报表的成本、进行资产评估的成本等甚至包括行贿的成本,所以取得收益的可能性不大。因此,他们宁可向非正规部门支付较高的利息成本,以换取其他隐性成本的降低和取得收益可能性的提高。中小企业这种融资策略造成对正规金融的"挤出"或"侵蚀"效应。农村中小企业向正规金融部门融资困难,关键是中小企业抵御风险的能力差、缺乏还款保障。这就需要中介机构向

---

① 《中国私营经济年鉴》2002 年.

中小企业提供担保服务。这个问题处理得好，消除了正规金融对中小企业的顾虑，使之资金困难问题得以解决，那么，农村非正规金融的市场份额就会缩减。但是，正规金融不会完全取代非正规金融的，理想的局面是二者相互补充，有各自的服务领域。

(二)非正规金融市场贷款行为分析

非正规金融部门比正规金融部门具备诸多优势，可以用较小的成本获得更好的监督效果。因为非正规金融具有信息优势，对借款人的信用状况、收入状况、还款能力等比较了解，能够对不同借款人比较后进行有效的筛选，降低逆向选择带来的风险，保证借款人的质量和贷款的安全性。同时，由于非正规金融部门贷款人在地域、血缘与其他社会关系方面与借款人的广泛联系，得以轻松地了解借款人的情况，并对借款人进行有效的监督，保障贷款按时足额归还。而中小企业难以提供有效的财务报表和其他抵押，使正规金融部门无法准确了解其经营情况，从而无法对申请者有效地进行筛选；一旦发放贷款，正规金融部门难以通过地域、血缘、贸易等联系，约束和监督中小企业的行为，即使投入很大的监督成本，也无法取得预期效果。其次，非正规金融市场关联契约广泛存在。由于借款人和贷款人之间存在其他市场的交易关系，因此双方在签订信贷契约的同时也将其他市场的交易情况附加进去。其他市场上的联系，使贷款人更容易获得借款人的资讯信息，从而节约了筛选成本。贷款人在信贷合约实施过程中，还可以通过其他市场的联系发现问题，及时调整合约内容或收回贷款。关联契约的存在增加了借款人违约的成本，形成对借款人正确使用贷款、履行还款义务的约束。非正规金融部门对中小企业贷款的筛选和监督成本小于正规金融部门的成本，而可能获得的收益却大于正规金融部门的收益。这就是农村非正规金融具有强大生命力的缘由。

二、农村非正规金融市场理论探索

农村非正规金融市场的存在，是供给者和需求者各自收益最大化均衡的结果，在理论上有其存在的合理性；并且，在现实的农村经济体中,农村的很多经济活动都与非正规金融组织有联系。非正规金融部门有许多种。如何制定一个切实可行的标准划分非正规金融部门,这是目前学术界的前沿课题。温铁军认为,农村非正规金融组织中,农民借款大多用于生活性消费,农业生产收益一般低于社会平均收益率,农业贷款归还的概率就小,易滋生封建性的人身依附关系,造成农村社会的不稳定。然而,他并没有建议要关闭农村非正规金融市场。温州等民营经济发达的地方,企业的初始投资除了一部分来源于自有资本外,其余都来自于非正规金融市场融资。很多非正规金融市场的融资活动受当地文化和社会联系的约束,信用度和还款率高出理论估计值。既然农村经济体对非正规金融有很强的依赖性,政府就应该把它法制化、制度化,并根据不同形式非正规金融的特征分别制定相关政策。如何规范农村非正规金融部门行为,是理论界的一个新课题。如何消除阻碍农村非正规金融发展的障碍,建立新的机制和制度,引导农村非正规金融服务能够惠泽更多农户,是金融当局不可推卸的责任。在制定政策时,要积极鼓励正常的农村非正规金融活动,承认其合法性,并将其纳入国家金融监管体系。降低农村金融市场准入的门槛,对具有一定规模和管理制度的农村非正规金融组织,应允许其开展金融业务,起步时可限定其利率浮动范围,逐步推进利率市场化;同时,要严格限制、坚决取缔不正常的农村非正规金融组织,引导农民认识并选择新的投资渠道(如债券、股票、基金等)。农村政策金融除承办农副产品收购贷款、农村基本设施建设贷款和扶贫开发贷款外,还应向农户提供脱贫启动资金。[1]

三、合法化的民间借贷机构——小额信贷组织

小额信贷组织是目前我国民间借贷组织的一种典型形式。民间借贷指公民之间、公民与法人之间、公民与其他组织之间的借贷。只要双方当事人意见表示真实即可认定有效,因借贷产生的抵押相应有效,但利率不得超过银行同类贷款利率的 4 倍。与银

---

[1]　罗丹阳,殷兴山.民营中小企业非正规融资研究.金融研究,2006(4).

行借贷不同,它是一种直接融资。民间借贷又是民间资本的一种投资渠道,是民间金融的一种形式。

第一,中国小额贷款的发展历程及现状。早在 1993 年中国社科院成立的"扶贫经济合作社",就借鉴了孟加拉国的小额信贷模式。茅于轼在山西临县龙头村开展的小额贷款项目,10 余年来从最初的 500 元滚动发展到 50 万元,从一个村庄扩展到三个村庄,有 2500 户农家因此受益,还贷率超过了 95%。小额贷款在中国发展缓慢,目前总贷款量不足 10 亿元,主要原因是缺乏人力资源、资金及知识等。龙水头村基金会不仅能解决农村金融问题,农民生产、生活也会因此得到很大改善。茅于轼认为,为了防止非法集资、集资人卷款,最初两年不许集资人吸收存款,把钱存在银行利息 2%左右,在农村贷款 12%,就会有人愿意去做。如果小额在这两年运行正常,那么允许它在下一年吸收三五万元存款,再过一年10 万、15 万然后 30 万元。小额贷款有了 30 万元,就不允许它再募资。这个方法很安全,也不会捣乱金融秩序。2005 年 12 月 27日,山西平遥再一次成为中国金融界关注的焦点。"日升隆"和"晋源泰"两家以明清票号命名的小额贷款公司成立了。这两家注册资本分别为 1700 万元和 1600 万元的小额贷款公司完全由民间资本投资组建。这种以"只贷不存"为主要特征的 NGO 小额信贷组织,在金融供给最薄弱的农村正式起步。2006 年 2 月 25 日,全国第三家小额贷款公司利州小额贷款有限公司正式挂牌营业。同年5 月,人民银行正式将陕西、四川、贵州、山西四省确定为实施NGO 小额信贷试点地区。NGO 小额信贷组织是由民间资本组成、股东最多不超过 5 个、贷款利率不高于基准利率的 4 倍、实行"只贷不存"的信贷组织。NGO 小额信贷组织得到了地方政府的支持。

第二,小额贷款的国际影响。小额贷款组织在国际上也备受重视。2006 年度诺贝尔和平奖获得者、孟加拉国穷人银行家尤努斯博士,从贷款 27 美元给 42 个制作竹凳的赤贫妇女开始,无担保地贷款给穷人,创立了格莱珉银行。其运作模式是赤贫的贷款者

5 人一个小组自己管理,这样一个小的熟人社圈内部互相监督,消除了道德风险。如果一个人不还贷,那么其他人就会帮助他,或者延长还款期限或者让他每天少还一点;若拒绝还贷,他在这个熟人社会中的信用就会受损,很难在这里继续生活下去。格莱珉银行的还贷率高达 98.89%。尤努斯带给中国一种新的金融模式,它是一种科学的、富有成效的小额信贷运作方法。他指出:"在中国,完全可以采用类似的批发模式,甚至成立一家乡村银行,但我认为最重要的是中国政府容许小额贷款公司,可以同时接受存款,只要将贷款与存款的比例限制在 50% 以内,便能防范存款公司倒闭的风险。"他明确表示,中国的小额信贷机构现在奉行的"只贷不存"原则,等于"锯了小额信贷的一条腿"。小额信贷必将为提高农民收入、促进农村经济发展,建设和谐社会、建设社会主义新农村做出巨大贡献。

第三,官方对小额贷款所持的态度。《中共中央国务院关于推进社会主义新农村建设的若干意见》中指出,在保证资本金充足、严格金融监管和建立合理有效的退出机制的前提下,鼓励在县域内设立多种所有制的社区金融机构,允许私有资本、外资等参股。目前小额贷款公司只是试点,身份不明确和后续资金来源不足、"只贷不存"的现状对于投资者来说风险和收益不匹配,可贷资金十分有限,而且没有非常清晰的前景,看不清试点结束之后的发展方向。关于小额贷款公司,央行副行长吴晓灵认为,允许个人或专门的公司用自有资本从事小额放贷,可能是引导民间融资逐步走向规范的现实选择。要鼓励民间资本参与县域金融机构重组,制定《放债人管理规定》,对放债机构进行注册管理。要合理引导民间金融,为我国小额信贷发展提供良好的环境。她表示,出于对公民财产运用权的尊重和公民之间缔结合约自主权的尊重,民间金融应是一种法律范围内的正常现象,但不允许小额贷款公司吸收公众存款,只能运用自有资金和来自一个机构的批发性融资开展业务,与资金运用相关的风险要由小额贷款公司的股东和资金批发机构来承担。运作良好的小额贷款公司,其融资渠道最终也可逐步拓宽,或为设立某种新的金融机构创造条件。

四、适当放开管制,引导民间金融积极成长

农村改革的实践表明,我国经济改革的一些实质性成果都产生于农村基层自下而上的变革。新制度经济学把基层改革成功奥秘阐述为,人们通过互不吃亏的交易推导出一个稳定的制度结构并供应,可使交易成本更为节约的制度化规则。民间金融在农村信贷中起着重要作用,实际上已经成为农村金融市场体系中重要的一部分。民间金融对农村经济的正面影响大于其负面影响。我国东南沿海部分地区已被纳入正规金融体系的民营信用社等机构,就是由小而散的民间金融组织形态逐步演进过来的。事实上,金融领域的很多业务最初都是非正规金融,比如同业拆借业务。因此,适当放开管制,引导民间金融积极成长,不仅有利于缓解农村经济发展中资金短缺的局面,而且也是当前农村金融体制改革的可取之举。

其一,农村金融体系缺陷造成非法集资活动屡禁不止。非法集资是指任何未经金融当局批准,向社会公众进行的集资活动,包括擅自以还本付息或支付股息、红利方式筹资、以发起设立股份公司为名变相筹集股份等等。因此,很多民间融资活动都可视为非法集资活动,多次遭到金融当局的禁止,但查禁的风声一过,民间融资活动又活跃起来。民间"非法集资"活动的禁而不止,在很大程度上是我国金融体系缺陷造成的。有需求就会产生供给。由于现有融资渠道不足以为众多的民营企业提供资金支持,它们在急需资金时,不得不通过"集资"等民间融资活动来解燃眉之急,因此民间融资活动具有相当的合理成分。为支持民营企业发展地方经济,地方政府常常对"非法集资"活动采取宽容甚至庇护的态度,这对监管部门的查禁工作非常不利。于是,监管部门不得不对非正规融资市场采取默许的态度。当非法集资者无法归还本息时,将产生极坏的社会影响,破坏了金融局势的稳定。但是,如果没有政府官员利用权力和政府信用为集资者提供保护,非法集资活动便不会产生令人吃惊的集资数额和巨大的社会影响。真正由民间主

体从事的融资活动因具有强烈的风险意识和较高的投资效率,反而有利于金融的稳定。

其二,金融抑制激活了非正规集资活动。金融抑制严重的国家和地区,由于正规金融机构提供的资金供给难以满足经济主体的资金需求,都会出现大量的非正规金融组织及其活动。例如,我国台湾民间借贷占全部金融活动的比重曾长期保持在20%以上,占间接融资的比重则高达35%以上。日本的民间借贷也十分常见,借贷机构为解决资信度低、缺少抵押品的企业和个人的融资困难,还设计了非常便捷的服务方式。即便在一些欧洲发达国家,非正规金融活动也普遍存在,有的国家的政府甚至鼓励投资者在非正规金融市场进行投资活动。

非正规金融活动会带来巨大的金融风险,那么正规金融活动所产生的金融风险并不亚于非正规金融活动。四大国有银行在剥离了1.4万亿元不良资产之后,账面上仍拥有3万多亿元的不良资产。如果没有国家信誉的支持,这些金融风险将产生严重的社会影响。非法集资活动是现实的金融市场狭小、缺少层次和行政垄断造成的。由于农村金融市场既不能满足投资者的投资欲望,也不能满足融资者的资本需求,资金的供求双方只能自己创造市场,在法律和制度的规范之外从事投融资活动。对于中国这样一个人均GDP仅1000美元,有着9亿农村人口、4亿农村劳动力的发展中国家来说,大量农村中小企业仍然是今后相当长时期内农村经济发展的主要动力和新农村建设的经济基础。在正规金融体系未能有效地解决这类企业的融资问题之前,非正规金融在民营中小企业的发展过程中仍将起到不容忽视的作用。要给非正规金融留出一定的发展空间,以改善资金分配状况,汇聚社会的闲散资金用于农村经济活动。在国际上,只有当正规金融体系发展到相当程度、金融抑制充分解除之后,非正规金融活动才可能自动萎缩。在我国台湾,当局对民间借贷采取较为宽容的态度下,民间借贷反而可以提高资金分配效率并增加整个社会的可使用资金。因此,要扬弃非正规金融活动,保留其合理成分,抑制和打击其有社会危害性的成分,使非正规金融活动能够在一定时期内发挥积极作用,又不至于影响金融市场大局。

其三,对非正规融资活动应持的态度。对于非正规金融活动,要严格禁止和查处那些金融诈骗活动和政府官员参与的企业集资。要对民间主体进行的融资活动进行分类分层管理,对部分条件较好的机构严格监管其信用度、风险控制能力和还债能力,并纳入正规金融体系;不宜纳入正规金融体系的,只要不涉及违法活动,则允许其适度发展。对于无真实借贷背景、以诈取他人钱财为目的、收取超出规定的高利息、对抵押品提出不当要求等借贷活动均应依法禁止。要明确规定政府官员不得凭借行政权力或地位为借贷活动提供有形或无形的担保。要明确对非法集资活动的处罚标准和办法。对非正规金融活动的正确态度是改"堵"为"疏",吸收民间资本。要将部分资质较好、管理水平较高的城乡信用社改造为民营银行,使其由私人资本出资、控股、经营。由于其特殊的经营模式符合民营经济分散、跨行业多、经营变化快等特点,较容易克服信息不对称导致高昂交易成本和风险的问题,有助于将部分地下、半地下的私人钱庄纳入监管范围。

发展中小民营银行也要注意防范金融风险。尽管这些小银行的资产质量非常优良,但由于其规模过小、抗风险能力过低,一旦出现挤兑就会使优势在顷刻间化为乌有,还要靠政府出面帮助解救。所以,我国政府对小额贷款公司的发展十分谨慎,目前要求其只存不贷便是出于防范金融风险的考虑。要建立有效的进入、退出机制和保护存款人利益机制,让符合条件的银行进来,经营不善的倒闭或者被兼并,中小民营银行不能倒闭的思维定式是违背市场规律的。另一方面,民营中小商业银行具有很强的产权约束,但是由于银行业所具有的杠杆特点,民营银行仍然存在着很大的经营风险,需要监管部门制定严格的出资人和高层经营管理人员资信标准,设立档案并定期审查,防止资信不良、有劣迹和黑社会背景的人员进入银行业;严格审查和禁止股东的过多分红和抽逃资本金情况,防止因银行股东的利益冲动而引致银行短期行为;设置

资本金分类标准,限制地方性银行的业务范围和活动地域范围等
等。

第七节　我国农村金融市场竞争机制的建立

　　当前中国经济增长较快,金融在优化社会资源配置、促进经济
增长中的作用越来越重要。只有解决好农村金融市场的供给不足
问题,农村经济才能得到快速发展,新农村建设才能取得成功。无
论是农户、乡镇企业贷款难,还是民间金融活跃,根本原因是有效
供给主体缺乏导致供求失衡。农村金融改革关键是培育农村金融
市场的有效供给主体,使农村金融市场达到供求平衡。

一、农村金融市场化改革的基本思路

　　农村金融改革的基本思路是建立和发展竞争性的农村金融市
场,核心问题是金融机构定位。鼓励和引导农村金融市场主体之
间有序竞争,有利于推动现有金融机构完善机制、改进服务、提高
效率,促进农村金融体系全面、协调、可持续发展。最近,中国人民
银行确定了农村金融总体改革方案,强调要建立竞争性农村金融
市场,邮政储蓄、小额信贷等机构的发展将改变农村信用社独家经
营的格局。农村金融市场要实现真正的竞争,就要建立退出机制,
而退出机制的一个前提,是存款保险制度建设。农村金融机构特
别是农村信用社的退出机制,将强化市场竞争。

　　为建立农村金融市场竞争机制,中国农业发展银行要在原有
的粮、棉、油收购业务基础上适当扩大其业务范围,拓展其功能。
中国农业银行将农业开发性贷款业务归还给中国农业发展银行。
中国农业银行改革步伐加快,整体改制,也走了其他国有商业银行
的路子。农村信用社改革,要在相当长一段时间内保持县一级法
人。一个金融机构规模越大,对外贷款能力就越强,越想将贷款投
向非农产业。因此,现阶段农村信用社改革将稳定发展以县为单
位的改革。邮政储蓄放开贷款业务,给农村信用社外在的竞争压
力,强化市场竞争,改变农村信用社独家经营的格局。目前,邮政

储蓄的负债业务做得很大,开放资产业务后资产业务怎样做好应当引起人们的深思。小额信贷是创新型机构,是农村金融改革的亮点所在,它给民间金融合法化找到一条出路。通过规定单笔贷款最高额度、"三农"贷款投放比例等,强化小额信贷对"三农"的支持,将有利于放大市场竞争。它引入了民营资本为主的、更有活力的贷款供给机制。

二、对农村金融市场竞争性的认识

农村金融改革是农村经济社会变革的重要组成部分,与中国的市场经济体制改革进程相联系,必须将其放在整个经济体制改革的大背景下研究。作为市场经济的一个部分,随着市场机制逐渐渗透到农村经济生活的方方面面,必将带来农村经济结构的调整和质量的提高,农村金融市场的多元化竞争局面亦将逐步形成。农村金融市场化改革是市场经济向农村进一步延伸,市场经济体制改革进一步深化,向高层次发展的必然要求。有人认为,农业是弱势产业,农民是弱势群体,竞争的结果对"三农"问题的解决不利,所以不应该在农村金融市场引入竞争机制。其实,竞争机制与相关的社会扶持政策并不矛盾,两者对应农村资金需求的不同层次,在一些交叉区域有主有次,但是不能因此否认竞争机制在整个农村金融市场中的基础性作用。竞争性农村金融市场是"看不见的手",扶持政策是"看得见的手"。两只手要协同发挥作用,才能推动农村金融市场的发展。竞争是否存在,取决于是否有产权相互独立的市场经营者以及市场的进入壁垒,而市场容量大小取决于需求水平。竞争不同于恶性竞争,前者是市场结构问题,后者涉及对市场行为的监管。有的人害怕农村金融市场竞争会影响农村信用社支农主力军的作用的发挥。一个金融机构如果能在农村金融市场竞争中取得优势,那他就应该是真正的支农主力军,这应该由市场决定。市场机制作用的结果就是优胜劣汰。

农村金融市场的竞争是多层次的。中国农村经济发展具有较强的不平衡性和层次性,不同地区农村经济发展水平不一样,农业生产规模也不一样,农村金融需求主体对金融商品的需求具有多样性。农村资金需求主体有三个层次：经济相对发达地区规模化经营的产业化农业组织，从事小规模农业生产的农户和经济落后地区尚需国家给予扶持的贫困农户。对于不同的需求层次，应该采用不同的金融政策来满足。对于"公司＋农户"型的农村生产资金需求，应主要采用商业性金融手段来满足；对于大量的、产业化生产前期的小生产农户的资金需求，应主要采用合作性金融或者商业性社区金融的方式加以满足；对于贫困状态的农户，主要应该由政府的民政救济或者其他政策性金融扶持政策加以满足。不能把几个层次的需求混为一谈，否认农村金融市场的竞争性，而应该研究各层次相对应的金融制度安排之间的协调配合。竞争性农村金融市场的形成是一个长期的过程，这是由中国农村经济的特殊性决定的。小农经济影响我国农村经济和社会几千年，我国城乡二元经济结构的转变不是一蹴而就的，这种国情决定了我国农村金融改革不可能完全照搬国外的模式。在相当长的时期内，中国农民仍会认同与依赖传统的借贷渠道和方式，而不是一下子融入现代金融制度。农村金融改革应着眼于制度创新和提高市场化水平。建立竞争性农村金融市场，必须注重提高农户财富，运用市场手段改善农村经济环境，再由环境来影响、改变农户意识，最终形成适应市场机制运行的经济金融环境。

三、建立市场主体多元化的竞争性农村金融市场

金融的产生本身就是资金分布不平衡的结果。一些人拥有富裕的资金。而另一些人却缺乏必要的资金；有的人拥有进行投资和经营的企业家才能，能够发现别人发现不了的投资机会，但这些人不一定拥有资金。金融机构作为中介，其基本职能就是帮助闲置资金寻找投资机会，获得更高的回报。当面临风险相同的不同投资机会时，金融机构应该引导资金流向回报率更高的产业和地区。商业性金融机构也是理性"经济人"，会不择手段地追求自身利益，难免产生机会主义行为（黄少安，2004）。那么，中国过去20多年在城乡经济发展速度悬殊、城乡居民收入差距不断拉大、农业比较收益降低的大环境下，金融机构从农村撤出，资金从农村流出

也是一种理性选择。我们不应单纯地把金融作为政府的工具,凌驾、异化于农村经济之上,片面强调金融支持农村经济发展,而忽视了其金融的本质属性,把政府对农村的扶持行为、民政的扶贫资金问题跟农村金融混淆在一起。"三农"发展和农村金融发展是共生、共存关系,二者相互依存、相互促进。农村金融是"三农"机体中的重要器官,取之于机体又服务于机体。过去,农业资金一有问题,就批评、责怪农村金融,要农村金融机构多贷款,而较少注意农村金融机构的健康和可持续发展。要把农村金融机构作为一个经济主体看待,明确信贷资金与财政补贴、政府救济的界限,把农村金融机构不应有的政策职能剥离出去。

第一,农村金融改革的目标和内容。农村金融改革的目标应是形成一个以市场机制为基础的,金融主体多元化,金融产品多样化、金融服务多层次化,商业性、政策性、合作性金融组织相协调,正规金融组织与非正规金融组织互相补充,各类金融组织有序竞争、充满活力的中国特色农村金融市场体系。改革的内容应包括对引导资金向农村流动,农村融资媒介的创新和发展,建立对农村金融组织的正向激励机制,使农村金融组织在农村的业务持续不断扩张,形成农村金融机构的退出机制,发展农产品期货市场、农业保险市场、农村证券市场,为农民提供更多的金融投资渠道、投资品种和避险保值便利。目前,上述市场一般只有大、中城市才有,农民不仅缺乏相关知识,而且也没有条件参与此类交易。如果让农民进行期货交易,将能使其收获的农产品在期货市场上提前卖个理想的价格,从而会改变农民丰产不丰收的局面,这在黑龙江省已经有成功的先例。农民也应当有证券投资的权利,他们有了较多收入后,同样会寻求更理想的投资渠道,拿出一定比例的个人资本投到股市上,或许会取得不菲的投资回报。

中国银监会副主席唐双宁(2007)指出,农村金融改革的总体思路是坚持金融支持与政策扶持并重,市场化取向与政策性支持并重,加强服务与防范风险并重,资金支持与机构建设、机制转换并重,体制改革与员工素质提高并重;进一步加强监管,深化改革,改进服务,着力消除影响农村金融改革发展的体制机制障碍,全面促进农村合作金融又快又好发展;在坚持"五个并重"前提下,通过多种途径实现金融、财政、民间资本、境外资本优势互补、功能互助的农村金融服务格局。过去我国农村金融改革缺乏措施的创新,仅仅依靠农村信用合作社改革单兵突进,收效甚微,不能最终取得农村金融改革的整体成功。农村金融改革是一个复杂的系统工程,多元化的农村金融机构和体制、多样化的金融产品、多层次金融服务才能适应我国农村经济实际。因此,改革视角不能始终停留在对农村金融机构的改革上,必须吸收我国城市、企业改革和国外的经验,从体制外突破,实现体制内改革的整体推进。

第二,农村金融服务主体多元化。中国地域辽阔,农村经济条件差别很大,农户和农村企业的信贷能力具有鲜明的层次性。所以,不同层次的金融需求,需要不同的金融组织和金融供给形式来满足。仅仅依靠农村信用社不可能完全覆盖农村金融市场,很好地满足不同层次的金融需求,必须由多元化的金融服务主体来满足不同地区、不同需求主体、不同层次、不断变化的农村金融服务需求。农村金融服务的客体是"三农"。由于经济发展的区域性不平衡,各地对金融服务的需求也不同。政策性金融这只"看得见的手"可以弥补金融市场"失灵",对农村弱势群体的金融需求,应当主要依靠政策性金融机构满足,主要解决基础设施建设和缓解贫困而产生的资金需求。在经济发展过程中,政策性金融发挥着重要的平衡作用。随着我国市场经济发育的逐步成熟,弱势群体的逐步缩小,政策性金融将逐渐萎缩,其商业化运作是必然趋势。中等发达传统农区主要解决农业生产发展所产生的资金需求,重点解决商业贷款能力较弱的农户融资难问题。对农村最广大的农户和农村经济组织的金融需求,应当由农村合作金融组织满足。当前我国还没有建立真正意义上的农村合作金融组织,要尽快建立这种组织。在市场经济条件下,形成真正意义上的农村合作金融组织有其制度和经济基础。发达地区主要解决推动农村民营经济和中小型企业发展所需资金,重点依靠商业性金融组织提供金融服务,满足农村发展对金融的需求问题。农村中长期信贷、农产品期货、农业保险等,都是农村迫切需要的金融服务。建立多元化竞争性农村金融市场,应以市场机制为基础,结合不同地区农村经济实际情况,建立新型农村合作金融组织、贷款担保组织、贷款经纪人等金融服务组织,并充分考虑政策性金融机构、农产品期货交易机构、农业保险机构等金融机构的发展,实现农村金融供给主体的多元化。每个乡镇都应设立具有一定规模、适应当地农民金融需求的区域性金融机构。2007 年 2 月底,四川南充仪陇惠民村镇银行开业,这是全国第一家村镇银行。该机构的客户群主要是广大农民,可以大大减少经营成本,依靠其自身优势对贷款人进行全面的信用评估,减少信用风险。如果机构过于庞大,就会产生信息不对称,对贷款者的信用评估难度增大,经营成本和借贷风险也会大幅增加。

要建立由财政、企业、农户和社会等各方筹资建立的农业贷款担保公司和农户贷款担保中心,逐步完善与新农村建设相适应的信用担保体系,为中小涉农企业和农户提供担保。一些商业性金融机构放弃农村市场,很大程度上在于农村信贷数额小、风险大。建立农村信贷担保机构,既能使商业银行信用风险向信贷担保机构转移,消除商业银行向农业和农民发放贷款时的顾虑,又能减少农户贷款时因担保带来的麻烦,为农户贷款提供便利。然而,由于担保公司提供有偿服务,加大了借款人的筹资成本,所以人们还不习惯于找担保公司担保。随着农村金融体系的逐步完善,担保公司的作用将日益重要。社会主义新农村建设必然使农村经济大发展,农业经济全面复苏,农民收入大幅度增加,金融机构必须看到农村发展的潜力所在。一些外资已经在觊觎中国的农村金融市场,中资金融机构也必须重视这个市场,并自觉占领这个市场。农村金融的改革是建设新农村目标的重要组成部分。能否加快农村金融改革的步伐,建立完善的农村金融服务体系、事关建设新农村的成败。

第三,农村金融的资金价格形成机制。作为信贷市场的价格,利率是供求双方交易行为依据的信号。农业的弱质性、农户的分散性和乡镇企业经营的不稳定性增加了金融机构向其提供贷款的交易成本和信贷风险。自负盈亏的金融机构涉农贷款必然要求更高的利率作为风险补偿,而贷款(特别是农业贷款)利率受到严格管制,无法弥补风险,金融机构自然不会将贷款发放给农村,而且会缩减农村业务。1993 年中国农业银行确立商业化改革方向后,不断缩减在农村的经营网点,并且规定基层网点无贷款权,这些都是商业化运作的结果,也是中国农业银行市场行为的表现,不应受到责难。而且,在中国农业银行农村业务萎缩、农发行涉农项目有限的情况下,农村信用社的政策性负担严重超出自身能力,这给原本产权不清、管理混乱的农村信用社的改革增加难度。农村金融的传统做法是用行政定价的方式将"三农"贷款利率限制在较低的水平,用优惠的资金价格多给农户融资,往往忽视了金融机构的健康和可持续发展,达不到预期的效果。低利率政策一方面扭曲了农村资金价格机制,抑制了农村金融的有效供给,阻碍了农村金融资本的积累;另一方面也扭曲了农村的信用文化,扩大了农村金融的道德风险,使农村金融机构失去了主动管理风险、提高经营效率的动力。只有遵循市场经济规律,建立灵活的农村金融利率定价机制,让贷款利率充分覆盖信贷风险,才有可能保证农村金融机构的可持续发展。竞争本质上是减少信息不对称和发现均衡价格的过程,只要新型农村金融服务机构组织形式灵活,贴近农户需求实际,就能在一定范围内形成资金的市场利率。低利率不一定就能借得出去,高利率未必没有市场。利率市场化是竞争性农村金融市场不可或缺的,在利率市场化条件下,银行才有可能根据每一笔贷款的预期风险进行定价,或者根据整个贷款资产组合的综合风险进行定价;否则,金融机构或组织之间就不能展开充分竞争。因此,要想使商业性金融机构回归农村市场,要想使农村信用社改革顺利进行,必须加快利率市场化进程,让市场决定涉农贷款利率水平,使其在资金供求中形成均衡利率。这样,农村金融机构才能取得合理的收益,才能有生存和发展的空间。但是,在全国农村不可能形成统一的均衡利率,因为信贷市场本质上是不充分竞争的市场。2013 年 7 月 20 日,我国全面放开金融机构贷款利率管制,利率市场化改革有了重大突破,但农村金融市场还是一个"卖方市场",金融资源缺乏,所以贷款利率也不会下降。因此,利率放开对农村金融影响有限。

四、政府在竞争性农村金融市场中的角色

中国农村金融改革,应打破城乡金融二元市场结构,建立竞争性农村金融市场。政府应对农村金融市场的培育做出整体的、合理的制度安排。一方面,以市场机制为基础配置农村金融资源,培育市场环境;另一方面,应采用政策性贴息、社会救济等手段弥补市场缺失部分。

首先,政府应推动农村经济的市场化。金融的市场化程度与经济的市场化程度是紧密联系在一起的,资金的流动实际上是市场配置资源的反映。因此,各级政府部门应建立城乡合理流动的市场配置资源机制,对于农村资金外流,应当正确引导,使资金流向短缺的地方,尤其是流向农村,杜绝不合理的盲目限制。要按照建立统一、开放、竞争、有序的现代市场体系要求,加快发展和培育城乡一体的货币市场和资本市场,形成城乡统一的金融市场网络,以城市金融市场引导和带动农村金融市场的繁荣与发展。政府应尽量减少对金融机构具体业务的行政干预,着眼于从宏观上发挥监督和引导作用。政府对农村金融市场过多干预,会形成垄断势力,阻碍竞争市场的形成,进而提高农民的资金使用成本。由于我国农村分布广、农民数量多,政府决策因信息不充分容易造成失误。决策者贪污受贿行为会严重地影响资金的合理分配,造成资金外流,无法实现资源的最优配置。

其次,优化充分竞争的金融市场环境。按照市场规律,竞争才能产生效率。只有在农村各金融组织之间建立充分竞争的市场环境,才能改善和有效扩大金融服务,降低贷款利率水平,更好地满足农村各经济主体的融资需求,解决由于信息不对称所导致的道德风险问题。政府应建立有利于增强农村金融服务的制度,研究新型农村金融的市场准入制度,降低金融市场准入的门槛,放松对金融机构的各种不必要的管制,为农村金融机构的发展铺平道路,建立正确的激励机制,使其在为改进农村金融服务、优化资源配置的同时取得合理的收益,从而增强农村金融机构的发展后劲,为进一步有效扩大和改善金融服务奠定基础。要对农村金融市场供给主体行为进行必要的监管和规范,防范金融风险。要不断推出有利于形成市场定价机制的各种金融工具、衍生金融工具,发展与农村金融市场相配套的会计、评估、评级等中介服务使其满足农村金融市场发展的需要。要建立健全农村金融市场机制,使农村金融机构之间形成良性竞争局面。只有在充分竞争的前提下,才能扩大金融服务,降低贷款利率,满足"三农"金融需求。只有在一个充分竞争的环境中,才能有足够的信息比较判断不同金融机构的经营业绩。在一个竞争的农村金融市场里,利息由市场决定,要扩大利率的浮动范围。金融机构用于农村借贷资金的机会成本相当高,而且借款方临贷款金额小、频率高、季节性强等,较低的利率明显是不现实也是不符合市场竞争机制的。只有在收益达到一定水平的情况下,这个市场才有其存在的可能。而只有这个市场存在了,资金的供给才能得到保证,农民的贷款需求才能得到满足。

再次,政府在构建农村金融体系中的角色。温家宝(2007)指出,要加快建立健全农村金融体系,推进农村金融组织创新,适度调整和放宽农村地区金融机构准入政策,降低准入门槛,鼓励和支持发展适合农村需求特点的多种所有制金融组织,积极培育多种形式的小额信贷组织。未来农村金融改革的方向应是多元化、民营化。除深化正规金融机构改革外,要使更多的民间社会资本参与进来,在农村发展贷款公司、保险机构等金融机构,为农村经济发展提供更多、更好的金融服务。要从根本上解决农户贷款难的问题,需要从农村、农民投入机制的环节上建立一种金融服务机制,提高金融服务水平,使得农村资金以及其他社会资金能够为新农村建设服务。2006 年 12 月,银监会对于农村金融市场的体制改革,其中一个重要的思想就是放开、搞活农村金融市场,既鼓励多样形式的金融组织,还要结合农民、农业、农村以及保证城镇低收入和下岗职工的情况来创新出更多的金融产品,提供多样化的金融服务。中国要构建和谐社会、建设新农村,迫切需要建立起包括为弱势群体提供普惠的金融服务体系。国家应以扩大农村信贷市场、建立农村保险市场、发展大宗农产品期货市场三个方面为突破口,推进农村金融服务。要在坚持中国农业银行和农业发展银行作为农村金融支柱和骨干作用的同时,大力培育以县级法人为单位的农村信用社联社。与此同时,要大力发展乡镇银行、专业贷款组织、信用合作组织,构建多层次的金融服务机构。

五、农村金融改革的关键是实现金融自治

到目前为止,主流的农村金融发展范式有两类:一是补贴信贷范式,二是农村金融市场范式。补贴信贷范式是假设农业是弱势产业,农民是弱势群体,农村是弱势区域,就需要扶持,并加以补贴。随着小额信贷的兴起,随着世界银行业主流的金融机构日益认识到补贴信贷是一个误区,从而转向农村金融市场范式。补贴信贷范式是主张政府以指令性信贷的方式,大力干预金融市场。隐含的预设是农村居民没有储蓄能力,农村面临慢性资金不足问题;穷人较少参与正规金融活动的原因是他们无法进行储蓄和无力支付市场利息;农民都是弱势的,包括农业收益的不确定性、投资长期性、低收益性等等。但这些预设,后来基本上都被推翻了。

农业的资金回报率到底是不是很低?实际上并不是。举例而言,从资金回报率上看,不计算劳动力的回报率,你会发现,有的时候买一头羊再卖掉,再加上风险因子,其资金回报率常常是超过100%的。

20 世纪 80 年代以来,我国转向农村金融市场范式,就是通过发展金融向农民获取商业利率,强调对贫困者的可得性、重要性、紧迫性要高于利率。而后我们提出了一个局部知识范式,认为市场是不完全的、信息是不完全的,但是如果利用局部知识拓展市场,很多问题就被解决了。所谓的局部知识是说散布在不同个体当中,有关具体时间和地点的特定情形的知识。这实际上就是很多分散的知识,在不同群体当中,涉及特定的情形,不是为所有人所知。竞争可以看做一种发现信息、减少不完全信息和信息不对称的过程。契约本身的履行也是知识分工的结果,而不仅仅是劳动力的分工。

农村的中小企业很多都比较分散,尤其是小农式的。如果比较大的金融机构,单纯利用大家都比较容易获得的知识,只能做标准化的产品,其信贷配给程度往往是比较高的。从局部知识范式来看,如果做很多其他的事情,就是分支机构把产品和服务下移到更加基层甚至是农户当中,到中小企业当中,就解决了信息不对称的问题。

中国和其他国家一样,农村金融一般分为三部分:一是农村正式金融,二是民间金融,三是农村准正规金融。怎么区分呢?就看是否纳入到金融机构的监管。银监会在所有统计当中都不把小额贷款公司放在里面,但却会把新的金融机构一是村镇银行、二是农村资金互助社、三是贷款公司纳入统计。因为,这三类都是银监会自己在推。事实上,目前小额贷款公司在全国的数量非常大,但却没有纳入到银监部门统计当中。

农村金融现在整体问题比较多。

一是农村正式金融机构的密度总体上是下降的。1997 年开始,四大国有商业银行从县域以下退出。到了 2008 年以后,新型的农村金融机构,尤其是村镇银行的数量在上升。不过,这总体上并没有使得农村金融机构的密度回升。

二是农村正式金融的总体垄断化问题比较严重。在贷款方面,目前主要还是农村信用社独大,包括农村商业银行或农村合作银行。这三类我们统称为农村合作金融机构,他们在农村的信贷方面体现着垄断化。

三是大量金融资金从农村地区外流。在存款方面,中国邮政储蓄银行在农村的网点非常多,它们一头独大,吸储能力强,但放贷能力有限。目前,中国邮政储蓄银行的存贷比只有 29%,说明

71%的钱都流出本地了。这就使得大量金融资金从农村地区外流。

四是农村合作金融机构治理结构的缺陷。这和银监会的整体设计有关。2011年银监会提出,所有的农村合作银行都变成商业银行,带着"合作"两个字的,必须是小群体才可以,但中国的一个镇可能是一两万户农户,所以它必然是商业银行。

五是农村政策性金融经营方向与民争利严重。例如,国家的扶贫贷款,由中国农业银行投放到小水电企业,事实上,小水电是可以盈利的,为什么还要补贴扶贫贷款呢? 这显然是有问题的。

六是农村正式金融创新非常不足。新型正式和准正式金融机构类型少,发展相对缓慢。很多专家在研究当中习惯于不考虑民间金融,认为正规金融就够大了。但实际上,在农村,民间金融对农户来说,融资作用大于正规金融。人民银行对20040户的农户调研可以看到,全部农户户均民间借贷额1617元,全部农户户均正式金融借款额只有999元。所以,我们可以得出结论:民间金融业不可小觑,企业之间的应收账款就是民间金融。

农村金融政策孕育在我国的经济改革当中,最成功的可能就是农村金融改革,但是这样的改革也根本没有解决农村金融的问题。解决这一问题的关键是要改变思维方式和运作方式,实现农村的金融自治。这是德国的弗莱堡学派的思想。最好的金融产业政策是竞争政策。竞争包括有运作能力的价格体系,有多个供给者和需求者。这也意味着首先市场政策的供给面要放开,核准制要替代审批制。第二是币值稳定。第三是开放市场。最后则是政策稳定。

第八节　解决我国农村中小企业融资难的问题

有效解决农村中小企业融资难,需要企业、银行和政府三方共同努力。

一、农村中小企业自身应加强管理，增强其内在融资能力

（一）规范企业公司治理结构

公司的运行绩效如何，在很大程度上取决于其治理结构的有效性。公司治理结构规范与否不仅影响投资决策和资金筹措，而且也影响公司的管理效率和内部凝聚力。因此，公司治理结构是企业融资能力的必要条件，中小企业一定要规范公司治理结构。

（二）强化企业财务管理

企业财务管理是企业管理中最重要的内容之一，而资金管理则是企业财务管理的核心内容，健全的企业财务管理制度是提高企业融资能力的重要前提。我国《小企业会计制度》的颁布和实施，在一定程度上为规范小企业的会计核算和财务管理提供了制度上的保障，各企业应严格遵守，认真实施。

（三）强化信用观念

农村中小企业必须强化信用意识，树立诚信形象。从 2006 年7 月份开始，中国人民银行已在北京、上海等 17 个省市开展中小企业信用信息体系建设试点工作，农村中小企业应积极配合，认真、翔实填报自己的经营信息和资料，打造诚信形象，为今后融资创造条件。

（四）改变融资观念，拓宽融资渠道

市场经济条件下，企业融资是多渠道的。当前，农村中小企业还很不适应市场经济条件下融资发展的要求，一方面融资机制不活，另一方面融资方式单一。农村中小企业应改变过去完全依赖银行融资的思维方式，改变那种等、靠、要的融资行为，通过民间信用、典当、租赁、商业信用等多种方式进行融资。

二、加快金融体制改革，为农村中小企业提供全方位融资服务

（一）加快金融体制改革步伐，建立中小企业融资体系，完善农村金融服务市场

加快村镇银行、农村商业银行的组建和农村信用合作社的改造。通过金融法规明确其职能定位，使其成为主要为农村中小企

业服务的商业性或合作性金融机构。加强对其的监管和指导,防范风险,让其发挥自身优势使其成为金融机构体系的有益补充,弥补大型商业银行的不足,向不能从一般金融机构取得足额贷款的农村中小企业提供融资。小型银行的建立,要依靠民间资本的参股,尤其要吸纳游离于金融体系外的民间资本,促使民间资本从"体外循环"转入"体内循环"。满足农村中小企业的融资要求。

(二)加强现有商业银行对农村中小企业的金融服务

以政策、机制引导为主,大型商业银行应开设中小企业信贷部,拓展农村中小企业的存贷款业务,集中资金支持一批有发展潜力的农村中小企业;在内部激励机制方面,制定鼓励、适应农村中小企业融资业务发展的绩效考核办法,充分调动金融从业人员的积极性。早在 2005 年,中国银监会发布的《银行开展小企业贷款指导意见》,在贷款发放方面作了改进,包括对银行业绩考核办法也作了修改,这是有积极作用的。

(三)开展金融创新,丰富农村中小企业的融资方式

一是商业银行在改制和业务流程再造中,要研究针对中小企业的贷款业务流程和风险控制方法,用简便的程序、有效的风险防范措施和较低的业务成本,实现对中小企业的贷款支持。二是结合农村中小企业业务特点,大力发展保理、融资租赁等新兴金融产品业务,丰富农村中小企业的融资方式。

三、完善法律法规,拓宽融资途径

(一)完善中小企业融资的法律体系

完善的农村中小企业法律体系是农村中小企业发展的基本保证,是农村中小企业金融机构的生存依据和操作指南。尽快制定《中小企业担保法》《中小企业融资法》《产业投资基金法》等法律,使中小企业的各种融资渠道都有法可依并积极引导中小企业的投资方向,保障私人投资权益,推动中小企业健康发展。

(二)加快建立和完善农村中小企业贷款担保体系

农村中小企业信用度低下是造成融资难的深层次原因,建立起一个适合农村中小企业的贷款担保体系可以有效应对中小企业

融资过程中因信息不对称引发的逆向选择和道德风险问题,从而为农村中小企业扩展各方面融资渠道提供强有力的信用支持。

（三）发展多层次的资本市场

目前,我国证券市场的结构与发达国家相比,缺少专门为中小企业融资的二板市场,而银行作为资源配置的重要机构,在放贷行为上的逆向选择问题,使得二板市场的设立变得更为紧迫和重要。二板市场除了具有连续筹资、推荐、优化、分散融资风险等一般性功能外,还具有独特的创业投资基金退出机制。因此,一个完善的二板市场不但可以为农村中小企业提供一个可以灵活融资的场所,还将极大地促进创业资本的发展,而创业资本的发展又将为农村中小企业的发展壮大提供后续资金,形成一个良性循环。

（四）设立发展基金,开展风险投资

各级政府应采取措施,设立农村中小企业发展基金。对投资大、回报期长、风险大、融资难度大的高新技术中小企业,应重点发展风险投资,多方开辟风险投资渠道。中小企业发展基金包括各级政府、金融机构、企业、个人和科技创业风险投资公司以及各种社会团体的基金等,大力引进海外投资基金融资、项目融资、境外贷款、贸易融资等,促进我国产业投资基金的发展,全方位、多渠道地为农村中小企业的发展拓宽融资途径。

四、中央文件映射出农村金融改革新思路

自从 2004 年中央第一次将"1 号文件"聚焦农业以来,中央 1 号文件已经连续 10 年"专属""三农"。这说明农业与农村经济一直是解决中国经济社会根本矛盾的重要着力点,也是调整优化经济结构的核心内容。但是,农村经济还有许多基本矛盾至今没有重大进展,其中代表性的就是农村金融体系的构建。金融是现代经济社会的"血液",历经多年改革之后,农村金融的"缺血"状态仍然比较明显,这从根本上制约了农村企业的效率与农民享受的福利。

2013 年中央 1 号文件关于农村户籍制度的改革等表述,预示着新型城镇化已经开启。所谓新型城镇化,首先就是"人"的城镇化。围绕这个主题,农村金融的改革也需要重新调整和优化思路。关于"改革农村集体产权制度,有效保障农民财产权利"的描述,明确提出要建立归属清晰、权能完整、流转顺畅、保护严格的农村集体产权制度,依法保障农民的土地承包经营权、宅基地使用权、集体收益分配权。这里便涉及影响农村金融体系构建的根本性问题。

我国的金融体系长期体现出间接金融为主的模式特点,在银行主导的信贷融资体系中非信用型融资成为核心模式。但是,对于广大农民和农村中小企业来说,缺乏足够的抵押物,成为阻碍其运用信贷融资的主要因素。对此,推动农村的土地改革,实际上是为构建新型农村间接金融体系打基础。当然,这还需要在深度和落实方面更下工夫,甚至需要更大的制度突破。同时,在推动这项改革过程中,商业银行也应该努力把握新的趋势与机遇,努力创新适应"三农"需求与改革前景的金融产品和服务。

"要改善农村金融服务。加强国家对农村金融改革发展的扶持和引导,切实加大商业性金融支农力度,充分发挥政策性金融和合作性金融作用。"在当前银行为主的农村金融体系改革之中,重点次序值得商榷。从某种程度上看,商业金融的着力点应该是小型银行,另外合作性金融才是需要大力培育的核心,现有的合作性金融改革已经逐渐偏离既有方向,难以体现出合作性特征。长远来看,农村金融机构体系建设的目标,应该是以合作性金融和小型零售银行为主、政策性金融为辅的架构。

现有的农村金融改革中,对于直接金融模式的重视程度还不够。中央1号文件提出了要培育和壮大新型农业生产经营组织,并首次出现"家庭农场"的提法。对此,可以预见随着农产品需求的扩大以及土地流转制度的完善,诸多资本为追逐利益会大量涌进。对此,应该为各类资本进入农村市场创造更多的直接融资工具和手段,尤其在当前国企主导的背景下真正激发民间资本对农村投资的积极性。其中,鼓励和引导建立面向"三农"的各类投资基金或许是发展农村直接金融的核心选择,这需要有金融、财税、工商等方面的配套激励措施。

　　在现有政府财力还难以支撑农村公共服务的情况下,除了政策性金融的作用之外,还需要有效引入其他金融支持。一是可以在直接的财政支出模式中,引入各类金融手段,或者以政策性金融模式来完成支农资金的职能,这样的比较效率应该更高;二是可通过突出的优惠政策,引导民间资本介入;三是应大力发展各类商业性保险、担保等机制,为农村金融风险的分散化提供支持。总之,应从服务实体经济的角度出发,真正建立功能完备的农村金融体系,还需要在改革重点和方向上予以调整,而不仅是对现有体系的边际完善。

第七章　我国农村金融产品和服务方式的创新

　　创新是一个民族进步的灵魂,是一个国家兴旺发达的不竭动力。农村金融创新的目的,是让农村金融机构更贴近农村实际,金融产品更符合农民和农村中小企业需要。长期以来,离农民很近、直接为"三农"服务的金融机构相对来说并不多,农村金融机构多样化不足、缺少竞争,造成农村金融服务效率不高、服务不到位、农民融资较难的局面。

　　近年来,为有效提升农村金融服务的整体服务功能,银行类金融机构纷纷下沉经营重心,坚持以市场为导向,以客户为中心,创新业务品种,不断提高农村金融服务的水平和质量,不仅加大了对县域中小企业信贷投入,还较大程度上满足了农户的小额信贷需求。同时,越来越多的村镇银行、贷款公司和农村资金互助社等新型农村金融机构获准设立,它们以创新的信贷模式、先进的信贷技术,使越来越多的农户享受到了便捷高效的金融服务,为当地农村经济发展注入了强劲的动力。

　　目前我国在构建多层次、广覆盖的农村金融体系方面取得新成效,金融机构自身的可持续发展能力在不断增强,农村存贷款持续增加,金融服务已覆盖了绝大部分农村地区,并正在为服务"三农"发挥积极作用。中国银监会日前公布的数据显示,截至 2010 年年末,全国共组建新型农村金融机构 509 家,已开业机构发放的贷款中超过 80% 用于"三农"和小企业。截至 2010 年年底,全国金融机构空白乡镇从 2009 年 6 月末的 2945 个减少到 2312 个,有 10 个省份和 5 个计划单列市率先实现乡镇金融机构全覆盖;31 个省区市和 5 个计划单列市均已提前实现乡镇基础金融服务全覆盖。银行业金融机构持续加大涉农信贷投入,为促进农业生产、农民增收和农村经济发展做出了积极贡献。

但不可否认的是,农村金融服务中还存在一些问题,农村金融仍是金融体系中最薄弱的环节,农村金融生态环境有待进一步改善,如多层次、多样化的农村金融服务体系远未形成,涉农金融机构改革仍需深化,农村信贷市场拓展的深度、广度需进一步提高,涉农金融产品仍有待开发,当前农村地区金融生态环境相对较差,金融品种不适应农民的需求,不能满足农村金融的要求等。这需要通过创新金融产品填补金融服务的空白,让农村金融机构更贴近"三农",金融产品更好地满足新农村建设需要;同时,减少信息不对称导致的风险问题,进而增加对"三农"的信贷供给。因此,要进一步改善农村金融服务,还需要继续培育农村金融主体;积极引导商业银行新增存款投放农村,增强政策性银行的支农服务功能;着力推进农村信贷产品和服务方式创新,大力开发农村金融产品;加快完善农村金融市场;进一步完善与农村金融相关的政策法规。

农村金融机构在发展中也存在很多问题,面临种种挑战。一是准入政策限制较严,限制了农村金融机构规模的扩大。如果限制了农村金融机构的规模化扩大,那么,就无法建立普惠型金融体系,无法改变农村供给不足的状况,无法建立多层次、可持续、广覆盖的金融体系,这是核心问题。二是资金不足,限制了新型农村金融机构的持续放贷能力和可持续发展的能力。三是产品结构单调,限制了新型农村金融机构的发展空间。四是人才质量欠佳,限制了新型农村金融机构的市场竞争力。五是信息共享难,制约了新型农村金融机构的风险管控能力。

创新农村金融产品和服务方式是金融支持"三农"的着力点和重要抓手。近年来,我国金融当局十分重视农村金融创新。2008年10月,中国人民银行、银监会出台《关于加快推进农村金融产品和服务方式创新的意见》,在中部6省和东北3省开展农村金融产品和服务方式创新试点,以增加农民的抵押担保物品种范围。2010年7月,中国人民银行、银监会、证监会、保监会发布《关于全面推进农村金融产品和服务方式创新的指导意见》,全面推进农村金融产品和服务方式创新,进一步发挥金融对社会主义新农村建设的支撑作用。2011 年 7 月,中国人民银行办公厅下发《关于建立农村金融产品和服务方式创新专项监测报告制度的通知》,积极部署指导中国人民银行分支机构进一步扎实推动辖区农村金融产品和服务方式创新工作。2012 年 2 月,中国人民银行副行长刘士余要求,必须清醒地认识到新形势下农村金融服务工作面临的艰巨任务和挑战,在深入总结创新工作取得成绩和经验的基础上,进一步推进农村金融产品和服务方式创新,引导信贷资源更多地向"三农"和民生领域倾斜。经过中国人民银行各分支机构会同银监会、证监会、保监会派出机构和相关金融机构的积极探索,农村金融创新取得显著成效。截至 2011 年年末,农村金融产品和服务方式创新已经在全国 31 个省(市、区)全面推进,全国开展农村金融产品和服务方式创新的金融机构或网点已分别达 10239 家和6037 家。据不完全统计,全国约有 946 万农户直接或间接从农村金融产品创新业务中受益,受益企业达数万家。

农村金融创新必须明确农村金融为三农服务。目前,农村金融创新已经发展到一个瓶颈阶段,只有解决好谁服务谁的问题,农民才能真正得到实惠。按照商业银行法和贷款通则的规定,农业与农村金融被割裂开了,农民要借钱,就要满足金融机构要求的担保、抵押等条件,这就等于农民的金融需求必须服从于金融的发展。近年来,我国在农村金融运行机制、组织体系及产品和服务创新等方面进行大量有益的尝试,农村金融改革和发展取得了积极成效。未来我国农村金融建设要与时俱进、因地制宜、注重借鉴、协同推进,有效提升农村金融服务水平。

第一节　我国农村金融创新的特点

农村金融产品和服务方式创新立足当地,针对性强。针对农村特定群体,开创出农村青年诚信创业贷款、大学生村官创业富民贷款、农民经纪人收储仓单质押贷款等;针对地方特定产业,开创出广东潮州陶瓷贷、湖南耒阳油茶林贷款、宁夏绒毛动产抵押贷款等；结合农村产权情况，开创出农民住房按揭贷款、经济林果所有权抵押贷款、水域承包经营权抵押贷款、草原承包经营权证抵押贷款等。

结合农户和各类经济主体的贷款创新模式多元化。公司＋基地＋农户，协会＋农户，专业合作社＋农户，信贷＋保险＋担保，银、科、农三位一体，以及中小企业担保、农户大联保等多种贷款模式创新，多元化的模式破解了涉农中小企业在缺乏有效担保情况下融资难的问题。

农村信贷合格抵押担保品范围不断扩大。例如，林权、农业订单、土地经营权、房屋、道路、生产设施、活体动物及果树果实等生物资产都可抵押获取贷款，从资金层面大大促进了现代农业的迅速发展。

我国农村金融产品和服务方式创新工作的特点可以概括为如下几点。

1. 创新产品和服务方式种类明显增加

到目前为止，各地开展的有一定影响的农村金融创新产品约550个，创新金融服务方式达180余项。

2. 涉农贷款余额和占比不断上升

截至2011年年末，金融机构涉农贷款本外币余额14.60万亿元，同比增长24.9%，比同期本外币各项贷款增速高9个百分点；2011年全年新增2.73万亿元，占当期本外币各项贷款的34.6%，占比同比上升3.1个百分点。

3. 覆盖范围不断扩大

例如，湖南省农村金融产品和服务方式创新覆盖范围从2008年试点的21个县，扩大到目前的85个县、2893个乡（镇）。

4. 重点推动的创新产品和服务方式成效显著

例如，重点推动的林权抵押贷款业务进展迅速。截至2011年年末，全国林权抵押贷款余额为406.4亿元，同比增长33.2%，是2009年的2.2倍，比同期各项贷款增速高17.4个百分点，较好地促进了集体林权制度改革和林业发展。

针对农村特定群体，立足地方特定产业，结合农村产权情况，各地人民银行分支机构引导当地金融机构积极开展了形式多样的创新。其中，针对特殊群体的有农村妇女小额担保贷款、农村青年诚信创业贷款、大学生村官创业富民贷款、农民经纪人收储仓单质押贷款等；针对地方特定产业的有广东省潮州市"潮州陶瓷贷款"、湖南耒阳油茶林贷款、宁夏绒毛动产抵押贷款等；结合农村产权情况的有新疆农民住房按揭贷款、云南经济林果所有权抵押贷款、湖北水域承包经营权抵押贷款、内蒙古呼伦贝尔市草原承包经营权证抵押贷款等；结合农户和各类经济主体的有"公司＋基地＋农户""协会＋农户""专业合作社＋农户""信贷＋保险＋担保"以及中小企业担保、农户大联保等多种贷款模式创新。

当前，农业产业化、承包土地流转、新农村建设和城镇化等在品种、结构、期限和价格上都对农村金融产品和服务提出了新要求，要真正满足农村需求，必须贴近实际创新金融产品和服务。近年来，人民银行济南分行着力推动农村金融产品和服务创新，引导金融机构不断加大对农村的金融支持力度。一是创新农村金融服务平台。二是创新利率定价机制。三是创新信贷产品。四是创新开展金融支持农村农田水利基础设施建设试点。五是积极推广农村中小企业直接融资产品。六是创新支持大学生村官创业。

尽管农村金融产品创新成效明显，但受政策壁垒、经营授权、管理技术以及农村金融环境等诸因素限制，当前，金融产品创新与农村金融市场的实际需求还有一定差距。下一步，应重点在以下三个方面加大力度。一是创新发展模式。农村金融创新，重点在于满足差异化、多样性、全方位的农村金融服务需求。金融机构应加快改变传统的粗放的经营发展模式，根据农村金融需求特点进一步细分市场，确立差异化内涵发展模式，为"三农"发展提供差异化个性化金融服务。二是创新经营机制。金融机构应进一步完善贷款定价机制，既有效覆盖风险，又合理降低农村经济主体的融资成本；完善风险管理机制，打破传统的抵押担保要求，将传统信贷调查与现代小额信贷技术有机结合,简化审核流程,提高贷款审批效率。三是创新金融产品和服务。重点围绕承包土地流转、新农村建设和城镇化等领域和环节加强产品和服务创新,围绕现代农业和涉农中小企业产业集群发展加强创新,围绕农业科技推进金融服务创新;同时,围绕农业和农民生产生活需求,创新开发保障适度、保费低廉的保险产品。[①]

第二节　金融惠农需要特殊政策

金融"金融惠农"破解"菜贱伤农"每亩地农民交 9 块 8 毛保险费,蔬菜卖贱了可以拿到最高 187 元的赔付。没有特殊政策难破题。农村金融改革是整个改革的软肋,金融机构脱农的倾向很强,因为农业一家一户小规模,农业上小微企业贷款的成本非常高,风险也很高,如果我们没有对农村金融机构的特殊扶持政策,金融惠农的问题是很难破题的。2012 年中央财政用于"三农"支出已经超过 1 万亿元;统计数据显示,中央财政用于"三农"的支出占整个财政支出的比重大约 13%。现在我们不能光看财政支农增长的幅度,我们更要看财政用于"三农"的支出占整个财政支出的比重,这个比重提高 1% 就是上千亿元。在国家财力有限的情况下,要利用财政杠杆,引导更多的信贷资金和社会资金投向"三农",特别是要撬动金融、信贷资金,包括企业、社会的资金投向"三农"。

2011 年 1 月,上海安信农保公司在国内率先推出"冬淡青菜成本价格保险"产品,探索以市场保险办法解决"菜贱伤农",收到良好社会效果。这是目前唯一以市场保险办法解决农业发展问题的农业保险产品。2011 年冬季,山东、河南等地大白菜、卷心菜 4 分钱都卖不出去。上海市民素有"3 天不见'青',两眼冒金星"之说。解决市民"菜篮子"问题,历来为市委市政府高度关注。上海各有关部门也积极行动,千方百计保证市民蔬菜正常供应。当少

---

①　许志平.农村金融产品和服务方式创新工作在全国推进.金融时报,2012-6-4.

数蔬菜品种集中上市、出现滞销卖难的现象时，上海农商部门上下联动、产销对接，以收储、加工、配送、加快交易服务速度等多种措施，减少田间蔬菜的积压。上海市农委会同市有关部门结合本市现代农业产业发展和农业物化成本上涨等情况，从保费补贴品种、补贴比重、差异化措施等多方面进行研究，完善现有保费补贴政策，有计划地将都市现代农业的主要品种纳入补贴范围，合理提高补贴水平，进一步提高本市农业保险覆盖面。上海安信农保公司创新工作思路，不断推出惠农产品，"夏淡"绿叶菜成本价格保险为解决"菜贱伤农，菜贵伤民"问题发挥重要作用。

商务部表示，将支持菜农投保，建立救助机制并协同有关部门研究提出政策措施，推动菜农投保，引导蔬菜生产流通主体建立风险共担、利益共享、长期稳定的合作机制，防止"菜贱伤农"，切实保护农民利益。安信农保出台的"夏淡价格保险"，将青菜、鸡毛菜、米苋等5个品种纳入保险范围，保险面积达12.5万亩次；保险时限从"冬淡"保险期的59天延长到"夏淡"保险期的77天。与此同时，价格数据的采集更为科学，相关价格数据来自18家标准化菜市场，由统计部门科学定点、随机抽样、采集提供。

近年来，安信农保一系列金融惠农举措，一直走在全国前列。2006年，安信农保以崇明的花菜种植社为试点推出农产品价格保险，将承保领域由自然风险拓展到市场风险。2007年5月，安信农保与上海农产品中心批发市场经营管理有限公司签订了国内首张猪肉食品保单，近80户猪肉经营户参加了保险。而安信农保首创的"冬淡青菜成本价格保险"，每亩地农民交9.8元保险费，蔬菜卖贱了可以拿到最高187元的赔付。2011年保险面积57686亩，完成计划面积的96.14%；出险面积53199亩，出险率92.22%。共发生赔款424万元，平均每亩赔款近80元。目前，上海保持对水稻、油菜等主要粮油作物，生猪、奶牛、家禽、能繁母猪和保护地设施蔬菜等，与市民生活密切相关农畜牧业品种的100%保险全覆盖，农业保险覆盖率在全国省级行政区名列首位。据统计，2010年上海共为1885家合作社次、100余万户次提供了农业保险服

务。农业保险的保费规模达到 3.1 亿元，较上年增长 19％。全年
累计接受农户理赔申请 5308 件，结案 5294 件，结案率高达
99.7％，共支付赔款 1.3 亿元。[①]

第三节　我国农村金融担保创新

农村金融是现代农村经济的核心。长久以来，"担保难"一直
是制约农村金融服务提升的最大制约因素之一，而担保作为经济
和金融联系的关节点，加强担保创新是推动农村金融创新的一个
重要抓手。在农村担保物中，土地使用权抵押决定着其他物能否
成为担保物并影响其担保价值。推动土地抵押，特别是农地产权
制度核心的土地承包经营权抵押，是解决农村融资担保问题、构建
完善的农村和农业担保体系的重中之重。

一、土地承包经营权抵押试点

土地承包经营权抵押，是实现农村土地与金融对接的纽带，是
实现农业发展、农村富裕、农民增收的一条重要途径，对巩固和发
展我国农业基本经营制度和权利制度起着非常重要的作用。2009
年，中国人民银行和银监会在联合发布的《关于进一步加强信贷结
构调整促进国民经济平稳较快发展的指导意见》明确指出，允许
"有条件的地方可以探索开办土地经营权抵押贷款"。在此前后，
不少地点开始了土地承包经营权抵押的试点工作。

（一）土地承包经营权抵押试点呈现出的特点

1.试点区域在县或地级市区域逐步扩大

试点区域一般为县或地级市区域，呈逐步扩大趋势。我国农
地抵押实践，肇始于贵州省湄潭县土地金融公司，后经重庆江津、
宁夏同心示范引导，目前，呈现出试点规模扩大、规范层次逐步提
高的趋势。实践区域一般为县或地级市区域，如重庆、四川成都、
山东济宁、浙江湖州、江西万年、河南信阳等。

[①]　纪云飞.沪上蔬菜价格保险深入推进.解放日报,2011-4-19.

2. 土地承包经营权抵押成为完善农村土地制度的重要突破

近几年来,土地承包经营权抵押试点从早期的佳木斯市(2000年)到重庆江津(2005年),再到宁夏同心(2006年)、河南信阳(2008年)、四川成都(2009年)。试点推动经历了由自发到政府主动支持的过程。初期,以土地承包经营权抵押是农户与金融组织博弈、自主协商的结果;到后期,政府主动介入到土地流转和抵押市场,为融资主体提供担保或社会保障,以解决后顾之忧。因此,从后期的信阳平桥试点到成都、重庆城乡统筹一体化,是一种由政府主导、农户参与而且上升到属于国家战略的一种土地流转(抵押)模式。土地承包经营权抵押已不仅是一种融资工具,更是地方政府以此为突破口,推进农村土地制度改革完善、促进社会发展和农业现代化的一个抓手,逐步成为改革完善农村土地制度的重要突破点。

3. 试点制度尚停留政策层面,真正法律意义的抵押尚未实现

各地的抵押制度基本都以政府规范性文件出台,灵活性、针对性强,但立法层次低、约束力弱,特别是根据为物权法定原则,土地承包经营权抵押不能通过行政手段等非立法手段创设,造成金融机构基于安全性、流动性和法律风险顾虑,参与意愿较低。例如,江津试点、明溪试点、平桥试点、武汉试点、崇州试点均突破现有的法律规定,为规避法律风险,银行很少接纳土地承包经营权直接抵押贷款,而是将个人信用担保与土地承包经营权抵押进行联合等方式发放担保贷款,附加了额外条件,这不是直接抵押,进而影响了试点效果。以重庆市为例,截至2011年年末,重庆四家银行(农商行、农行、农发行、邮储)"三权"抵押贷款余额为57.07亿元,土地承包经营权抵押贷款仅1.59亿元。

4. 试点对涉及农民利益的全局性问题考虑不够

试点视野局限在土地流转抵押的规则设计,对农民社会保障、耕地和粮食安全等全局性问题考虑不足。总的来看,各地顺应农业发展新形势,大胆开展土地承包经营权抵押试点,但由于试点层级所限,试点地区没能站在从构建完善符合我国农业现代化方向的农村基本经济制度的高度上进行创新,一些根本性问题没有得到解决,如进一步明确集体土地所有权、土地承包经营权、集体经济组织成员权的具体内容、权利界限,对失地农民的权益保障、粮食安全、农村集体经济组织稳定与存续等配套制度考虑不足。

5.抵押采取商业金融运作模式

抵押模式主要遵循商业金融运作特点,未充分反映农业农村改革发展需要。总的来看,试点地区抵押机制的设计主要考虑如何获取商业性金融支持、保障商业性金融权益,未能坚持金融应适应农业经济发展需要的原则,对合作性金融、资金互助社等以农村熟人社会、人际信用为基础的金融形式未予充分重视。

(二)土地承包经营权抵押存在的障碍

根据《物权法》等规定,耕地等集体所有的土地使用权不得抵押,如果进行抵押或者抵偿债务依法应为无效。但是,此禁止仅具阶段性,为权宜性规定。2007年,王兆国在《物权法(草案)》的说明中指出,由于农村社会保障不完善,土地承包经营权是农民安身立命之本,放开土地承包经营权的转让和抵押的条件还不成熟。目前,我国不少地区的试点探索取得了初步成效,推动了土地承包经营权抵押的开展,为解决农村金融创新中的担保问题探索了途径,但还存在不少困难和制约。笔者认为,从现实情况看,影响土地承包经营权抵押开禁的障碍可概况为以下三方面。

1.功能性障碍

由于农村社会保障体系不健全,我国在土地权利设立上,作出了农村土地的经济效益功能让位于社会保障功能的土地权利制度安排,这是我国农村土地流转难的实质所在。如果放开土地承包经营权流转、抵押,可能造成农民因失地而失业、失社会保障,进而危及集体经济组织稳定、国家粮食安全等。

2.操作性障碍

从经济和法律上来讲,要实现土地承包经营权流转、抵押,土地承包经营权作为财产权利的静态权利属性和内容以及动态交易的权利流动规则、各参与方的权利范围、救济途径等,必须要清晰、确定、完整。但是，目前流转、抵押所需的权属确定清晰、内容完整明确的集体土地所有权、土地承包经营权、流转等权属制度以及配套的土地登记、评估、金融机制产品等市场机制，还未建立起来。

3. 理念性障碍

目前，社会各界对家庭经营能否适应现代农业的发展要求、土地流转是否危及集体土地所有制等农村基本经济制度、土地的用途管制以及构建何种农村金融体制机制等仍认识不清。

因此，总体上来说，功能性障碍是影响土地承包经营权流转抵押的根本原因，逐步消除土地承载的社保功能，让土地承包经营权之于农民尽可能回归到纯财产属性，是抵押开禁的根本前提；操作性障碍是影响土地承包经营权流转抵押的直接原因，尽快完善我国集体土地所有权、土地承包经营权的内容和边界，推动土地评估、流转市场等中介服务和市场建设，是抵押开禁的法律条件；理念性障碍是影响土地承包经营权流转抵押的深层次原因，加强农业现代化、农业经营规律、制度的研究，深刻认识农村基本经济制度与现代农业发展要求的关系和适应性，探明我国农业现代化的方向、路径，是推动抵押实践的认识基础。

二、扫清土地承包经营权抵押障碍

（一）准确认识我国农村基本经济制度和现代农业的关系，破解理念性障碍

1. 家庭联产承包责任制不影响农业现代化

家庭联产承包责任制与农业现代化无根本矛盾，能满足农业现代化的要求。农业现代化是农业技术、服务方式的现代化，与农业经营主体没有必然联系；家庭经营是农业生产的历史选择，且也能规模化。规模经营并不等同于企业经营。以资本为主导的雇工农业的历史发展实践证明，忽视农民对土地的经营主体地位，其结果没有什么前途。所以，是农业选择了家庭，而不是家庭选择了农业。日本、韩国、美国及我国台湾地区农业现代化已证明这一点。

2. 土地承包经营权流转抵押不会危及农村基本经济制度

从根本上来说，土地承包经营权抵押，其权利范围仍在发包方

与农户依法约定的土地承包经营权期限内,未经法定程序土地所有权性质和用途不能也不会改变,所以,不会危及集体土地所有制。此外,也不会危及粮食安全、18亿亩耕地红线。土地承包经营权流转、抵押发生在农业经营主体之间,与粮食安全和耕地安全无必然联系;实践中之所以出现非农化倾向等偏差,主要是对流转、抵押的主体资格、条件限制等缺乏科学完善的设计。

3. 转变农业发展方式,以放开土地承包经营权流转抵押为突破

逐步开禁土地承包经营权流转抵押是顺应城乡统筹发展、农业适度规模经营趋势,构建社会主义现代农业的重要突破口。从资源优化配置的角度看,通过土地承包经营权的流转抵押实现土地适度规模经营,既能使农民通过流转实现土地承包经营权的财产价值,又能使土地由先进技术农户经营,提高农业经营科学化、现代化水平,进而为粮食安全提供更有力的保障。在坚持家庭联产承包经营制度的前提下,通过土地流转、抵押推动土地集约化、规模化经营是转变农业发展方式的必然选择。

(二)确立农村集体经济组织成员权,明晰土地法律关系,破解功能性障碍

1. 明确基于集体社员身份的集体经济组织成员权

从法律上明确成员权是基于集体社员身份依法取得,而非基于土地承包权取得。《土地承包法》和《物权法》并未明确什么是集体经济组织成员权,它有哪些内容、与土地产权的关系等,造成了实践中诸多困惑。成员权是基于社员身份取得还是基于土地承包经营权取得,会产生不同的法律后果。若基于土地承包经营权取得,当土地承包经营权携带成员权去流转,则受让方可基于成员权主张享有宅基地使用权、集体经济利益分配权和事务参与权,这将破坏以家庭承包经营为基础的农村基本经济制度,危及集体经济组织稳定;若基于身份取得,则不论土地承包经营权是否存在、流转,农民均可依其身份分享集体经济利益。我国的农村集体经济组织是根据户籍制度和地缘边界来确定的一种经济组织并识别农民的归属,因此,成员权是基于社员身份的原始取得,而不是基于

土地承包经营权的继受取得。综上所述,可以认为集体经济组织成员权是指集体经济组织成员依照法律和章程规定对集体经济组织的权利和义务,是一种参与利益分配和决策的期待权,可以通过成员与组织的共同行为或单方行为来实现,也可通过法律或政策的直接规定而无偿取得。当集体成员基本生存得到充分保障时,土地承包经营权作为农民基本社会保障的制度设计就丧失了存在的社会基础,土地承包经营权就获得了解放,进而能成为一种真正的财产。

2. 成员权是享有公共服务和社会保障的基础

把成员权作为享有公共服务和社会保障的基础,可为土地的身份属性松绑。集体经济组织成员身份是农民成为村民的基础,基于集体成员身份而取得村民权,享有包括各级政府、本村给予的社会保障、福利等,该保障与农户有无承包土地无关,并随国家财政实力增强而加强。同时,农民作为集体经济组织成员享有对集体经济财产、事务的参与权、监督权、决策权、利益分配权。随着集体经济组织发展壮大,成员权物质内容也逐渐扩大。

(三)以确权为核心推动土地承包经营权财产化、物权化,破解操作性障碍

1. 促进土地承包经营权的物权化

《物权法》结束了土地承包经营权物权、债权的长期争论,明确其为用益物权,确立了土地承包经营权稳定性和可流转性的法理基础,但对其权利内容、边界、转让、抵押等仍未明确,而土地权利的排他性与流转性的创设是土地资源高效利用的充分必要条件。因此,有必要进一步赋予权利人对土地承包经营权独立的选择权、决定权,特别是处分权,由农户自主决定是自己经营还是合作经营或是入股出资,他人不得介入。

2. 确立农户土地承包经营权人的主体地位

推进集体土地所有权和土地承包经营权确权,明晰产权界限和权利内容。明晰产权:集体土地所有权是农村集体土地上各种权利的原权利,必须首先解决其权利边界。通过赋权性规定明确

集体土地所有权的占有、使用、收益以及处分权能，并将所有权落实在乡、村、组三个主体上。同时，通过家庭承包方式将使用权落实到本集体农户，切实确立农户为土地承包经营权人的主体地位。勘界发证：在明确所有、承包关系后，实地勘界、登记，统一核发土地所有权证、土地承包经营权证，做到图、表、册一致，人（组织）、地、证相符。放活经营权：在坚持集体土地所有权不变、耕地保护的前提下，使用权人可依法自主决定经营方向和模式。落实处置权：在不改变土地集体所有性质和用途的前提下，集体组织、农户可自主进行转包、出租、互换、转让、入股、抵押等。保障收益权：依法保障集体所有权人的收益权和农户承包经营农用地收益（包括流转收益）；尤其在土地征收情况下，依法给予农民充分补偿、安置，使失地农民住有所居、病有所医、老有所养。

3. 健全农村土地流转市场机制，促进农地资源优化配置

健全农村土地流转市场机制，解决土地承包经营权抵押变现难问题。土地抵押必然要求流转，不能流转即使抵押了也不能变现。要健全土地流转管理和服务中介机构，完善土地承包经营权价值评估体系，设立县、乡、村土地流转管理、服务体系，激励自然人或法人发起组建农村土地合作社、农民专业合作社、农村土地承包经营权交易中心等组织机构，促进农地资源优化配置。

4. 构建适应现代农业发展需要的现代农村金融制度

农村金融的改革和发展应该适应农村经营体制和农村土地权利结构模式。我国农村经济社会呈现地缘性、封闭性、独立性、亲缘性等特点，必须摒弃用传统商业性（工业化）金融解决农村金融问题的定势思维，构建符合农业经济发展特殊规律的金融机制，建立以合作性金融、政策性金融为主，商业性金融为补充的农村金融体系。

（四）因地制宜，科学开展土地承包经营权抵押试点

1. 从国家层面推动试点

当前，全面放松土地承包经营权流转抵押条件尚不成熟，但由于土地承包经营权抵押涉及我国农村基本经济制度的重大变革，从国家层面推动先行试点是确保有效推进并取得成功的重要保

障。由国家给予类似"经济特区"的特殊政策保障,可以消除试点地区对突破法律规定进行制度创新及参与者对交易结果不确定性的顾虑。

2.应科学选择试点地区

可与农村综合改革实验区、农村金融改革综合实验区确定相结合。试点区域大小以地级市或县为范围较为合适。这是由于土地承包经营权流转抵押涉及金融机构、土地评估、登记等,区域太小不易形成稳定市场,且试点价值有限;试点地区经济社会和农业应比较发达,主要是农村经济发展到一定阶段,并且土地承包经营权承载的社会保障等功能已趋消退,而农业发展落后则农业经济效益不突出,土地流转抵押价值不足,试点就难以推动;试点地区农业社会组织有较好发展,从国外经验来看,农户获取金融服务过程中,农业协会等组织发挥着重要作用,特别是农村金融供给主体的合作性、互助性大都依赖农业组织运作;试点地区农业劳动力有适度转移,如果农业人口严重过剩,流转抵押可能造成社会问题。

3.给予必要的土地和金融政策供给

允许试点区域内土地承包经营权流转、转让、抵押,并明确土地承包经营权的具体内容,在试点区域内得到国家法律保护,任何组织、个人都应遵从。应具体制度设计由试点地区制定,经审核批准后试行。加强金融、财税政策供给,类比温州金融改革,对试点地区实行特殊的农村金融改革政策,借鉴国外农村金融发展经验,从我国农村经济发展现状和发展方向出发,允许、支持、鼓励、指导社会各方面力量,发展符合农村经济特点和发展方向的金融机制、金融机构、金融产品等,此外应给予财政补贴和税费减免。

二、金融机构新模式破解农户抵押难

2012年以来,大连市各金融机构积极创新融资产品,优化信贷服务,大力扶持"三农"发展。针对部分农户缺少固定资产抵押的特点,国家开发银行大连分行新推出2亿元的"银行＋公司＋基地＋农户"的涉农贷款新模式,以龙头企业为依托,以农业订单为保障,为671个农户发放贷款9325万元。通过这种模式,保证将双方有效地对接,一方面解决了资金的直供,另一方面解决了金融机构风险的防范。

为解决农户抵押难题,大连农村商业银行、金州联丰村镇银行等多家银行也纷纷创新抵押担保手段,推出"大棚经营权流转抵押贷款"等办法。中国人民银行大连中心支行把村镇银行等新型农村金融机构纳入再贷款政策支持范围,共安排支农再贷款额度 6 亿元,已向 3 家涉农金融机构发放 1.7 亿元。中国人民银行希望进一步发挥再贷款、再贴现的政策引导作用,加强对金融机构的投入,同时加强对金融机构的考核,引导金融机构加大对县域经济的支持力度。2012 年前三季度,大连市涉农金融机构共推出创新产品 27 种,发放涉农贷款 1192.9 亿元,同比增长 25.4%,惠及农户 34.51 万户。[①]

第四节 新型农村金融机构的创新与挑战

新型农村金融机构:创新与挑战,这是在 2010 年 11 月北京大学农村金融与农民合作论坛的主题。此间,来自学界和业界的许多农村金融专家发表了各自的看法。中国农业大学何广文教授指出,目前中国的农民资金互助已经有了很大发展,但同时也存在"冷热不均"的问题。在分析了农民资金互助的正规化发展之后,他提出政府应该建立扶持农民资金互助的系统性框架,并提出了各类农民资金互助组织的监管规则以及可持续发展的路径。

我国新型农民资金互助开拓者之一姜柏林指出,吉林梨树农村合作金融制度创新对农村经营体制变革产生积极影响,目前农村资金互助社面临着市场准入缓慢、融资制度没有配套、大银行向农村资金互助社融资缺乏法律支持、财政没有建立增信制度、存款性金融机构孤立存在从而导致流动性陷阱等问题,需要联合社或协会组织进行行业服务和自律,并提高产业和金融的融合关联度。

---

① 计承江. 农村金融创新中的担保问题探讨. 金融时报,2012-11-19.

梨树县农村资金互助社依托农村资金互助社采用推进粮食信托合作社发展的方式来进行制度创新,其中包括农村经营制度创新,即"土地户营、粮食社管"新型统分结合双层经营农村经营制度;农村金融制度创新,即一体两社,相互融资,推进"三位一体"农村金融组织信用共同体建设。

中国社科院农村发展研究所杜晓山教授在"商业性小额信贷与公益性小额信贷应均衡发展"的主题演讲中介绍了对小额信贷的理解及分类,梳理了近年来国际上小额信贷发展的重要趋势和存在的问题,强调指出商业性小额信贷与公益性小额信贷应均衡发展,对任何一个小额信贷机构的评价都要考核财务绩效和社会绩效两个标准。

石家庄汇丰源小额贷款公司董事长孙万军先生介绍了汇丰源小额贷款的创新与发展。他首先介绍了我国小额贷款公司创立的政策背景,指出目前小额贷款的需求量很大,对象主要是低收入人群,这样新的贷款模式必须突破对抵押物的依赖,而汇丰源的实践就针对这些情况做了创新性发展,其经验包括:建立起一支高标准的信贷员队伍;使用一套标准化的贷款流程;采取一系列风险控制的措施;设计灵活的信贷产品;培育可持续发展的客户群。他认为,低违约率源自借款人的信用意识,小额贷款需要政策支持和社会关爱,尤其呼吁成立小额贷款公司的绩效评估机构;要为小额贷款公司松绑,允许部分小额贷款公司跨区域经营;要为小额贷款公司开辟多种融资渠道,解除其资本金不足的瓶颈制约。此外,孙万军先生也强调指出小额贷款的发展也需要从业者的社会责任感。

宁夏掌政农村资金物流调剂中心董事长康永建先生介绍了该中心的运作,包括中心的发展史、理念及发展模式:以"植根乡土、关怀民生、日新其德、中道笃行"的企业发展理念为基础,中心有效缓解服务范围内农民"贷款难"问题,提高了农民的信贷可及性;中心还参与支持地方产业调整、转型,促进农民增收;带动农民创业,促进农民就业;引导"乡俗民约"回归,打造农村诚信环境等。

北京大学经济学院王曙光副教授发表了"中国农村金融改革

与制度风险"的主题演讲,他指出二元结构下的单向资源配置是长期以来我国农村金融改革滞后的一个重要原因。农村金融目前面临着由制度或机制缺失造成的风险以及由经营管理造成的操作风险。王曙光副教授指出,为应对风险,应该从以下几方面努力:建立政策性和商业性农业保险体系;建立有效的抵押和担保机制,逐步解决土地流转问题;从法律框架上来建立农村信贷激励机制和约束机制;创建粮食银行、土地银行、农产品期货市场等新兴机制;解决民间微型金融机构的合法性,并建立农村金融机构的有效监管体系。王曙光呼吁未来的农村金融发展要扶持草根型的金融机构,大力推进农民的全要素合作,推广合作社内部的资金互助。

天津滨海农村商业银行董事会秘书韩泽县先生以滨海农村商业银行的实践为例,介绍了农村商业银行的发展和创新。他简单分析了农村商业银行的历史沿革,指出目前农村商业银行存在着历史包袱沉重、体制不到位、机制不健全、营运能力不足、思想观念陈旧、人员结构老化、创新能力不足等问题。目前农村商业银行的挑战与机遇并存。一方面,随着国家支农政策的开展、近年来的经济环境和金融生态的环境的改善以及新观念、新技术、新机构的出现,农村商业银行也有一些发展机遇;但另一方面,由于城市化、产业化以及金融竞争白热化等现象,也为其发展带来极大挑战,因此只有创新才能实现进一步发展,包括体制、机制、理念、产品以及发展方式的创新。

中国社会科学院农村发展研究所研究员苑鹏教授、农业部农村经济研究中心书记陈建华研究员做了总结发言,高度评价了学界、业界嘉宾的精彩演讲,并对我国农村金融改革的未来走向和政府支持框架作了更为深入的论述。

论坛还以"圆桌会议"形式展开学术讨论。首先,王曙光副教授作为中国工合国际委员会执行委员,详细介绍了工合青年工作委员会的筹备情况和今后的工作计划,得到了很多青年嘉宾和与会大学生的积极响应。乔磊详细介绍了宁夏掌政农村资金物流调剂中心的农村信贷风险防范机制,包括操作流程防范和信息对称防范。汇丰源小额信贷公司经理张觐刚结合汇丰源的实践，介绍了小额信贷的风险控制与金融产品创新；姜柏林先生详细介绍了吉林农民粮食信托的探索及实践，这些来自业界的经验介绍展示了目前农村金融发展的创新性和突破性成就。此后，安徽财经大学金融学院院长潘淑娟做了"农村合作金融组织创新与制度创新"的主题演讲，并结合她在山东的调查分析总结出合作金融组织创新、制度创新的有效路径。财政部亚太研究所胡振虎副研究员、华中农业大学的熊学萍副教授也参与到讨论中。

农业部农村经济研究中心主任宋洪远指出，在金融机构建设上，要注意发展大金融和小金融的关系；在金融服务上，要处理好防范金融风险和强化金融服务的关系；在信用建设的时候，要对农民的信用状况有一个科学的认识。

金融服务创新使宁波走出全球金融危机影响，经济企稳回升。宁波一度成为受国际金融危机冲击时间最早、程度最深、影响最广的地区。然而，至2012年第三季度，国家统计局公布的统计数据显示，宁波成为走出全球金融危机影响、企稳回升最快的城市之一。为市场潜力广阔的农村提供高效的金融服务，是金融服务创新的题中应有之意。良好的农村支付环境、各种创新型金融产品已让农村居民享受到了金融服务带来的便利，而良好的农村信用环境则有利于降低交易成本。在良好的信用环境中，资金循环的链条才能不中断，金融在市场资源配置中的核心作用也才能获得最大限度发挥。除了农村金融支付环境、金融服务的面貌大为改变外，农村信用体系的逐步建立，也同步迅速改善着宁波市农村的信用环境和融资环境。在宁波的慈溪、余姚、宁海3个县（市）正同步试点推进农户信息采集，并确定安排农户信用信息采集专项补助资金和补助标准。截至2012年9月末，全市已累计建立了487397份"农户信用档案"，采集数量、信用体系建设进度和力度均领先于全省。

一、云南农村金融创新经验

云南省在2011年金融机构空白乡镇完成全覆盖的基础上，新设乡镇金融服务网点各项存款、贷款稳步增长,为农民群众节约开支约 2130 万元,惠及 38 万农户、130 余万农民群众,惠农效应和社会、经济效益逐步显现。惠农卡发行累计 403 万张,新增 99 万张。

全省村镇银行发展到 10 家,存贷款余额超过 20 亿元,小额贷款公司数量居全国前列;目前已累计审批 320 家,覆盖全省 118 个县(市、区),县域覆盖率为 91.5%,已超额完成全年计划目标。截至 9 月末,全省小额贷款公司发放贷款 105.3 亿元。

截至 10 月末,云南省银行业金融机构本外币存贷款余额分别为 15129 亿元和 12000 亿元,贷款新增近 1300 亿元。预计今年全省信用融资、直接融资将超过去年水平,融资总量有望达到 2600 亿元。

2012 年该省中小企业、涉农贷款增速高于贷款平均增速。截至 10 月末,中小企业贷款新增 315.5 亿元,同比增长 19.33%,高于贷款平均增速 3.86 个百分点;涉农贷款新增 607.32 亿元,同比增长 17.54%,高于贷款平均增速 2.07 个百分点。

当前云南经济金融运行平稳,融资总量稳步增长,金融体系逐步健全,金融产品和服务创新日益丰富,金融对外开放迈上新台阶,金融政策环境进一步改善,金融风险总体安全可控,地方金融总体安全。云南省正要在产业金融、民生金融、区域金融、开放金融、地方金融、农村金融、科技金融、政策金融八个方面实现新突破。计划在"十二五"期末,实现"金融倍增"工程目标,即全省存款余额和信用融资量分别达到 3 万亿元和 2.5 万亿元;年直接融资规模提升到 500 亿元,累计直接融资突破 2000 亿元;年保费收入水平增长到 500 亿元,引入保险资金 1000 亿元落地云南;股权投资基金募集资金规模达到 1000 亿元。①

二、山东省开展农村金融创新促"三农"发展

为大力开展农村金融产品和服务创新、提高金融行业服务"三

---

① 余连斌. 云南农村金融创新深入推进. 农村金融时报,2011-12-12.

农"发展的水平和能力,2011 年,山东省出台《关于进一步加强农村金融服务支持"三农"发展的通知》。该通知提出,根据农村经济特点和农户实际需求,要加大金融产品和服务创新促进"三农"发展的力度;积极推动信贷服务创新,鼓励涉农金融机构、融资性担保机构加强与保险公司的合作,探索开发"信贷+担保+保险"等金融产品,研究完善"龙头企业+农户+信贷""龙头企业+基地+农户+信贷""龙头企业+农民专业合作社+农户+信贷"等多元化的订单农业贷款模式,逐步扩大小额贷款支持订单农业的范围;创新抵押担保方式,探索推广集体林权、农村土地使用权、海域使用权、水利项目收益权、大型农用生产设备、渔船、荒山、塘坝、农房等抵押方式,进一步扩大抵押物范围;鼓励农村微小企业、农户开展自然人保证或联保等多种担保方式,推广农业龙头企业为关联农户担保、"担保公司担保"等担保方式。近年来,山东省金融行业服务"三农"发展的水平不断提升。2010 年,山东省涉农贷款增加2388.2 亿元,全年增量位居全国首位。

三、湖南农村金融创新健全配套机制实践

2009 年以来,湖南作为全国首批农村金融产品和服务方式创新试点的九省(市)之一,地方党政对农村金融产品和服务方式创新高度重视。以林权抵押贷款、农户贷记卡"一卡通"模式、订单农业贷款、"信贷+保险"模式、农屋抵押贷款、土地经营权抵押贷款等六大领域创新产品,以及农村支付环境建设、综合性融资服务平台建设等两大服务方式为重点,在全省范围内铺开创新工作。围绕上述八大领域,各地从拓宽抵押品种、创新联保方式等方面着手,灵活推出了 30 余种有地方特色的涉农信贷产品。截至 2010年年末,全省农村金融产品和服务方式创新推广至 83 个县(市),通过创新产品和服务方式累计发放贷款 282 亿元,余额 198 亿元,分别比试点前增加 247 亿元和 170 亿元,有力地支持了农村经济发展,农村金融创新取得了明显成效。

第五节　如何完善我国农村金融创新配套机制

一、发挥涉农金融机构的创新主体作用

充分利用农村信用社贴近农村的地缘优势，通过创新更好地发挥农村金融创新主力军的优势。引导中国邮政储蓄银行发挥网点优势，在"银行卡助农取款服务"方面积极作为，为农民提供安全快捷的结算服务。

二、健全创新风险分担

一是推动银行机构创新贷款联保模式，拓宽不动产抵押、动产及权利质押担保方式，健全贷款担保财产的评估、管理、处置制度。二是加强涉农信贷与涉农保险合作，推动商业性保险公司扩大农业保险覆盖面，引导银行机构将涉农保险投保情况作为授信要素，鼓励借款人对贷款抵押物进行投保。三是加强财税政策与农村金融政策的有效衔接，建立涉农贷款风险补偿基金，专门用于补偿涉农金融机构由于自然风险和市场风险等原因形成的信贷损失。

三、深入推进农村信用体系建设

政府及司法部门要加强政策引导，大力支持涉农金融机构依法清收和保全资产，打击逃废金融债权行为。人民银行应依托农村信用社加快为农户、农民专业合作社、农村企业等农村经济主体建立信用档案，建立健全适合农村经济主体特点的信用评价体系。

四、完善落实相关配套政策

一是政府部门应积极培育社会化、竞争化的中介机构，降低确权、登记、过户等中介服务成本。二是人民银行作为农村金融产品和服务方式的牵头部门，要建立快速有效的创新产品专项统计制度，及时掌握创新工作动态。三是建立区域性权利担保品评估机构、交易与收储中心，为担保品评估、流转提供专业性服务。四是各涉农金融机构上级行应制定更加灵活的信贷管理、责任考核措施，适当放宽基层行信贷权限。

五、利率市场化是农村金融创新的基础

利率市场化将推动银行业的洗牌和创新,农村金融机构面临的压力将加大。中央银行下调存贷款基准利率的同时,扩大存贷款利率浮动区间,意味着严格的存贷款利差管制出现松动,中国利率市场化进程全面提速。面对这一市场呼吁已久时刻的到来,银行业金融机构倒显得有些措手不及,从各家银行不断调整存款利率现象就可见一斑。

利率市场化是金融改革中具有历史意义的一步,也是可喜的一步。利率市场化不仅将对银行业的盈利模式提出巨大考验,而且更考验金融机构的创新精神。但利率市场化的目的绝不是为了削弱银行的盈利能力,而是为了鼓励银行的产品创新和综合化经营,理顺资金配置的价格机制,促进商业银行加快转型发展。银行业进一步优化收入结构、增加金融市场及中间业务收入占比,通过更多金融产品创新、服务创新、机制创新来提高竞争力,才是银行业转型的出路。

利率市场化是金融创新的基础和前提,金融创新是利率市场化的有力保障。在推进利率市场化改革的进程中,应鼓励金融创新。其中,除了银行自身效率提升,还包括银行市场竞争格局、监管机构监控能力、资金供给规模结构以及货币政策与经济周期匹配程度等几乎全方位优化创新。

第六节　我国农村金融创新的新模式和新途径

一、农村个人金融服务的新机遇

党的十八大明确将解决好"三农"问题作为全党工作的重中之重,并指出城乡发展一体化是解决"三农"问题的根本途径,要求依法维护农民土地承包经营权、宅基地使用权、集体收益分配权,提高农民在土地增值收益中的分配比例,发展农民专业合作和股份合作,培育新型经营主体,这为农村个人金融业务发展带来新的机

遇。

（一）工业化是农村个人金融业务发展新机遇的切入点

农业工业化的进一步推进将有力地促进和延长农业产业服务链的发展,商业银行可以通过产品、服务创新满足产业链上下游农户、订单农户、合作社社员、农村个人生产经营大户等新型农业经营主体的金融需求。

（二）农业现代化是农村个人金融业务发展新机遇的基本点

农业现代化使土地比较收益增加,越来越多的农民从传统的种养殖业者转变为种养大户、农机大户、农产品流通市场经营户、农产品经纪人和农家乐经营者等,解决好第一产业升级带来的基础性金融需求,有利于巩固农村市场客户基础。

（三）城镇化是农村个人金融业务发展新机遇的着力点

城镇化不是简单的人口比例增加和城市面积扩张,更重要的是实现产业结构、就业方式、人居环境、社会保障等一系列由"乡"到"城"的转变,衍生出旺盛的金融需求,除常规的存贷款、支付结算等基础服务需求外,还有农民在城镇置业、专业市场经营户的展业、务工返乡人员创业、土地流转后种植大户的规模化经营所衍生的金融需求,特别是城乡一体化推进过程中针对社保、医保、农业补贴等公用事业项目代理金融需求。

二、创建农村个人金融服务新模式

建立农村个人金融服务新模式需从以下几个方面着手。

（一）确立发展农村个人金融业务的战略地位

围绕农业产业链、资金链、物流链和农村政策流、资金流、物资流、信息流等各环节,筛选种养大户、订单农户、各类种植基地的承包户、"五好"农民专业合作社的核心成员、信用村内的经营大户、交易活跃的农民经纪人、中小企业主、本部在县域的大型公司高管、建筑承包商、大型优质批发市场、商贸企业的经营户等,作为农村目标个人客户和主要营销对象。

（二）建立适合农村个人金融服务的有效模式

优化网点布局,增强农村地区物理网点辐射能力,确保中心大集镇的网点覆盖;在撤并后的乡镇或资源和人口集聚的地方,可以布放自助终端或设立自助银行,提高网点覆盖率。组建专业服务团队为客户上门提供金融服务,在节省固定成本的同时解决农村地区服务半径的问题。

（三）提升农村地区金融服务的综合能力

为农村个人客户提供丰富的个人金融产品、便捷的结算渠道和良好的用卡环境;让农村地区个人客户金融服务的受众面大幅扩大,将其作为与物理网点、客户经理并列的业务经营和市场拓展的重要渠道。从理论上讲,城区个人客户的产品、营销手段和服务方式等可以完全复制到农村,但应根据实际情况变通。

（四）充分发挥财政、税收、保险对风险的政策平衡作用

主动加强与政府职能部门的沟通,充分利用出台的各项财政贴息、奖补资金、保费补贴等政策,对发放农户贷款的金融机构、农村保险机构或贷款（投保）对象,提供财政贴息、保费补贴等方式合理补偿;或共同成立风险补偿基金,不断提高农户抗风险能力和银行经营风险覆盖能力。同时,对广大农村个人客户应加强宣传教育,提高他们的信用意识水平,改善和优化农村地区的金融生态环境。[①]

三、我国农村金融创新的途径

近年来,我国农村金融整体状况得到了很大的改善,但与服务农业和农村经济发展仍不相匹配。令人鼓舞的是,如今新一轮的以多元化农村金融体系建设为核心的农村金融改革正风生水起。江苏省赣榆县在破解农村金融困局,支持"三农"发展方面进行了卓有成效的探索和实践。

（一）赣榆县农村金融创新的实践

近年来,赣榆县创新担保方式,扩大抵押品范围,中国人民银行赣榆支行会同团县委,开创以农村青年为主体、以征信为核心、以农村经济合作组织为依托、以示范基地为平台、以信贷扶持创新

---

① 何慧莉. 创建农村个人金融服务新模式. 21 世纪经济报道,2013-1-21.

为手段的"农村青年＋征信＋农村经济合作组织＋示范基地＋信贷扶持创新"的创建工作新模式,通过对已评选出的510户农村青年信用示范户给予"两增两减"的信贷扶持政策,引领和带动全县69000户中的23000户农村青年创业展业,创业率达33%,取得了良好的社会成效。

赣榆县委组织部、县财政局、县农商行、团县委共同研究制订了《赣榆县大学生村官创业贷款管理办法》,由县农商行每年拿出200万元专项低息贷款资金(贷款利率执行人民银行规定的同期基准利率),并由县财政在该行开立"大学生村官创业贷款贴息专户",每年预存10万元资金,对符合条件的大学生村官创业贷款给予全额贴息,为大学生村官创业提供资金支持。

中国人民银行赣榆支行指导县农商行推行承包经营权抵押贷款,开展农村土地经营权抵押贷款,突破了农村土地不能作为抵押物的瓶颈制约,使经营户认识到土地可以作为一种生产要素参与融资;引导金融机构改变了过去以小额信贷为主的单一信贷模式,吸引了更多的资金投入到农村经济中去,从而推动了农村金融发展多元模式的形成。

为防范理财公司的金融风险、保一方平安,人行赣榆支行从理财公司在工商局注册开办之初,即与赣榆县工商局、公证处、法院等联手运作,要求辖区具有民间借贷中介性质的理财公司实行贷款公证制,宣传民间借贷正反典型案例,给予经营权限、利率执行等金融政策、法规指导。近年来,共办理公证6829件,涉及借贷金额29079万元。民间借贷公证制的推出,对于解决理财公司现阶段手续不规范、借贷行为缺乏认定依据等问题具有明显的成效,不仅促使民间借贷"阳光化",增进借贷双方的信任,而且通过这一载体对民间借贷进行了有效引导。

(二)农村金融创新的不足

目前,农村金融创新仍有以下不足。

1. 创新缺乏基础,存在畏难情绪

农村金融尚未形成一个包括商业金融、政策性金融、合作金融及民间金融充分竞争的环境。农村信用社作为农村金融的创新主体单一,缺乏外在压力。部分农村金融机构管理者对创新有畏难情绪,怕担风险。

2.创新手段单一,未能建立有效的激励机制、合作机制、保障机制

产品创新仍处于低层次复制阶段,缺乏具有品牌性、特色性的产品;产品联动性较差,缺乏深度和广度,业务延伸链较短。

3.创新缺乏必要条件,信用中介服务缺位

征信、评级、会计、法律等中介服务是推动金融创新不可或缺的必要环节。但由于社会信用环境有待培育,农村信用担保中介机构建设滞后,几近空白;金融产品供需双方信息不对称,开发新产品面临较大的风险。

4.缺乏创新的人力资源支撑

熟悉基层业务环境的金融产品研发人员匮乏,农村金融创新工作持续推进存在较大困难。

(三)如何开辟农村金融途径

1.着力提升中国人民银行在金融创新中的作用

人民银行从主动创新、沟通协调、政策支持、信贷指导等各个方面,促成金融创新的发起和有效实施,支持民间资本参与设立村镇银行和农村资金互助社等新型农村金融机构以及小额贷款公司。政府还需要加快建立社会信用体系建设,强化对农村普法宣传力度,构建信用信息平台,及时发布各地融资活动信息,通过良好的信用环境促进金融机构和地方企业及个人的信用信息交流,随时向客户提供有不良信用记录的黑名单,维护金融活动当事人的合法权益,降低金融风险。

2.建立农村金融创新激励机制

一是鼓励农村基层机构开展涉农信贷产品的研发,建立农村金融产品创新内部考核机制。二是政府部门要建立考核激励和政策扶持机制。首先,各级政府应建立农村金融产品创新考核奖励办法,设立创新专项奖励基金。其次,要建立农村金融创新风险补偿机制,对于创新贷款实行风险补偿和贴息制度;对农村金融产品

创新成绩突出、支农力度大的金融机构给予税率优惠。实现农村金融产品和服务方式创新的信息共享。同时要完善货币信贷政策支持机制，适当降低支农创新金融机构的存款准备金率，改革支农贷款利率形成机制等。在条件成熟时，利率交给市场调节而非政府管制，推行分类、动态的借贷利率管制，完善利率传导机制，稳步推进利率市场化改革，使金融机构能够根据自身经营成本和管理能力自主定价，实现利率覆盖经营风险和成本。

3.提高人力资源效率

加强对现有金融从业人员的培训，提高其创新能力。加大向县域金融机构复合型人才配备力度，以"本土人才＋引进人才"的模式为农村金融注入新生力量。

4.加快涉农金融产品创新，利用信息技术降低金融机构面临的风险

农村金融创新要探索与地方政府、企业商家的合作，设计开发符合农村现阶段市场需求的新型金融产品。同时，金融机构在提供服务时，要利用先进技术手段，加快建立信息化、网络化的业务管理系统，加强与人民银行的支付清算系统和征信系统联通，获取较全面的有关农户和农村企业的信息，进一步规范借款人信用评价方式方法。

5.进一步探索创新担保方式

在政府出资建立担保基金或担保机构的同时，在自愿参与的前提下构建农户联保、个体工商户联保、企业联保机制。有条件的地方可设立农业担保机构。依托和借助保险、财政担保作用，创设"农户＋保险"和"财政补贴＋保险"等担保模式。扩大农户和农村企业可用于贷款担保抵押的财产和权利范围，依托农村物权改革，激活农村静态资产，使农村房屋、宅基地使用权、林权、土地承包经营权、小型水利设施使用权、养殖水面使用权、大型农用生产设备、应收账款、股权、仓单、订单等均能够作为抵（质）押物，并根据不同的支持对象，适当引入财政贴息、税收减免、农业保险等政策，达到分散风险、防控风险的目的。

第七节　我国农村金融创新的趋势和方向

一、我国农村金融创新发展的趋势

(一)新型农村金融机构不断增加

2007 年,新型农村金融机构开始在四川等 6 个省区开展试点改革工作,并扩大到全国 31 个省区市。新型农村金融机构贷款的80％以上投放于三农和小微企业。新型农村金融机构消除了部分农村金融服务空白区,极大提高了农村金融市场的竞争和运行效率。

(二)小额贷款公司快速发展

2008 年,小额贷款公司试点在全国范围内迅速推开。小额贷款公司 98％的贷款都是短期贷款,约 8 成资金属于自有资金。在稳步推进信贷业务的同时,小额贷款公司的盈利能力同样表现良好。小额贷款公司将民营资本引入涉农业务,在大资金和小客户之间发挥了桥梁作用,取得"银小"合作的初步进展。

(三)传统涉农金融机构改革发展

中国农业银行创新出面向三农与商业运作有机结合的新型经营模式。中国邮政储蓄银行继续加强县域机构网点建设和完善工作,持续增加涉农信贷业务。农村信用社逐渐形成新型法人治理结构,资产质量明显改善,贷款余额中不良资产及占比同时持续下降,实现扭亏为盈,涉农贷款和农户贷款快速增长。

(四)城市金融机构与新型农村金融机构互通

两者通过金融控股、参股、同业拆借等形式实现资金的联通,具有良好信用记录的新型农村金融机构,通过担保业务架起城市金融与农村金融间的桥梁;城市金融机构则通过为农村金融机构提供培训、宣传、信息服务等方式发挥支农作用,未来中国金融将往城乡统筹方向大力发展。

(五)农村金融产品和服务方式创新工作推进提速

一是创新产品和服务方式种类明显增加。二是涉农贷款余额和占比不断上升。三是覆盖范围不断扩大。四是重点推动的创新产品和服务方式成效显著。

随着农村社会经济不断发展,他们对金融服务要求也越来越高。农村金融服务机构怎样推出更多金融服务产品,满足广大农民金融服务需求,应该是个双赢选择。在广大农村,还有很多金融服务未开垦领域,既然将自身定位于农村金融机构,理所当然也要把发展定位于农村。因此,农村金融机构应把推出更多适合于农村发展需要金融服务产品、占有农村金融服务市场,作为农村金融机构发展战略认真研究。

(六)农村合作金融的发展趋势

1.农村合作金融合作性质被淡化,商业化趋势明显

在经营目标上,出现了淡化合作性质向商业化经营的发展趋势。

2.农村合作金融借鉴股份制组织形式

在组织机构和股份构成方面,农村合作金融借鉴了股份制,加大了按股分红,改变了信用互助合作制退社退股的做法,社员不许抽资退股。农村合作金融引入了股份制的控股原则,不仅扩大了股东范围,而且还增加了股金种类和股金数额;同时,一些国家的农村合作金融组织还改变了社员可以自由退社退股的做法,给社员退股制造某种形式的"退出成本"。

3.农村合作金融的资金来源和运用发生根本变化

在资金来源和资金运用上,除股本金和存款外,现在农村合作金融的资金还有两个重要来源:一是向中央银行借款、二是发行债券,而且农村合作金融在贷款对象、贷款数额、贷款期限、贷款用途、贷款方式和贷款利率上与传统合作金融相比都发生了变化。

4.农村合作金融的业务经营较过去发生新的变化

在业务经营方面,服务对象开放化、业务种类多样化、经营手段现代化、服务追求优质化,而且农村合作金融组织的业务范围日益跨社区化和国际化。

5.农村合作金融的经营管理民主化

在经营管理方面,农村合作金融已经改变了单纯的民主管理,而实行民主化和专业化管理。

二、我国农村金融建设主要方向

虽近几年农村金融创新工作取得显著成效,有力地支持了"三农"经济发展壮大,但是也存在一些问题和不足。未来我国农村金融建设要从以下几个方面不断加大农村金融建设工作的创新力度,有效提升了农村金融服务水平。

(一)多管齐下,开源节流

综合运用多种政策工具,拓宽农村金融机构资金来源,发挥财政性资金对金融资源的杠杆拉动作用。

(二)围绕转方式、调结构加强农村金融建设

进一步加强金融支持农村经济产业结构调整和生产模式转变的力度,有效对接农业产业链发展。

(三)健全农村信用评价体系

积极开展农村信用体系建设工作,加快农村经济主体建立电子信用档案步伐,健全适合农村经济主体特点的信用评价体系,改善农村金融生态环境。

(四)建立有效的农村信贷担保机制

完善农村信用担保体系建设,建立政府扶持、多方参与、市场运作的农村信贷担保机制。

(五)形成涉农贷款风险补偿机制

创新风险补偿机制,积极推动涉农信贷机构与涉农保险机构展开广泛合作;建立涉农贷款风险补偿基金,专门用于补偿涉农金融机构的信贷损失;加快农村地区支付结算基础设施建设,提高农村支付结算服务水平。

三、发展低碳金融体系

21世纪,低碳金融在我同出现并已经开始发展。虽然低碳金融还只停留在低碳产业直接融资、绿色信贷以及碳减排交易等方

面的发展,但是我国政府、金融机构及一些大中型企业已经意识到低碳金融实施的必要性,并已经开始行动。但是,现阶段我国低碳金融还存在金融机构动力不足、低碳产业价格机制无法解决低碳经济外部性问题,对市场的掌控度相对较低、相关市场管理不完善、政策风险较大的问题。这些问题解决不好,发展低碳金融体系的目标就难以实现。

（一）将低碳金融纳入可持续发展战略

构建低碳金融体系是一个持续的系统工程,需要国家予以足够的政策支持。将低碳金融体系纳入到我国的可持续发展战略,是解决目前低碳金融发展问题的有效途径之一。国家、监管部门以及金融机构共同对低碳金融进行支持,为低碳经济在国内的市场创造一个良好的环境。

（二）加强对国内外新金融风险的防范

低碳金融的发展是对目前经济发展的重大调整,势必引起产业结构和经济市场的变革。在变革中低碳经济必然要受到国内乃至于国际金融风险的影响,这就要求金融机构一定要正确掌握好产业结构和经济市场的调整方向,做好金融资源配置的调整,在抓住新的发展机遇的同时,也要有意识地做出对新的风险的防范工作。低碳市场的发展难以预计,其带来的风险也无法估计,这就要求金融机构通过合理的预算,根据国内及国际上一些前沿问题变化及研究,密切观察国际货币体系在低碳金融体系及有关方面的动向,及时采取有效的手段进行改革,将面临的碳交易风险降到最低。

（三）培养适应低碳金融发展的有用人才

随着低碳金融市场的建立和发展,对低碳金融专业人士的需求势必成为未来的需要。将低碳金融专业人才的培养作为目前工作的重点,是促进低碳金融发展的必要前提。这些既具有风险管理、金融理论和金融知识又具有较高的环保意识和低碳产业知识的人才,势必会对我国低碳金融市场的发展和完善起到十分重要的作用。所以,我国要下大力度对低碳金融人才进行培养,以满足战略性发展的人才需要。

第八章 我国农村金融市场发展对策

我国社会主义新农村建设离不开金融支持；反之，农村经济发展了，不仅为农村金融提供更多的资金来源，而且能够产生更多的金融需求，从而推动农村金融的进一步发展。解决农村金融服务缺失，从金融服务的角度支持新农村建设，就要加快金融服务创新，建立竞争性农村金融市场，破解农村金融发展中的难题。我国虽然也建立了包含政策性金融，合作性金融以及商业性金融在内的全方位的农村金融体系，但相关政策机制仍不够健全，政策体系设计也还存在很多缺陷。政策性金融由于缺乏农村经济体系内生金融制度的支持，导致资金使用效率较低、资金覆盖面狭窄；合作金融虽然覆盖面广，但受制于自身资本充足率较低等现实，难以支撑农村金融生态全局；商业性金融对农村普遍存在信贷歧视，已纷纷退出农村金融市场；唯一的中国农业银行虽正在回归支持"三农"的政策范围，真正发挥作用还需假以时日，其具体政策更是缺乏系统性、全面性和针对性。目前的政策性金融、商业性金融、合作性金融职能出现相互混淆和交叉，自身定位不明确，支农效果大打折扣。因此，设计更为完整的政策机制和体系已成为推动当前农村金融发展的重要任务之一。

第一节　建立健全我国农村金融服务组织体系

完善农村金融服务体系，提高农村地区金融服务质量，是加快解决农村金融供需矛盾的根本途径之一。应搭建多种所有制形式共存的农村金融组织体系、完善农村担保等相关制度、拓宽农村资金来源渠道、实施配套的宏观经济政策，用金融之力力促农村的全面发展。

要想加快农村金融体制改革,必须搭建多种所有制形式共存的农村金融组织体系。建立健全农村金融的多种所有制组织,包括合作金融机构、政策性金融机构、商业性金融机构三大主体以及小额贷款公司、农村资金互助社等辅助性小微金融组织。在所有制形式上,既有国有金融机构和国有股份制机构,也要鼓励民间资本举办农民合作基金会、农民合作保险机构、个体私营金融机构、个体私营为主的基金会等组织,并加强风险监管。此外,应该特别关注金融机构空白乡镇的需求,考虑设立直接服务乡村和农民的银行自助服务设施,为农民提供基本的业务查询和小额存取款便民服务,推动农村基本金融服务在所有行政村的全面覆盖。

完善农村担保等相关制度,保障农民和金融机构双方共同利益。支持设立农业担保、农业投资、农业产业投资基金等市场化机构,不断优化农村金融环境,发挥市场在配置社会资源方面的基础性作用。此外,支持农村经济组织规范发展,在现有农村土地政策条件下,探讨承包土地权(证)抵押贷款的可行性,探讨农村土地流转的相关法律问题。

拓宽农村资金来源渠道,提高农村资金使用效率。在吸引内资方面,政府部门要引导国内社会投资转向农村地区。国家应制定税收优惠政策,比如三年免税,以此鼓励社会资本到农村地区投资,特别是鼓励大中型项目带动农村地区发展。在吸引外资方面,政府部门要加大农村利用外资的政策力度。金融机构要为农村利用外资拓宽服务领域。优先考虑利用世界银行等国际组织的优惠资金支持,以降低农村资金使用成本,满足农村产业发展所必需的资金需求。

要实施配套的宏观经济政策。第一,应该实施财政政策与农村土地产权政策的配套,分别是让公共财政向农村倾斜,调整城乡利益分配格局;使农民手中的土地潜在价值得以依法确权,为农民获得金融机会创造合法的条件。第二,金融监管政策与产业政策相配合,不仅使银行信贷的规模与财政和社会投资的规模相适应,而且应该多方面为农村发展开辟财源。对国有商业银行应该实行农村项目优先的原则,配以利率方面的优惠及涉农业务减税的政策支持。第三,金融监管部门要支持农村金融创新,允许地方政府发行专门用于农村交通和其他公共基础设施建设的债券,支持涉农企业上市及多渠道直接筹资。

一、加强农村金融支持力度

近年来,在各方面共同努力下,农村资金大量外流的趋势初步得到扭转,农村金融环境明显改善,农村金融体系更加完善,农村金融服务水平明显提高,金融对农村经济的支持力度明显加大。下一步,应重点在以下五个方面统筹推进,进一步加大农村金融支持力度。

(一)统筹推进建立多层次、多样化、适度竞争的农村金融服务体系

应进一步深化农村信用社改革,理顺农村信用社管理体制,保持县域农村信用社独立法人地位总体稳定,着力完善法人治理结构,增强资本实力和资本质量,提高抵御风险和支农能力,更好地发挥农村信用社贴近基层、贴近农户的"三农"服务主力军作用。在审慎监管的基础上推进农村新型金融机构组建工作,进一步强化小金融机构社区银行市场定位。

(二)统筹推进农村信贷产品和服务方式创新

随着农村经济的发展,新农村建设的推进和农民收入水平的提高,农村金融需求不断发生变化,农村金融产品和服务方式也需不断创新。当前,应继续根据各地特色开展包括集体林权抵押贷款、大型农机具抵押贷款、"信贷+保险"产品等在内的金融产品和服务方式创新。

(三)统筹推进完善包括信贷、期货、保险在内的农村金融市场

应逐步改变目前农村金融市场以银行类信贷为主的间接融资模式,扩展直接融资所占比重,探索中小企业集合发债、集合票据、上市等资本市场融资渠道。加快发展农产品期货市场,对已上市的农产品期货品种做深做细,丰富市场品种结构,有效发挥期货市场价格发现作用,分散农产品生产销售过程中的市场风险。着力

完善农业保险体系,创新农业保险品种,探索建立农村信贷与农业保险相结合的银保互动机制,形成完善的农业风险管理体系。

（四）统筹推进农村基础金融服务建设

应加快推进农村支付环境建设,运用现代科技手段和现代支付工具改善农村地区支付条件。深入推进农村信用环境建设,逐步扩大企业和个人数据库在农村地区的覆盖范围,加强农村地区经济主体征信服务,降低农户融资成本,支持农村小额信用贷款业务较快发展。

（五）统筹推进农村资金用于农村经济发展

农村金融机构要从农村"少抽血,多输血"。若干年来,由于工业发展、城市建设发展需要大量资金,而这些资金有一部分来自于农村,致使农村发展所需资金严重不足,农民的收入水平、生活水平和城市差距在不断拉大。作为农村金融服务机构,做到"取之于农,用之于农村",对农村社会经济发展起着至关重要的作用。

二、完善农村金融服务体系

"三农"工作历来是党和国家的工作重心。做好"三农"工作,离不开农村金融的支持。早在 2008 年的全国人大会上就有代表呼吁尽快出台《农村金融服务促进法》。农村金融服务机构是为三农服务的基础,破解农村融资难问题首先要解决金融机构在农村地区的覆盖面问题。当前农村金融服务现状面临的是"存款难,取款难,贷款更难"。"存款难,取款难"是因为农村金融机构在农村服务网点过少,覆盖率过小。贷款难的根本原因,是农村金融服务机构为农服务意识薄弱,由于农村贷款额相对较小、风险相对较大,致使农村金融机构服务积极性不高。因此,进一步完善农村服务体系,是农村金融机构做好为三农服务最基础的条件。

一要完善现有的农村金融体系,加快中国农业发展银行等政策性金融改革步伐,增强政策性银行支农功能,扩大政策性业务范围,在继续做好粮棉油收购融资基础上突出加大对农业综合开发、农村基础设施建设等中长期项目的金融支持,发挥政策性金融服务"三农"的引导和带动作用。二要壮大地方性中小金融机构。一方面要继续深化农村信用社改革,进一步理顺管理体制,明晰产权关系,推动农村信用联社加快组建农村合作银行和农村商业银行步伐,改善资本结构,完善法人治理,提高经营管理水平,增强其支农实力和发展后劲,发挥好支农主力军作用;另一方面要进一步推进城市信用社、城市商业银行的改革与发展,按照股份制导向,改革产权制度,优化股权结构,支持符合条件的机构到县域设立分支机构。此外,还要大力发展新型农村金融机构,规范引导民间金融健康发展。

在农村金融领域,农村金融发展仍然是整个金融体系中最为薄弱的环节。要推动能够"趴在地上,深植基层,紧贴草皮、服务草根"的草根金融机构发展,加快构建多层次、广覆盖、可持续的农村金融服务体系。同时,建立金融机构服务农村和小城镇的正向激励机制,提高金融机构支持小城镇建设的积极性。目前担当着农村金融服务主力军的农村合作金融机构因承担着许多政策性职能而背上了沉重的经营包袱,国家应进一步完善对农村合作金融机构的法规政策支持。

三、逐步建立完善的竞争性金融组织体系

我国农村金融体制改革的根本是竞争金融制度。由于农村经济发展的层次性和差异性,相应地我国农村金融的发展也应该是具有层次性和多样性,因而竞争性的农村金融市场必须是多层次的。而目前农村金融已经具备政策性、合作性和多样性三个层次,但各个层次内部的多样性是比较差的。故而,我国完善的竞争性金融体系应该充分发挥政策性金融的宏观调控作用,充分利用中国农业银行、合作金融的商业化作用以及农村小型金融机构的补充作用,建立以政策性金融为导向、合作金融为主导、商业金融和民间金融为补充的农村金融服务组织体系。为形成有效支持新农村建设的金融合力,需要对农村金融体制进行统筹考虑,整体推进,建立适应新农村建设的农村金融服务组织体系。

一是要充分认识合作金融在新农村建设中的主渠道作用,避免农村信用社改革同质化而使农村信用社步入商业银行的误区。

按照新制度经济学理论,有效的金融制度安排首先表现为降低资金配置的交易成本。我国农户经营的特点决定了合作金融在金融供给方面具有优势。适当数量的农户组成金融合作小组,利用信息充分的优势完全可以进行小额信贷的供给。这样,农村资金不仅不会流向城市,而且可以高效地在农户间进行资金配置。我国合作金融的定位要立足农户的小额信贷,起步阶段在小范围内进行,这样能发挥出合作金融的优势。合作金融可以与农村信用社改革分离,另起炉灶,自下而上进行。

二是商业性金融应该通过财政支持,税收支持等方式引导。中国农业银行在新农村建设中应合理布局,按照自身分工拓展农村金融服务业务,其功能定位应主要服务县域,支持乡镇企业发展。

三是政策性金融的服务面向主要是农村基础设施改善贷款、农村粮食公共安全体系建设贷款、农村预警机制建设贷款等。农业发展银行应按照功能扩大的改革方向,扩大业务范围和业务领域,开办贫困县基础设施和农民种养业贷款,进一步强化农业发展银行的支农功能,赋予其支持扶贫、农业综合开发等政策性融资职能。

四是引导中国邮政储蓄银行办好小额质押贷款业务,信贷服务应主要面向农村,参与农村金融市场竞争。

五是鼓励其他商业银行和政策性银行到农村设立分支机构,发展业务,并引导它们将一定比例的资金投放到当地。充分发挥商业金融,特别是中国农业银行在支持农村经济发展中的作用。应鼓励和支持国家开发银行加大对农村基础设施建设的信贷支持力度。

六是政府需要放宽对民间借贷、民间融资的限制,正视民间金融的"草根诉求",积极支持民间资本到农村投资开办村镇银行等金融机构,规范发展民间金融,把民间金融融入整个农村金融的供求均衡系统之中。

七是支持外资到农村投资,设立村镇银行和贷款子公司。

八是发行支农特别国债,引导城市金融资金下乡,解决不具备市场化经营条件的农村基础设施等资金需求。

九是发挥直接融资对有效益的涉农项目的支持作用。农村金融服务组织体系是"渠",信贷资金是"水",通过"九渠引水"弥补农村金融机构和资金不足,切实解决农村金融服务缺位问题。

农村金融服务机构要树立为农服务意识。改革开放以来,我国社会经济发展迅速,特别是城市社会经济发展举世瞩目,农村社会经济发展虽然也取得了重大成就,但二者差距却在加大,这必然会影响社会的稳定。"三农"发展已经引起党中央和国务院高度重视,发展农村社会经济是今后经济工作重中之重。作为农村金融服务机构,应该认清形势,必须树立为农服务意识,在农村社会经济发展中积极发挥重要作用。

我国农村信用社经过多年的改革与发展,已经加快了向商业银行靠近的步伐,逐步改造成农村商业银行、农村合作银行等商业银行组织形式。它们作为农村金融的主力军,在广大的农村地区居垄断支配地位。但由于竞争主体的缺失,难以充分发挥金融市场的竞争机制,部分农村信用社仍然固守原有理念,沿用传统模式开展业务。农村信用社创新的产品大同小异,产品之间存在着较强的替代性,金融创新在农村经济社会发展中的作用尚未得到很好的体现和发挥,创新力度不大。

同时,农村金融专业人才匮乏,缺乏具有深厚金融理论基础和精通银行实务的专业人才,更缺少既熟悉传统金融业务又熟悉投资和风险管理等现代银行业务的复合型人才,使农村金融创新的理论水平和可持续发展能力处于较低的层面。应对市场变化能力差,制约金融创新能力,也使得农村信用社在利率市场化的软环境中有很长的路要走。

四、构建包容性农村金融体系

提高发展的包容性,基本含义是使发展成果更多更公平惠及全体人民。提高发展的包容性,一项重要内容就是提高金融发展的包容性。与我国经济的城乡二元结构相对应,我国金融也具有明显的城乡二元结构特征,主要表现为城市金融发展较快,农村金融发展相对滞后,城市金融发展水平远高于农村。因此,提高金融发展的包容性,关键是在农村地区构建包容性金融体系,亦即有利于城乡居民共享发展成果、与经济社会发展相协调的金融体系。

近年来,有关部门出台了不少政策,金融机构进行了一些创新实践,为包容性农村金融体系的构建提供了良好的环境和基础。首先,调整放宽农村地区银行业金融机构准入政策,推进农村金融组织创新,培育村镇银行、贷款公司和农村资金互助社等新型农村金融机构,支持发展小额贷款公司、融资性担保公司。2010年的中央1号文件作出"抓紧制定对偏远地区新设农村金融机构费用补贴等办法,确保3年内消除基础金融服务空白乡镇"的战略部署。其次,鼓励县域银行业金融机构大力创新业务品种,推广不需要抵押担保的农户小额信用贷款和联保贷款,探索推行"企业＋农户""企业＋保险＋担保公司＋农户"等新型信贷模式;探索发展林权、渔权、采矿权、仓单、应收账款等新型抵(质)押担保方式,在部分地区开展土地承包经营权、农村房屋抵押试点。第三,银行业金融机构因地制宜,采取标准化网点与简易便民服务相结合的方式,新增机构网点,广设自动柜员机,实行流动或定时定点服务,有效扩展了金融服务的覆盖面。构建包容性农村金融体系,应以这些探索为基础,从以下几个方面着力:

(一)大力发展农村小型微型金融机构

村镇银行、贷款公司、农村资金互助社等农村新型金融机构的发展,不仅提高了农村金融网点的覆盖率,而且在满足农村居民金融需求、改善农村金融供给紧张局面、促进农村经济包容性发展方面具有重大意义。当前,应将贯彻落实鼓励和引导民间投资健康发展的"新36条"与加快发展农村新型金融机构结合起来,破除民间资本兴办金融机构的制度瓶颈,激发民间资本的参与积极性。应规范发展民间金融。由于缺乏监管和制度约束,一些地区民间金融存在乱象。但应看到,形式多样的民间金融以灵活、快捷以及富于民间智慧等特点,弥补了正规金融的不足。引导和推进民间金融合法化、阳光化、正规化是构建包容性金融体系的题中应有之义。

（二）为农村金融的包容性发展提供政策引导和支持

应积极建立与包容性农村金融体系相适应的法律法规和政策框架，同时加快农村金融基础设施建设，改善农村金融生态环境。应当看到，信贷、保险等服务的获取，不仅与金融供给主体的偏好有关，而且与需求主体的金融服务获取能力有关。因此，有关部门应加大金融知识普及力度，强化农民的金融意识，提高他们获取金融服务的能力。

（三）进一步推进农村金融产品和服务方式创新

针对农村居民的特点和金融需求的实际，开发低成本、针对性强、可复制、易推广的农村金融产品。利用现代通讯技术，积极发展网络银行、移动银行，在确保风险可控的前提下不断扩展农村金融服务覆盖的广度和深度。

第二节　构建健全的我国农业保险制度

我国保险业作为金融体系的重要组成部分，作为金融业的重要支柱之一，在 30 多年的改革开放中取得了举世瞩目的成就，综合实力和行业竞争力有了显著提高，对经济金融发展的作用和影响不断深化。我们应大力推进农业保险工作，健全政策性农业保险制度，加快建立农业再保险和巨灾风险分散机制。保险机制作为独特的风险管理和社会管理工具，在支持和服务地方特色农业发展、活跃地方经济方面具有重要作用。大力发展农业保险，不仅有利于促进农业产业结构升级、保障农民收入稳定增长，还有利于促进信贷支持农村经济发展。当前和今后一个时期，加快发展农业保险，扩大农业保险的覆盖面，就要探索适合我国国情的政策性农业保险经营机制和发展模式，开展在政策支持下保险公司与政府联办、为政府代办以及自营等多种农业保险经营模式，还要通过税收、补贴等多种方式，加大对农业保险的支持力度，稳步提高农业保险覆盖面和保障程度。此外，应积极支持专业性、商业性保险机构的发展,鼓励引导商业性保险机构到农村地区设立机构、开展业务、开发适合农村需求的各类保险产品,探索建立多层次、多主体的农业保险网络。推动保险业在关系全局的"五大体系"建设中发挥更大的作用,首先就是要在完善现代金融体系中发挥作用,优化金融结构,提高金融体系运行的协调性和稳健性。

推动加快保险市场发展,推进保险市场与货币市场、资本市场及外汇市场的互动与协调,对促进金融市场健康发展、维护金融体系稳健运行和构建和谐社会具有十分重要的意义。

一、保险业发展促进了金融体系的转变

21 世纪前 10 年,保险业的行业规模、市场结构、监管水平、服务质量实现了大发展、大繁荣、大进步、大提升,全国保费收入年均增长约 18.7%,已经成为全球最重要的新兴保险大国,保险业在国内外金融保险市场的影响力和竞争力不断提高。截至 2012 年年底,保险公司法人机构 162 家,比 2002 年增加 123 家;保险公司总资产达到 6.9 万亿元,是 2002 年的 10 倍,保险监管体系进一步健全,监管的科学性、有效性不断提高。保险业努力开拓参与多层次社保体系建设,在保障经济社会稳定运行和人民群众生产生活方面发挥了积极作用。

随着保险业快速发展和服务领域的不断拓宽,保险的资金融通功能和社会管理功能日益显现。保险市场与货币市场、资本市场、外汇市场之间的联系日益紧密,不仅增加了居民储蓄转化为投资的渠道,缓解了银行资金高度集中的压力,同时也为资本市场的长期发展提供了稳定的资金支持,促进了金融资源优化配置和金融市场的稳定。保险业在经济、金融中的地位和作用不断提升,在金融体系建设上的作用越来越大,有力地促进了我国金融体系向现代化的多层次、多支柱的金融体系转变。

二、保险业在我国金融体系中大有可为

与发达国家保险业相比,我们的差距也不小。保险业不仅在金融总资产占比上落后于国际平均水平,在保险密度和保险深度上也有很大差距。国际上,保险和养老金资产占金融总资产的比例平均达到 20%,在我国这一比例仅为 5%。保险业积累的资金,特别是寿险资金,具有来源稳定和期限长等特点,是金融体系中的重要融资渠道,可以为国民经济建设提供长期、大量和稳定的资金支持,有利于促进金融资源的优化配置、改善金融市场的资产负债结构。保险业在我国金融体系中大有可为。目前保险公司持有的国债、金融债、企业债、证券投资基金的比例逐年提高,保险公司已经成为促进金融市场稳定发展的重要机构投资者。保险资金的运用是保险市场联系资本市场和货币市场的重要环节,对稳定金融市场和保障金融安全具有重要作用;特别是,保险业通过发展农村小额信贷保险,为贷款农户和金融机构提供了风险保障,提升了金融服务"三农"的能力,也促进了农村金融的发展。

三、推动保险业发展,完善金融体系建设

鉴于保险业在国家金融体系中发挥着融通资金、优化结构、提升信用、控制风险和维护稳定的关键作用,因此加快保险业发展是完善金融体系、提高金融资源配置效率的必然选择,也是促进金融各领域间协调融合的有效途径,更是促进金融体系稳健运行的保证。数据显示,2011 年我国保险的深度为 3%,保险的密度为人均 1062 元,与发达国家相比,从覆盖面来看相差甚远。目前发达国家保险市场的保险深度已经达到了 12%,而密度上早在 2007 年就已经达到 2000 至 3000 美元。保险行业协会会长金坚强认为,在中国经济长期向好的推动下,居民收入的增长、消费能力的释放、城镇化的推进、老龄化加速的现实,使保险作为分散风险的最佳方式,市场前景非常广阔;尤其是在未来一段时间,中国将逐步成为世界上人口老龄化速度最快的国家,由此所带来的健康、养老、护理和医疗费用开支等,都将为保险市场创造极大的市场需求,进而促进保险业在"十二五"期间保持持续快速增长态势。2013 年,健康险一枝独秀,逆势增长,就已经说明了其市场发展拥有的广阔前景。相信随着保险业的改革创新、转型发展,随着保险资金投资渠道的不断拓宽,保险业参与金融体系建设的力度和作

用越来越大,保险业在我国金融体系中大有可为。[①]

农业保险制度是农村金融发展的有益补充,发展农业保险有助于稳定国家的财政支出,有助于促进农村金融的发展,还具有资金融通、储蓄等派生功能。因此,大力发展农业保险事业是发展农村金融的一个有力的促进因素。农业生产由于受到自然条件的影响,具有很大的风险。如何降低风险、提高农民收入,这不仅是农业发展的需要,也是农村金融发展的需要。中国加入世界贸易组织之后,对农业的补贴方式也被要求在 WTO 规则下进行。农业保险作为一种重要的支农政策,被世界贸易组织界定为可在财政上进行补贴的工具。美国、加拿大和日本,农业保险是农业保护政策和农民社会福利政策的组成部分,而很多发展中国家,农业保险本身就是农村金融政策体系的一部分。

第三节 加快农业信贷管理和担保制度创新

在农村金融市场上,解决了"渠"和"水"的问题后,接下来的是如何管好用好引来的"水",使之发挥最大的效用。金融创新是农村金融发展的灵魂和驱动力,全力推进农村金融产品和服务创新,是破解农村地区融资瓶颈的重要途径。各地金融机构在推进农村金融产品和服务方式创新方面进行了积极探索,特别是在信用建设、抵押担保机制、产品和服务方式创新等方面取得了明显成效。

一、创新农业信贷管理制度

要建立以农业信贷政策创新为导向,以信贷产品创新为主体的农业信贷管理制度。目前,贷款难是新农村建设乃至整个农村经济社会发展的瓶颈,应着力创新农业信贷政策和信贷品种,有效增加农村信贷投入,满足新农村建设的资金需求。完善对农户小额信用贷款、农户联保贷款和扶贫贴息贷款的信贷管理政策;创新授信和抵押贷款管理政策,在对农户进行信用等级评估的基础上

---

① 李倩.保险业参与金融体系建设 发展完善金融体系建设.金融时报,2013-1-8.

确定授信额度,在落实好担保、抵押手续后,在授信额度内采取"一次核定,随用随贷,余额控制,周转使用,封闭管理"的管理办法,开辟有效资产抵押的"绿色通道"。进一步规范小额信用贷款管理,采取拓展贷款对象、拓宽贷款用途、提高授信额度、合理确定期限、实行优惠利率等措施,做大做强小额信贷,实现小额农贷由贷小向大小兼顾、由贷短向长短结合转变。积极探索"龙头企业+银行(农村信用社)+担保公司+农户""四位一体"经营模式,解决农业龙头企业和农户资金有效需求不足问题。大力开展以住房、教育等为主要内容的农村消费信贷,创新农村信贷抵押担保方式,加大对农民和外出务工人员回乡创业的信贷支持。

二、促使农村资源转化为金融信用手段

对于农民土地使用权和房屋确权发证,使农户拥有的资源能够转化为金融部门认可的、可流转、可抵押的信用手段。发展亲友链、社区链为特征的关系型贷款和关系借贷,积极开展"文明信用工程"建设。银行业应继续完善贷款担保方式创新,积极探索动产抵押、权利质押等有效担保方式,进一步发掘符合农户和农村经济特点的抵押物。对抵押担保不足但符合一定条件的农村企业,可审慎发放信用贷款或由几家小企业相互联保发放联保贷款。

健全农村金融贷款抵押担保机制。一是要建立不同的所有制形式的担保机构,允许多种所有制形式的担保机构并存。鼓励政府出资的各类信用社担保机构积极拓展符合农村特点的担保业务,有条件的地方可设立农业担保机构,鼓励现有商业性担保机构开展农村担保业务。二是要增强担保公司实力。担保公司要增强发展意识,通过品牌建设增强自身实力。三是要完善担保运作机制。要针对农户和农村中小企业的实际情况,实施多种担保方法,探索实行动产抵押、仓单抵押、权益抵押等担保形式。

应当看到,农村金融机构创新力度不足、观念落后、自主创新能力不强、产品和服务方式同质化等问题仍普遍存在。解决这些问题,不仅是金融机构可持续发展的需要,更是促进经济金融良性互动的需要。不可否认,近年来随着农村金融改革的深化,农村金融机构创新能力显著提高,农村金融机构在小微企业贷款和"三农"服务中有着无穷的创新空间。

第四节 开发适合我国农户和
农村经济组织的金融产品

新时期开展农村金融产品和服务方式创新是一项系统工程,需要自上而下建立"政府主导、全社会参与、市场化和政策扶持相结合"的农村金融产品和服务方式创新体系。要大力培育和发展县域担保、评估、公证等中介机构,切实解决县域担保难问题;鼓励金融机构与相关机构加强合作,运用联保、担保基金和风险保证金等联合增信方式,积极探索发展联合信用贷款。另外,可在考虑农村金融市场容量和金融机构商业可持续的基础上,适度放宽市场准入,稳步推进适应农村金融需求多样性特点的农村金融组织和产品创新。

建立以改善金融生态为引导,金融产品创新为载体,金融技术创新为手段的金融服务支撑体系。金融机构要积极开发适合农民和农村经济发展特点的金融产品,积极创新授权授信管理办法、信用等级评定方法,发挥农村金融机构在项目评估、产业信息、代客理财等方面的优势,开展理财和投资咨询服务;在具备条件的农村地区推广商业汇票承兑、贴现以及保函、信用证等业务;在较发达的农村地区推广银行卡业务,尝试与中国银联公司开发适应农村需求的借记卡、贷记卡业务;大力发展大宗农产品期货市场,扩大农产品期货品种,促进订单农业健康发展。农村信用社要改进和创新结算渠道,加快电子化建设,依托人民银行支付系统和银联的"金卡"工程,建立起覆盖全国甚至全球的汇兑结算网络。

加快构建现代化农村金融服务体系,改善农村支付服务环境。农村金融服务是做好"三农"工作的重要保障。中央做了推动城乡一体化发展和金融服务"三农"的部署,采取一系列政策措施。各级政府与商业银行、清算组织、支付机构一道,以消除金融服务空白乡镇、村,均衡城乡支付服务资源配置为突破口,持续改善农村支付服务环境,加快城乡金融服务协调发展,取得了显著成效。但与城市相比,农村金融服务基础设施仍然落后,改善农村支付环境的任务仍然艰巨,需要我们不断破解难题,为实现全面建成小康社会的奋斗目标提供高效便捷安全的农村支付结算基础保障。

第五节　改善我国农村金融生态环境

一、优化农村金融发展环境

加大金融支持"三农"力度离不开良好的法制、政策环境。在加大金融支持力度的同时,应该进一步优化农村金融发展环境,为金融加大支持力度创造有利的条件。

一是制定出台规范县域金融机构存款主要投放当地的法律法规。现有的鼓励县域金融机构存款投放当地的政策多采取部门规范性文件的形式,效力较弱,难以对金融机构形成有效的硬约束,国家应通过制定颁布《县域再投资法》等以法律形式强制要求县域金融机构将存款主要投放于县域和农村。

二是稳妥推进产权改革。在防范风险和确保粮食生产的前提下,积极推进农村耕地、林地和宅基地经营收益权流转,建立为之服务的价值评估机构和交易市场,提高农村财产变现和融资抵押能力,为金融介入支持提供便利。

三是建立完善风险补偿机制和激励机制。在通过设立涉农信贷风险补偿基金、财税贴息等方式鼓励金融机构增加县域信贷投放的同时,鼓励发展政策性农业保险体系和面向县域的专业担保机构,并积极支持帮助信用社消化历史包袱。

四是进一步优化县域金融生态环境。发挥地方政府在金融生态建设中的主导作用,严厉打击恶意逃废债务和非法吸收等非法金融活动,维护农村地区良好的金融秩序。

二、改善农村支付环境

农村支付环境建设是改进农村金融服务工作的重要组成部

分,是改善民生、服务"三农"发展的重要手段,是统筹城乡发展的重要举措,对于加速资金周转、优化资源配置、改善农村信用环境、提高农民综合素质、促进农业稳定发展和农民持续增收具有重要推动作用。农村支付服务环境是方便农民朋友就近存钱、取钱、汇钱和买卖货物付钱、收钱的各种相关设施的统称。建设农村支付环境就是要向农村地区普及这些设施,让农民朋友省事、省力地办理这些业务,以此服务"三农"经济发展。

尽管农村支付环境建设工作取得明显成效,但受农村地区经济较为落后、公共基础设施尚不健全、农民现金结算意识根深蒂固等因素制约,在农村提供金融支付服务的成本较高,农村支付服务环境建设仅依靠商业机构市场化运作的可持续性较差,相关政策措施难以进一步深入推广,亟须充分整合各方资源,协同推进农村支付服务环境建设。

当前和今后一个时期,要按照"强农惠农富农"和"推动城乡发展一体化"的思路,通过扩大现代化支付体系建设成果在农村的普惠面,为广大农村企事业单位和居民提供品种丰富、质优价廉的支付服务产品,力争到"十二五"末基本形成以普惠制为核心,以"三农"金融需求为导向,多层次、低成本、可持续的农村支付服务体系,为城乡金融服务一体化发展奠定基础。

(一)充分发挥市场机制在农村支付服务资源配置中的基础性作用

要以市场化、商业化为方向,通过价格杠杆和竞争机制引导农村支付服务资源要素自主性投入,促进市场自我良性发展。中国人民银行要继续支持引导金融机构、支付机构向县域延伸其网点,推动形成以政策性金融、商业性金融、合作性金融为主体,非金融支付服务组织为补充的适度竞争、相互协作的支付服务供给体系,在履行社会责任的同时实现商业可持续发展。

(二)加大农村支付环境建设的政策扶持力度

加强对农村金融基础设施布放及相关宣传培训的政策支持。针对在农村地区布放金融基础设施、推广非现金支付工具成本较高、见效较慢的问题,应对在农村新设网点、布放金融支付终端的银行业机构给予适当财政补贴和税收优惠扶持,并适当调整财税补贴制度,给予在农村地区提供金融服务的县域金融机构,与农村信用社、中国农业银行"三农金融事业部"同等优惠政策,以提高非涉农银行参与农村支付环境建设的积极性。同时,应将基本支付结算知识纳入到对农民工等群体的职业培训,不断提高农民非现金支付意识和能力。

对于业务拓展成本高、预期收益低、难以通过商业化经营实现可持续供给的金融服务空白乡镇,需要发挥行政力量,通过政策扶持和正向激励机制引导资源向偏远农村配置。要推动政府部门完善相关财税补贴政策,保护金融机构、支付机构投入农村支付市场的积极性。要建立引导支付服务资源向农村配置的正向激励机制,在支农再贷款、再贴现、地方法人差别存款准备金管理、系统准入等方面,对农村支付环境建设成效显著的机构给予重点支持。要充分发挥各级农村支付服务环境建设工作领导小组的协调职能,推动政府有关部门出台相关支持政策,增强协同推进力度。

(三)丰富完善农村支付服务产品体系

一是提升支付结算服务的电子化水平,通过简化流程、刷卡优惠、增强服务水平等措施,引导农村居民更多地使用非现金方式办理日常结算业务。

二是以银行卡助农取款服务为抓手,构建覆盖乡村的基础金融服务供给网络。与金融机构物理网点相比,助农取款服务点建设成本低、周期短,是解决农村基础金融服务供给不足的有效途径。要加大拓展力度,实现 2013 年年底前农村乡镇基本覆盖的目标。要探索增强助农取款服务点的综合服务功能,使之成为支付结算服务、小额信贷服务、金融知识宣传、人民币流通管理、金融业务推广、征信信息搜集平台,让金融部门支持"三农"的政策成效在广大农村地区得到集中、具体展现。要积极推动有关涉农补贴通过银行卡等非现金结算方式发放。近年来,国家涉农补贴越来越多,为确保将分散的国家惠农资金准确及时发到农民手中,增强农民使用非现金支付工具的积极性,应充分利用国库直接支付、小额支付系统集中代收付等现代化支付手段将涉农补贴直接发放到农民持有的银行卡中,通过银行卡发放"新农保""新农合"等有关资金,借助银行卡助农取款服务实现卡内资金的便捷提取。同时,应整合有关惠农资金发放渠道,积极归并惠农资金代理发放银行,减少农民因接收补贴资金而增加的银行卡申办量,为农民归集资金和使用提供方便。

三是及时更新市场发展理念,根据各地经济发展和支付服务需求情况,采取差异化的供给策略,因地制宜推广手机支付等电子支付产品,借助现代信息技术优化农村支付服务供给结构、扩大覆盖面。

(四)加强农村支付服务风险防控,保护农民权益

随着现代化支付结算服务在农村的普及应用,相应的风险防控工作也应常抓不懈。各有关机构要深入分析农村支付服务风险点,有针对性地建立防控机制,加强市场监管和秩序规范,着力提升服务品质,维护农民的合法权益和非现金结算信心。

三、构建新型农业经营体系 完善农村金融生态环境

中央 1 号文件连续第十年聚焦"三农"。2013 年的中央 1 号文件以 14 个字概括了农业农村的工作目标:"保供增收惠民生、改革创新添活力"。总体来说,该文件实际上提出了"构建新型农村经营体系"的未来发展目标。基于这样的目标,对于现有农村金融服务体系,将会是怎样的布局要求呢? 也就是说,我们需要分析和探究如何完善未来农村金融的生态环境,以达到充分支持和配合国家关于"三农"发展的战略要求。

在涉及"农村新型生产经营主体"的内容中,中央 1 号文件中提出"鼓励和支持承包土地向专业大户、家庭农场、农民合作社流转"。大农户是我国农业发展大势所趋。这种经营主体的改变其实是与我国经济发展的现状及未来要求是紧密相关的。众所周知,伴随工业化、城镇化深入推进,我国农业农村发展正在进入新的阶段,呈现出农业综合生产成本上升、农产品供求结构性矛盾突出、农村社会结构加速转型、城乡发展加快融合的态势。人多、地

少、水缺的矛盾加剧,农产品需求总量刚性增长,消费结构快速升级,农业对外依存度明显提高,保障国家粮食安全和重要农产品有效供给任务艰巨;农村劳动力大量流动,农户兼业化、村庄空心化、人口老龄化趋势明显,农民利益诉求多元,加强和创新农村社会管理势在必行;国民经济与农村发展的关联度显著增强,农业资源要素流失加快,建立城乡要素平等交换机制的要求更为迫切,缩小城乡区域发展差距和居民收入分配差距任重道远。基于上述情形,应加强国家对农村金融改革发展的扶持和引导,切实加大商业性金融支农力度,充分发挥政策性金融和合作性金融作用,确保持续加大涉农信贷投放。创新金融产品和服务,优先满足农户信贷需求,尤其是加大新型生产经营主体信贷支持力度成为重中之重。

从产业规律和世界发展规律来看,家庭是农业经营最有效的主体,我国面临的问题是家庭经营规模过于细小,成本高、风险高。我们强调要实现两个转变:一是家庭经营要向采取先进科技和生产手段的方向转变;二是统一经营要向发展农户联合与合作,形成多元化、多层次、多形式经营服务体系的方向转变。创新农业经营体系,就是要使农村生产关系更加适应生产力发展,把各类农业经营主体的特长发挥出来。为了能够给予"农村新型生产经营主体"提供适合的金融服务,就需要进一步构建和完善农村金融生态体系环境;要稳定县(市)农村信用社法人地位,继续深化农村信用社改革;要探索中国农业银行服务"三农"的新模式,强化中国农业发展银行政策性职能定位,鼓励国家开发银行推动现代农业和新农村建设。要支持社会资本参与设立新型农村金融机构。这也就对于未来农金生态环境的组成做了纲领性地描述。其中,关于"新型农村金融机构"所指的就是更能够适应"农村新型生产经营主体"需求的农村金融服务组织。那么,现有的农村金融机构如何建立适应未来发展的服务模式并做好服务创新呢?

(一)确立未来农村金融服务的主要对象

根据各地区不同实际情况,结合城乡一体化发展的要求,针对农村新型生产经营主体要有清晰地识别和定位,也就是说,对于未来农金服务的主体要有精准的确立。这种主体,并不完全是我们经常提及的产粮大户、果蔬大王等等,其特征是能够以充分利用土地的效能,借助现代化科技手段,并且以家庭为作业单元,采取合作运营现代农业产业的方式,并有序地发展农村生产经营,以期达成较高的生产效率,获得更高的回报。基于此,农金服务的创新方向也就是围绕上述重要标准,给予重点支持。因此,对未来农村经营主体的识别是建立良好农金生态环境的重要前提。

(二)为未来农业产业链提供金融服务

在主体识别清晰的基础上,要能够做好针对未来农业产业链的金融服务。要使我国的农业整体水平与世界先进国家的水平看齐,就必须将农业做成一条"高附加值"的产业链,这样才能真正做到吸引更多的资金及资源参与其中,才能够保证相应的改革更有序地进行。由此,农村金融服务针对农业产业价值链的打造就尤为关键了。

(三)完善农村金融生态环境

对于整体农村金融生态环境自身要素的完善是农村金融体系可持续发展的必修课。这包括在进一步完善农村金融改善农村支付服务条件,畅通支付结算渠道;加强涉农信贷与保险协作配合,创新符合农村特点的抵(质)押担保方式和融资工具,建立多层次、多形式的农业信用担保体系;扩大林权抵押贷款规模,完善林业贷款贴息政策;健全政策性农业保险制度,完善农业保险保费补贴政策等。

基于上述分析,完善农村金融生态环境将会对于构建新型农业经营体系起着决定性作用,这同样需要来自监管部门、各级政府部门、政策性农金机构以及各类涉农金融机构共同努力,着眼于全局发展及本地区特点,以可持续共赢为原则,使得农村金融改革及创新成为我国农业及农村改革的重要引擎及有力保障。①

---

① 张宏斌.构建新型农业经营体系 完善农村金融生态环境.金融时报,2013-2-17.

第六节 建立我国农村金融可持续发展机制与模式

要创新农村金融体制,放宽农村金融准入政策,吸引各类资本进入农村。市场机制的核心是竞争。当前乡镇区域内的贷款市场基本处于农村信用社"被动垄断"的局面。要改变这一局面提高金融市场运行效率,必须进行增量改革。要依靠村镇银行、资金互助社、贷款公司等新型农村金融机构以及中国邮政储蓄银行,增加市场供给,逐渐培育农村金融贷款市场的竞争机制。

一、建立以部门协调为基础,政策协调为依托的农村金融可持续发展保障机制

金融机构应充分发挥各自的优势,在信贷合作、结算代理、信用信息交流、信用环境建设等方面开展广泛的合作,以提高农村金融服务水平。地方政府要结合建设新农村的要求,加大财政支持力度,增强农村经济的"造血"功能,研究鼓励金融机构向农村发展和投资的财政税收政策和风险补偿机制。农村小额贷款公司只贷不存就没有发展后劲。从长期来看,应建立有贷有存,农村资金有进有出机制。只有这样,农村金融市场才具有生机和活力,才是一个完整的市场。

二、构建商业可持续发展的农村金融模式

"九渠引水"弥补农村信贷资金供给不足仅仅是权宜之计,要从根本上解决问题,应改变农村金融市场的价格形成机制,不能单纯依靠向有关金融机构施加政策性压力来解决。要遵循市场规律,明确农村各类金融机构的功能定位,用市场原则促进各类金融机构之间的功能交叉和适度竞争,在竞争中形成风险定价机制。同时通过有效竞争,降低利率水平,增加农村金融产品供给,使农民享受到改革的成果。

第七节　建立与市场运行相匹配的管理体制

市场机制的有效运行离不开科学、高效的市场管理体制。现代经济中,已经不存在完全自由化的市场机制,对金融市场而言尤其如此。市场管理体制包括两个方面:一是管理层级和组织机构的建设;二是法律法规等市场规则的建设。当前,我国金融市场体系的建设还很不完善,宏观调控和市场监管体系需要根据农村金融发展进行必要的调整。从市场监管规则来看,除新型农村金融机构之外,农村信用社等农村金融机构执行与非农金融机构相同的规则,较少体现角色定位的特殊性。除了中央从 2004—2013 年连续颁布的 10 个"1 号文件"等文件性规定之外,对农村金融机构的有关规定大多分散在金融管理的一般规范中,很不系统。虽然农村金融市场的运行还存在大量的非市场因素,但在社会主义市场经济条件下,市场在农村金融资源配置中发挥基础性作用,是国民经济发展的整体要求。目前金融市场建设的核心任务是根据农村金融发展的实际情况,逐步推进金融市场建设,完善金融市场机制。

要充分发挥政府在农村金融机构服务中的主导作用。我国农村的现实情况,决定了单靠农村金融机构的经济手段,要做好金融为农服务工作,显然不可能。只有把政府主导作用和农村金融机构经济作用有效结合在一起时效益才能得到充分体现。例如,四川省资阳市在发展畜牧业时,在政府主导下,采用了"六方合作+保险"模式,即金融机构负责贷款,农业担保公司负责信用担保,饲料企业负责饲料生产和配送,种畜场提供良种仔畜,协会农户负责把肉畜出售给肉食品加工企业,肉食品加工企业负责收购协会农户肉畜,保险企业为防范风险对养殖进行商业保险。上述模式只有在政府主导下才能实现;通过这种模式,畜牧业才能在短时间内得到快速发展。

第八节　维护我国农村金融消费者权益

随着人类社会物质财富的不断累积,人们开始更多地关注精神世界的安稳与幸福,对于隐私权的法律保护需求开始出现并不断提高。作为人格权的一种,各国尚无统一的隐私权的定义。2009 年颁布的《中华人民共和国侵权责任法》中,"隐私权"首次以独立民事权益形式出现在了我国的法律层面上,但是,该法并未对隐私权的概念、范围等做详细界定。我国《消费者权益保护法》尚未将消费者的隐私权纳入消费者的基本权益保护范围,但是一些地方性法规已经将消费者的隐私权纳入了消费者权益的保护范围。

2008 年国际金融危机过后,金融消费者权益保护成为西方发达国家、国际金融组织和 G20 峰会关注的热点,金融消费者权益保护制度创新作为防范化解金融危机、维护公众信心和金融体系稳定的重要举措被越来越多的国家所重视。我国金融消费者权益保护制度建设目前处于起步阶段,亟待加大力度推进该项制度创新工程。

2009 年以来,中国人民银行先后部署西安、武汉、南京分行在所辖部分地市中心支行开展金融消费者权益保护试点工作。从金融消费纠纷处理、评价和开发金融消费维权网络等技术层面看,试点工作做了有益的探索,为我国金融消费者权益保护制度创新打下基础。但金融消费者权益保护创新内容涵盖面宽、工作涉及面广,单靠中国人民银行力量显然远远不够,需要多方位合力推进。这就需要国家应有专门部门主管,有既适合我国国情又符合时代要求、兼顾与国际金融组织要求接轨和借鉴国外成功做法的工作规划,有分工明细的推进目标、任务与措施等。更重要的是,以科学理论、原则作指导,统一认识,从决策层面到接受任务各方,增强其实践科学理论的自觉性,为推进制度创新发挥各自的智慧和力量,创造性地推进我国这项制度创新工程。

2012 年 11 月 20 日,银监会成立了银行业消费者权益保护局,负责制定银行业金融消费者权益保护总体战略、政策法规,建立协调银行业金融消费者权益保护服务、教育和保护机制及运行机制,组织监督检查和依法处置不当行为等。

一、中国特色金融消费者权益保护制度体系

(一)金融消费者权益保护制度是中国特色社会主义的重要组成部分

十七大报告对中国特色社会主义道路作出明确的界定,即遵循的基本路线是在中国共产党的领导下立足基本国情,以经济建设为中心,坚持四项基本原则,坚持改革开放,解放和发展生产力,巩固和完善社会主义制度总体布局。是建设社会主义市场经济、社会主义民主政治、社会主义先进文化及和谐社会;发展的宏伟蓝图是建设富强、民主、文明、和谐的社会主义现代化国家。我国金融消费者权益保护制度体系,是社会主义制度的必要补充,它的总体框架必须符合中国特色社会主义事业发展的基本路线、总体布局和发展目标的要求,决不能照搬西方发达国家的做法而偏离中国特色社会主义发展的方向。

(二)金融消费者权益保护制度是市场经济体制发展的崭新机制

自 2003 年我国人均国内生产总值突破 1000 美元以来,"十一五"期间继续保持稳步上升势头,预计到 2020 年将达到人均 3000 美元。根据世界发展进程的规律,人均 GDP 处于 1000～3000 美元的发展阶段,意味着经济社会发展进入新的关键阶段。当前我国正处在这一关键阶段,经济社会发展呈现新的特征,社会主义市场经济体制初步建立;同时,影响发展的体制、机制障碍依然存在,人民生活总体上达到小康水平,而收入分配差距拉大趋势尚未根本扭转,社会消费日趋多样化,各种利益关系日益复杂,金融创新日新月异,金融消费日益普及,加之新的制度体系实施有一个定型、完善的过程,新旧交替衔接不到位就有可能导致经济失调,如果处置不当,极易引发社会不稳定。拉丁美洲和东南亚一些国家就曾出现经济停滞或社会动荡的危机。因此,构建中国特色金融消费者权益保护制度体系不是一时的权宜之计,而是我国社会主义市场经济体制发展的新型机制,有着排障、维稳的作用。

（三）金融消费者权益保护制度是推进和谐社会发展的重要内容

公平正义是人类追求美好社会的主题。马克思主义认为,社会不公源于建立在生产资料私有制基础上的剥削制度,只有建立社会主义制度,才能真正实现社会公平正义。我们党把实现社会公平正义作为发展中国特色社会主义的重大任务和社会主义和谐社会的基本特征与目标。这表明实现社会公平正义既是社会主义制度的本质要求,又是社会主义社会的价值目标,同时也是社会主义和谐社会的前提条件。促进社会公平正义已成为我国现阶段社会发展的迫切需要。中国特色金融消费者权益保护制度体系正是适应这种迫切需要应运而生的维护社会公平正义的保障机制,因此它的建立是完善社会主义制度的需要,是推进社会主义和谐社会发展的需要。

二、中国特色金融消费者权益保护制度体系理论原则

（一）以科学发展观为指导

科学发展观第一要义是发展,核心是以人为本,基本要求是全面协调可持续,根本方法是统筹兼顾。我国金融消费者权益保护制度目前尚属空白,构建中国特色金融消费者权益保护制度体系是项新鲜事物,以科学发展观作指导是这项制度创新实践内在的必然要求,自觉用这一理论引领制度创新工程研制、实施、完善的全过程,才能确保我国金融消费者权益保护制度建设这一重要领域的关键环节改革举措决策的科学性,增强制度创新措施的针对性、实效性和协调性。显然,构建中国特色金融消费者权益保护制度体系的过程,亦是我们深入贯彻落实科学发展观的实践过程。坚持科学发展观,必将迎来我国这辆"和谐"号时代列车又好又快地驶向辉煌的明天。

（二）坚持以人为本、服务民生的原则

"以人为本"是科学发展观的核心和基本宗旨。"服务民生"则是"以人为本"方针引领下的服务理念。以人为本、服务民生作为构建中国特色金融消费者权益保护制度体系的根本原则,应在以下几方面加以体现。

1.营造"公平正义"金融消费环境

在金融机构、金融消费者权益之间建立机会均等、利益均衡、平等发展的有效协调机制，营造"公平正义"社会环境。

2.构建尊重和保障人权的金融法律制度

建立体现尊重和保障人权的金融消费者权益保护法律制度，包括金融消费者的知情权自主选择权、公平交易权、财产权、隐私权以及对弱势群体有效救助等。

3.扩大宣传，加强对金融消费者教育

扩大金融消费者教育渠道和金融消费、投资产品及其风险的信息披露宣传渠道，提升公众对金融消费知识的掌握能力和风险的识别能力，防范危及金融稳定的恐慌性事件的发生。

4.建立健全金融消费纠纷解决机制

建立渠道畅通、选择多样、行之有效的金融消费纠纷解决机制。

三、中国特色金融消费者权益保护制度体系构成要素

（一）完善的法律体系

结合我国金融消费现状和预期未来的发展方向，借鉴世界银行《金融消费者权益保护良好经验建议》中的主要制度，研制符合我国国情的《金融消费者权益保护法》，填补我国在金融消费保护方面无专门立法的空白。

（二）金融消费维权保护机构

从法律层面规范设立专门的金融消费者权益保护职能机构。因金融消费的专业性、特殊性和现有《消费者权益保护法》中立法缺失等原因，目前各地工商部门、消费者协会无法有效开展金融消费者权益保护工作，而银行、证券、保险的监管机构实行分业监管，其局限性亦无法对整个金融业金融消费者实施保护。中国人民银行现有机构、业务和金融宏观管理等职责以及中央银行的地位与职能等具有充当金融消费者权益保护职能机构的先决条件和优势。一方面，金融消费分布密集于全国各地市和县域，人民银行机构体制覆盖全国各地市和绝大多数县域,有其行使金融消费者权益保护职能的基础。另一方面,近年来人民银行开展金融消费者权益保护探索试点在建立金融消费者维权保护工作机制、开发金融消费信息共享与联动网络等方面取得试点经验,奠定了履职维权的工作基础。基于此,宜在人民银行总行设国家金融消费者权益保护局、在分行或省会中心支行设立国家金融消费者权益保护分局,在地市中心支行设国家金融消费者权益保护中心支局,在县支行设国家金融消费者权益保护支局。

(三)金融消费者权益保护激励约束机制

在金融消费产品销售者的银行、保险、证券金融机构中建立行之有效的金融消费者权益保护工作激励、约束机制以促使金融机构积极参与、主动做好金融消费者权益保护工作。立法制定规范金融机构销售产品、信息披露的行为规则,建立对金融机构侵权行为进行责任追究的机制。同时,建立金融机构保护金融消费者权益工作的考核、评价机制,可将其纳入人民银行正在实行对金融机构"两管理两综合"中的"综合评价"体系之中,通过设计科学、有效的评价指标采取全辖通报、向上级反馈评价结果的方式,激励、约束、引导金融机构增强做好金融消费保护工作的主动意识和责任感。

(四)金融消费纠纷解决机制

人民银行前期试点探索建立多种模式的金融消费纠纷解决机制,虽然纠纷解决程序、协调方式各异,但解决效果相近,收到确保金融侵权纠纷投诉有门、处理有法、处置有度的实效。笔者认为在法律没有赋予金融消费纠纷解决办法的情况下,试点探索的多种纠纷解决模式是应该予以肯定的但有失规范,宜以法律的形式统一规定下来形成具有法律效力、规范统一的金融消费纠纷解决机制。

(五)普及金融消费知识法制教育

要制订参照国际经合组织 OECD 金融消费者教育内容、经验的中国特色金融消费者权益保护教育规划,可建立金融消费者权益保护网站,增加大中专院校金融消费知识教材和举办金融消费者权益教育讲座等渠道,普及金融消费业务和法律规章知识,增强公民金融消费自我保护能力。

(六)金融消费者账户、隐私、数据保护制度及存款保险制度等[①]

四、重点保护金融消费者的隐私权

金融消费者的隐私权,也称金融隐私权(Pinancial Privacy),是一个源自西方的概念,是一种特殊的资料权,指个人控制、收集、揭露和使用关于其本人金融交易或事务的权利。在绝大多数的传统交易中,经营者不知道消费者的私人信息也同样能完成交易,因此,特殊保护消费者隐私权的必要性并不大。但是,在现代金融业越来越发达的今天,金融行业与人们生活的息息相关性使特殊保护金融消费者的隐私权成为必要。相互信任与信息交流是金融业存在的前提。金融机构在从事金融业务的过程中,不可避免地会掌握金融消费者不愿意公之于众的隐私信息,如在银行存款时存款银行必然掌握存款人的姓名、住址及存款金额等等各种私人信息。不特殊保护金融消费者的金融隐私权,不仅可能会导致金融消费者相关权益遭受损害的结果,更必然会因此损害金融消费者对金融机构的信任,从而危害金融业的发展。

对于金融消费者的隐私权的保护,目前存在两种主要的保护模式:一是以美国为代表的个别保护模式,其以预防损害而不是保证金融消费者个人信息控制权为原则,在金融消费者的隐私可能受到侵害的行业和程序中进行重点保护,兼顾金融行业与金融消费者个人的利益;二是以欧盟为代表的综合保护模式,注重对个人信息进行保护。

我国目前没有专门保护金融消费者隐私权的制度,相关制度的出发点不是对金融隐私权之权利主体的保护,而是侧重关注公权力基于公共利益获得金融消费者金融信用和交易信息的可能性。因此,我国应在相关法律中对金融隐私权的概念、范围、具体

---

① 李伟,施蓓,刘玲.金融消费者权益保护研究.金融经济,2011(22).

权能作出明确的界定,确定金融机构的隐私保护义务和保密例外条款,完善金融隐私侵权救济制度。

五、积极维护农村金融消费者权益

近年来,中国人民银行江苏兴化市支行紧密结合本地实际,着力从金融消费者知情权、隐私权、财产权、参与权四个方面入手,探索开展县域农村金融消费者权益保护工作,取得了明显的成效。

为让农村金融消费者产品消费的知情权落到实处,该支行在每年的"3.15"和"12.4"等特定的日子里和春节、中秋等长假期间,有计划、有针对性地组织农村金融消费者权益保护的宣传,让金融消费者明明白白地消费。同时,该支行主要负责人三次走进广播电视台《行风热线》直播室,就农村金融消费者权益保护工作现场解答群众咨询和诉求。

随着我国市场经济的不断发展,侵犯农村消费者金融隐私权的现象时有发生。针对这些问题,中国人民银行兴化市支行采取了"三抓"措施。一抓宣讲教育。通过行长联席会议等形式,对金融机构负责人宣讲维护农村金融消费者权益的意义、我国金融消费者权益保护的现状及此项工作的发展前景等;以《兴化金融》为载体,通过以案说事和以事件分析的形式对金融机构的员工开展教育,使其时刻不要忘了农村金融消费者的权利。二抓对外的调查。根据书记市长信箱和群众反映的问题,及时开展调查,做好事事有交代、件件有落实。自 2007 年 10 月兴化市政府信箱中心开通以来到 2012 年 9 月末,共办理农村金融消费者咨询、投诉及建议 253 封,办理的及时率和答复率均为 100%。三抓对内控制度的执行。由"一把手"行长牵头,组织相关人员对支行涉及金融消费者权益的部门及岗位进行重点检查,从源头上抓起,切实维护企业和个人的隐私和商业秘密。[①]

六、农村信用社维护消费者权益实践

农村信用社作为银行类金融机构,应当自觉维护金融消费者

---

① 王峰,陈平,孙向东.积极维护农村金融消费者权益.金融时报,2012-11-20.

权益。只有从经营者角度和消费者角度出发,依法合规经营,提高产品透明度和服务质量,强化教育宣传,才能够最大限度地维护金融消费者权益。

（一）农村信用社消费者权益维护的必要性

1. 维护金融消费者权益是法律法规之规定

金融消费者种种权益受损表象反映出在金融消费者群体维权意识和自我保护意识逐步增强和全国金融体系（含农村信用社）消费者权益保护制度起步晚的形势下,银行业金融消费者权益保护制度跟不上形势,已经不能满足现实需求,需要加强法律法规建设。虽然《消费者权益保护法》以及一系列法律法规对于约束金融产品和金融服务的提供者、保护金融消费者都没有明确的条款,但相关法律法规对维护金融消费者权益仍有概念性规定,如《消费者权益保护法》的基本精神应当遵循;同时《中国人民银行法》的立法宗旨是"……维护金融稳定",其实质也是保证金融消费者权益;《商业银行法》第一条即是"为了保护商业银行、存款人和其他客户的合法权益……",所以农村信用社等金融机构作为提供产品和服务的金融企业,维护金融消费者权益不是"无法可依",而是有法可依。

2. 维护金融消费者权益是社会经济发展的必然趋势

随着我国居民日常生活、企业生产的日益"金融化",金融服务消费的迅猛发展,金融消费者已经成为独立、庞大的消费主体。金融消费者保护的基础薄弱,不仅损害金融消费者的正当权益,而且伤害金融机构自身发展,危害金融稳定。而保护金融消费者合法权益,不仅是消费者自身的需要,也是稳定金融体系的关键。因此,农村信用社作为服务窗口最多的金融机构之一,应当把金融消费权益保护放在首位,既促进农村信用社的健康发展,又为保障国家金融体系持续稳定做出应尽之责。而如今,银监、保监、证监均已成立消费者权益保护局,专司金融消费者保护工作,各金融机构也都有一名高管负责并指定部门专门办理金融消费者权益保护工作,金融消费者权益保护不再存在"瓶颈",社会经济发展推动了金融消费者合法权益保护工作的开展。

3.金融消费者权益保护工作是保障居民权利的客观要求

现实中存在侵犯金融消费者知情权、自主选择权、公平交易权、资产安全权、隐私权的现象,如一些机构业务人员在金融产品销售过程中隐瞒风险、夸大收益,设置不合理的贷款条件,进行捆绑销售等。这些行为损害了金融消费者的合法权益,需要予以重视并加以解决,将保障居民权利落到实处。

4.维护金融消费者权益是银行业竞争的选择

目前,银行业竞争十分激烈,除工、农、中、建行外,邮政银行和其他各类商业银行、村镇银行也不可小觑,而各类投资公司、担保公司、保险公司、民间借贷也参与到银行业竞争之中。在这种如火如荼的竞争状况下,作为"三农"主力军的农村信用社,要坚强地守卫和争夺金融阵地,除了其产品要适销对路和强化经营管理外,必须重视维护客户权益。其实,就大多数银行业消费者而言,对其本身所享有的权利并不苛求。正如有的客户所说:"到农村信用社就是存取款、贷款业务,只要客户经理能又好又快办理业务就足够了,别的我并不看重。"但是,作为提供金融服务的农村信用社,不能点到为止,应当严格自律、自我完善、自我加强,尽可能维护消费者的合法权益,这样才能在竞争中占领一席之地。农村信用社在营销产品时,要充分考虑客户心理,兼顾客户利益,这样才能实现双赢,才能有利于农村信用社的持续发展。

(二)农村信用社消费者权益维护措施

随着金融消费从单一的存取款、贷款、支付结算业务不断向理财、融资、投资等一体化交易延伸,金融消费者权益保护应当纳入经营管理范畴。

1.强化宣传教育,提高金融消费者的维权能力

农村应当持续开展金融知识宣传活动,一方面要将金融知识送到校园,让金融知识和金融消费维权意识从学生时代就开始培养,并通过学生辐射到更广领域;另一方面要加强对客户的宣传教育,如在营业大厅门口设立展台发放资料与手册,或开展"送金融

知识下乡"活动,大力宣传金融知识及农村信用社的服务种类等,积极向客户推介网上银行、ATM 机、POS 机、手机银行等金融电子产品的使用方法,小额信用贷款等贷款办理流程以及反假币、预防非法集资、识别金融诈骗等常识,消除公众对金融知识的不理解和误解,不断增强金融消费者对金融产品、服务和相应风险的识别能力,特别是让农村群众对金融知识有更直观的认识,增强金融消费者的合法权益保护意识和维权意识,营造金融消费者维权的浓厚氛围。

2. 改进考核方式,确保及时和有效地保护消费者权益

现有考核方式侧重于业务经营指标的完成,而对于服务质量虽有提及,但涉及经济利益并不多,因此在实际工作中可能会有损金融消费者权益。例如,贷款有年初放贷年底收贷的做法,而有的客户恰巧年底需要贷款却无法贷出,无法享有贷款服务;再如,存款设有 VIP 服务室,大客户可随时办理,而小客户却只能排队等候,享有不公平的服务权利。

其实,这跟考核方式相关度极强。因为年初放贷年底收贷,既可提高收息率,也可控制信贷规模,而年底放贷空占信贷规模且无法收息;设置 VIP 服务室就是为了保住大客户、提高市场份额,因此区别对待客户而导致客户享有不同服务权利。所以,改变考核方式,可以及时、有效地保护消费者权益。

3. 完善制度,提高维护消费者权益制度保障

农村信用社要根据国家有关金融消费者保护的法律法规完善内部管理制度,为维护金融消费者合法权益提供法律和制度保障。一是要树立以客户为中心的服务理念,确立居民的金融消费者主体地位。二是细化农村信用社诚信、告知、提示、保密、信息披露等义务,通过制度规定防止金融消费者合法权益被侵犯。三是阳光操作,规范服务。建立以"市场化、差别化"为原则的利率定价机制,根据风险状况和综合收益对贷款进行定价,公开利率定价,阳光操作;杜绝通过贷款捆绑和不当搭售,强制客户购买保险、理财产品等,严厉杜绝贷款拿回扣、报销费用、索要财物等各种"潜规

则";未经客户授权不得违法查询、使用、泄露个人和企业信用信息;不得违规泄露个人银行结算账户信息,不得故意压票、退票、拖延支付,不得违规挂失止付等。四是完善公正合理的服务收费制度,公开收费标准,充分告知客户,做到了"明码标价"。严禁向客户摊派各种形式的查询费、风险金、咨询费、评估费等,逐步实现了金融服务收费的市场化、规范化。五是合理调整和使用窗口资源,提高服务效率。农村信用社代理了国家粮食直补、低保、社保等发放收费工作,窗口资源不足,因此农村信用社需要合理调整和使用窗口资源,协调处理好代理业务与一般客户、黄金客户的关系,提高工作效率,维护客户权益。

4.搭建金融消费者投诉处理平台

温家宝曾在全国金融工作会议上强调,要把金融消费者权益保护放在更加突出位置,加强制度和组织机构建设。前不久,银监会已成立了银行业消费者权益保护管理局,因此作为金融机构之一的农村信用社必须切实承担保护消费者权益第一责任人的职责:要确定专门部门统一负责消费者权益保护工作,专司维护消费者合法权益,处理金融消费者投诉和解决纠纷;参与各类产品和服务的研发及审核程序,对于存在严重损害消费者权益的产品和服务,应独立、权威地提出异议;对于投诉量大、消费者反映强烈的投诉事项,应牵头制定统一的处理方案。该平台应当秉承"客户利益无小事"的原则,公开服务承诺、举报电话、邮箱、投诉流程等内容;对客户咨询和投诉实行首问负责制;对投诉事项限时办结制、服务承诺制,积极、妥善、快速处理金融消费者的投诉,做到了件件有答复、事事有回应。

第九节　加强对农村金融成长的研究

有关农村金融成长的研究主要包括农村金融成长衡量指标的改进及由供需均衡所引申出的政策建议两方面。

一、农村金融成长衡量指标的改进

在金融成长的衡量方面,戈德史密斯(Gold Smith,1969)提出用金融相关率(PIR)来测量。其完整的表达式为(M2+L+S)/GDP,其中 M2 为资本存量,L 为各类贷款,S 为有价证券(张杰,1997)。麦金农(Mckinnor,1973)利用 M2/GDP 指标来衡量不同国家金融增长的实效。而针对麦金农指标,国内外学者都从不同角度提出质疑并进行改进。例如,Levine 和 Zervos(1998)认为,M2 与 GDP 之比这个货币化指标既不能度量负债的来源,也不能度量金融系统的资源配置。他们认为,银行信贷是度量金融发展的有用指标。Arestis. Demetriades 和 Luintel(2001)在此基础上针对欠发达国家国内信贷的作用,设计了 L/GDP 指标。国内学者王毅(2002),李广众、陈平(2002)也分别对麦金农指标提出质疑。姚耀军(2004)则设计了反映农村金融发展规模的指标,即 RL/RGDP。其中,RL 为农村贷款余额是乡镇企业贷款余额与农业贷款余额之和。通过实证分析和 Granger 因果检验表明,农村金融发展状况影响到农村经济增长,但农村经济增长对农村金融发展状况无影响。

二、供需均衡所引申的政策建议

在供需均衡所引申的政策建议方面,主要集中研究农户金融需求与供给的对应关系,农产金融供求不均衡的表现及其作用机制,以及测算农产借贷行为的福利损失情况。

在农村金融供求均衡的理论研究方面,何广文(2001)分析了我国农村金融供给主体区域布局和金融商品供求失衡的表现。韩正清(2005)分析了我国农村金融的失衡表现,认为均衡我国农村金融供求、促进我国农村金融与农村经济良性发展的对策为:以农村金融需求为导向,构建多元化的金融组织体系和市场体系,整合农村金融机构功能,增强金融服务供给,建立农村资金回流和良性循环机制,把从农村吸收的存款"取之于民,用之于民",最后理顺地方政府与农村金融的关系,减少政府干预造成的农村金融无效供给。刘明志(2008)认为,我国农村金融存在供求双重不足现象,而造成这一现象的原因在于经济发展水平及经济结构与金融结构不匹配。宋平、罗剑朝(2009)认为,我国农村金融供求量不足只是表面现象,而真正的问题在于结构性失衡问题;因此,基本的治理措施为构建多层次供求均衡的农村金融体系。李瑞红(2009)认为,我国农村金融供求失衡的根源在于经济与体制两方面,而相应的治理措施也应从进一步明确金融机构的市场定位、新型农村金融组织的发展、微观金融组织治理结构的完善等方面入手。吴义根(2010)在对我国农村金融供需特点研究的基础上,提出应从公平与效率的角度入手构建一个多元立体式的农村金融体系,而该多元体系的起点则在于将农村信用社改建为农村的社区银行。

三、农村金融供求均衡的实证研究

在农村金融供求均衡的实证研究方面,周立(2005)以广东东莞、惠州和梅州三地调查数据为依据,指出在我国广大农村农村金融需求难以通过目前的金融供给得到满足,各金融机构的作用机制也不一样。姚海明等(2007)通过对相关数据分析表明,我国农村金融需求巨大、具有多层次性,而正规金融供给萎缩,农村资金流失严重;造成这一基本问题的原因在于现存农村金融制度安排存在弊端。李锐、朱喜(2007)采用3000个农产的微观数据计量分析了农产金融抑制的程度及其福利损失的大小。徐瑞娥(2009)利用相关统计数据分析了我国农村金融需求与供给的特点,从而总结出我国农村金融发展的现状,将财政与金融视角结合起来,进一步给出了我国农村金融发展中存在的问题,并给出了相关政策建议。盛均全、徐明科(2009)总结了美国农村金融体系的一般特征,并给出了促进农村金融体系的完善、提高农村金融服务水平和服务范围、健全农村金融服务法律体系等政策建议。佘传奇等(2009)在简要描述我国农村金融体系供需现状的基础上,进一步分析了供需失衡的原因,并从税收优惠、农业保险、投入等财政视角,以及政策性银行、商业银行、非正规金融等金融视角给出了解决我国农村金融供需矛盾的政策建议。

国内外的理论与实证研究及其农村金融发展的实践表明,农户行为是农村金融研究的基础,不同地区、不同收入的农户,其金融需求特征也不一致;尽管我国农村金融供给的多元化体系已初步形成,但供给不足依然是我国农村金融发展中的主要问题,而从微观到宏观的金融改革思路还需不断提炼。当然,由于我国幅员辽阔,不同区域的农业和农村经济发展水平也极不均衡,有关衡量金融成长的指标是否适合还需更多的理论与实证支持,而农村金融成长是一个涉及城市与农村、政府与市场、产品与机制等在内的复杂的系统工程。我国农村金融成长机制的设计可从微观、中观、宏观三方面入手。

首先,我国农村金融成长的微观基础在于金融创新,而这些创新包括产品与服务的创新、金融机构的创新、治理机制的创新等。

其次,我国农村金融成长中观层面的重点在于均衡政府与市场之间的力量。当然,政府与市场作用力量的均衡应从区分财政与金融的作用领域、利率决定机制的完善、准入与退出机制的完善、区域差异化政策等方面入手。

再次,我国农村金融成长的最终出路在于融合城市与农村金融。由于历史原因,城乡二元经济结构致使金融结构也呈现城乡二元化。因此,应从城乡互动机制的建设、金融体系的完善、信用系统的建设、制度环境的完善等方面入手,建立协同发展、取长补短、相得益彰的、统一的金融体系。

最后,需要说明的是,上述关于我国农村金融体系建设的微观、中观、宏观重点是一个完整的体系,要通过各方面子项目的互动来最终实现宏观目标,从而推动我国经济与金融的良性发展。

基于对上述有关农村金融理论与实证研究的梳理,我国农村金融问题的研究应以农户的金融需求为基础,在借鉴现代经济学研究框架的同时,逐渐引入成熟的研究方法,建立起有关农村金融问题研究的理论体系,从而推动理论研究与实践不断发展。[①]

---

①　何凤隽,仇娟东. 基于供求视角的农村金融理论与实证研究综述. 西南金融,2010(11).

第九章 国内外农村金融市场发展经验

本章将分别针对国内外的成功经验,结合中国农村金融市场实际情况的差别进行探讨。

第一节 国外农村金融市场发展的成功经验

一、美国经验借鉴与中国农村金融市场情况分析

（一）政策行的引导作用与非政策行的政策性业务剥离

美国政策性农村金融机构,是由美国联邦政府主导创建的,专门针对本国农业发展和农村发展提供融资的政策性机构。其主要功能是为农业生产和与农业生产有关的活动提供信贷资金和服务,并且通过信贷活动调节农业生产规模和发展方向的,协助实施农村金融政策。可见,美国的政策性农村金融机构运作模式是通过信贷来引导农业发展方向,引导作用才是其本意。

相比较,中国的农村政策性银行中国农业发展银行,其主要业务是为粮、棉、油收购封闭运行资金管理一项,业务比较单一,这样就不能通过资金投放侧重点的不同而起到引导农业发展方向和规模的作用。扩大业务范围,真正发挥出政策性引导作用,应是中国农业发展银行的重点努力方向。对于中国农业银行,应按其商业银行的性质,剥离中国农业银行政策性业务,将中国农业银行承担的扶贫贷款、农业综合开发贷款、粮棉油附营业务贷款等政策性贷款剥离出来,避免商业性业务和政策性业务的混营,以消除中国农业银行的道德风险。目前中国农业发展银行与中国农业银行两者的业务混淆、分工不明,导致了内部运行的无效率。让中国农业发展银行发挥引导作用,让中国农业银行成为真正意义上的商业银行,这样才能各司其职,确保各自有效运行并更好地为"三农"提供

金融服务。

（二）建立农村合作金融体系，解决农村资金外流问题

美国农村合作金融体系是由美国政府主导设立农贷专业银行及其基层机构，从而组成信贷系统。最初的农村金融合作组织都是在政府领导并出资支持建立起来的，随着国家资金的逐步退出，农村合作金融已成为由农场主所拥有的合作金融机构。可见，其最初解决资金的办法是先由政府出资，最终到股权私有多元化。这样，一方面保证了资金来源的持续性，另一方面也形成了有效的激励机制。

对应的我国农村合作金融机构问题是我国农村信用社自身由于产权不明晰、法人治理结构不完善、历史包袱重、资产质量差、服务手段落后等因素制约，对农村的金融服务缺乏动力，发挥不出应有作用。而农村金融的另外一支力量——邮政储蓄，在农村虽然有存款上的竞争力，但它吸收的农村资金并没有用于农业方面，而是走了别的上存渠道，将资金从农村转移出去，从而加剧了农村资金的外流。两者一个资本来源不足，一个缺乏有效的发放渠道，把两者进行有机结合，就能形成互补效应。这样做，一方面可以将邮政储蓄从农村吸收的资金留在农村，切断农村资金通过邮政储蓄外流的渠道；另一方面又可缓解信用社资金来源不足问题。信用社资本充足率的提高，将提高其抗风险能力和竞争能力，克服其以往由于资产原因而难以有效服务农村金融的问题。

（三）农业保险的准公共品属性

早期美国农业保险是由私营保险公司提供的，但由于农业保险的风险巨大，其经营的农作物保险均以失败而告终。为了帮助农民对付农业生产面临的风险，美国政府积极参与了农作物保险计划。现行的美国农业保险完全由商业保险公司经营和代理。当然，商业保险公司经营时会受到政府提供的经营管理费和保险费补贴等有力支持。可见，对于农业保险的准公共品属性来讲，政府的参与与主导是必不可少的。

由于我国农业"粗放型"的经营方式和长期以来对农村金融发

展的抑制,导致农村缺乏应有的风险保障体制,保险公司不敢涉足农业市场。但是,农业保险不可能完全按照纯商业化模式运作,农业保险服务具有准公共品属性。我国应把政府主导下的政府与商业保险公司"混合经营"的模式作为我国农业保险的主导形式,建立政府主导下的政策性农业保险制度,在政府引导下引进保险公司对农业市场的参与。

二、贷款组织化的孟加拉国经验借鉴与中国现状分析

由于农村多数贷款是小额贷款,存在着信息不对称和交易成本高问题。不完全竞争市场理论认为,借款人的组织化对解决此项问题有重要作用,孟加拉在这方面成功经验值得我们借鉴。孟加拉国乡村银行因经营小额扶贫贷款而成功获得 2006 年度诺贝尔和平奖。孟加拉国乡村银行自 1974 年创立以来,小额信贷受到了当地穷人的热烈欢迎,近 60% 的借款人和他们的家庭已经脱离了贫穷线。孟加拉国乡村银行模式是一种非政府组织从事小额信贷的模式。孟加拉国乡村银行以小组为基础的农户组织,要求同一社区内社会经济地位相近的贫困人口在自愿的基础上组成贷款小组,相互帮助选择项目,相互监督项目实施,相互承担还贷责任。银行根据借款人的需求发放无抵押的、短期的小额信贷,但要求农户每星期分期还款。孟加拉国乡村银行在放贷的同时要求客户开设储蓄账户,存款金额达到一定程度的时候必须购买孟加拉国乡村银行的股份,从而成为银行的股东。这个模式确保了小额贷款的高还款率,被迅速推广到亚洲、非洲和拉丁美洲的许多发展中国家,成为一种非常有效的扶贫方式。对于我国的实际情况而言,与孟加拉国模式存在以下不同之处。

(一)经营小额扶贫贷款业务的专门机构情况不同

过去,中国没有像孟加拉国乡村银行那样的金融机构专门经营小额扶贫贷款业务,而正规的金融机构不愿经营这种业务。因为农村小额扶贫贷款风险大、规模小、质量差、成本高、收益低,银行成本与收益不匹配。孟加拉国经营小额贷款的机构都是在政府扶持下发展起来的,在经营中都给予一定的补贴。中国缺乏这样的机构,导致贷款人的缺位。要想实现借款人组织化,先得建立类似的机构,起步阶段政府对其应该给予必要的支持;在经营中逐步实现股权结构的多元化发展;最终,让借款人参与进来成为其股东,形成一系列约束激励机制。

（二）贷款对象不同

孟加拉国乡村银行要求农民以小组为基础,形成同一社区内社会经济地位相近的贫困人口在自愿基础上组成的贷款小组,从而形成"利益均沾、风险共担"的机制。中国没有以农村社区为单位把贫困农民组织起来形成贷款小组,这样就无法解决因借贷双方的信息不对称而引起的监督、信息费用太高问题。我们可借鉴孟加拉国的经验,对于我国以乡村为单位的行政划分进行有效组织,构成类似的贷款小组。由于同一乡村内部彼此更加了解,并能很好地互相监督,这样就减少了信息不对称及道德风险问题。

（三）选择项目

孟加拉国的农民贷款小组相互帮助,选择项目时相互监督,项目实施时相互承担还贷责任。贷款小组的成员如果想获得贷款,必须先选好项目;如果没有项目,则申请不到贷款。中国的小额扶贫贷款一般都不要求农民先有项目。在这种情况下,贫困农民在得到贷款后很可能会用于非生产方面,如看病、为小孩交学费或家庭其他支出等,这样就难以保证专款专用,还贷就没有保障。可见,贷款的目的并不只是简单选择对象发放款项就行,而应该在贷款之前就考虑贷款质量的问题,让贷款成为获取利润的资本,而不是充当救济款缓解一时之急。

（四）贷款抵押

中国的小额扶贫贷款一般都要求农民有抵押品,但贫困农民连维持生计都比较困难,没有财产给银行抵押,他们自然难以获得小额扶贫贷款。孟加拉国乡村银行根据借款人的需求发放无抵押的、短期的小额信贷,但要求农户每星期分期还款。在放贷的同时要求客户开设储蓄账户,存款金额达到一定程度的时候必须购买孟加拉国乡村银行的股份,从而成为银行的股东,确保贷款人与借款人利益一致,促进还款积极性。所以,应该把重点放到还款上而不是贷款上,确保贷款的良性循环是关键,单一的抵押只能压缩贷款,帮助不了切实需要贷款的农民。

五、国外农村金融改革推动农村发展的经验启示

在"拉动内需、发展经济"这一问题上,许多发展中国家相继采用了各种金融手段,政府投入了大量的补贴资金,设计出各种干预政策,取得了有益成果。发展农村经济少不了政府干预和金融支持。日本与我国有许多相似之处,地少人多,自然条件差,具有小农经营的历史传统,但日本的农村合作金融体系独具特色,主要包括合作金融和政府金融两部分,其中民间合作性质的农村金融占主体地位,政府的政策性金融为重要补充。日本农村合作金融体系内三级组织之间并无行政隶属关系,立足于社区发展、方便农户、便于管理,建立农村信用保险、临时性资金调剂的相互援助、存款保险及担保等制度,保证合作金融安全健康运行。日本农村合作金融体制的优势是其将合作金融机构与国家的产业发展和产业政策紧密相连,服务领域相对固定,信息资源较为充分,贷款决策成功率较高,各级信用社独立性较强、经营自主权较大,同时也易于政府对基础产业和基础行业的扶植,而缺点是业务范围狭窄、资金利润薄、靠政府优惠、财政压力大。

又如,泰国的农业与农村合作组织银行(BAAC),其服务覆盖了全国 90％以上农户,且坚决抵制来自决策层压力,在自有项目和政府项目间设立一道防火墙,防止风险传递,这些方面都是最成功的经验。

从以上国家的农村金融体制建设可以看出,农业生产的特殊性导致农村金融的交易成本和资金使用成本比较高,正规的商业性金融机构一般都不愿涉足农村金融市场,市场引导是失效的。因此,在农村金融改革过程中,政府适当干预进行农村金融支持是必要和有效的。但我国是发展中国家,经济环境不稳定、部门性政策倾向及普遍存在法律法规障碍等因素,使政府干预成为农村金融发展的瓶颈。为此,提出以下建议:

（1）构建和谐的农村金融体制，大力发展民间合作性质的农村金融，更好地支持新农村建设。建立农村信用保险、临时性资金调剂的相互援助、存款保险及担保等制度，保证合作金融安全健康运行。

（2）政府要在农村金融干预中把握好直接与间接的关系，让政府干预真正发挥支持农村金融的强有力作用。直接干预指运用公共资金直接投入农村金融，间接干预指为农村金融发展创造环境。政府应当把这两种干预方式有机结合起来，一方面创造一个有利的宏观环境，建立一个适合市场交易的法律框架；另一方面可以适时给农村金融机构提供资本或进行再融资。对合作金融，在农村资金少、储蓄动员又不够成功的情况下，政府可以用再贷款的形式临时向合作金融机构注入资金。当然，政府干预必须注重农村金融的造血机制，让农村资金尽可能地在农村体系内循环。

综上所述，一方面，我国应把重点放在农村金融机构的建设上来，通过金融机构这个中介来支持农村的发展。国家直接参与并不利于从根本上解决农村金融服务问题，只是一时的扶助。只有机构自身能够保持良好运行之后，才能和农村发展形成互动、良性循环。另一方面，应尝试贷款组织化，支持协助建立相关机构，并把重点放到引导贷款应用于好的项目，变为能够盈利的资本，这样才有助于涉农贷款的健康运转与归还，也能确保贷款组织化的持续性经营。

第二节　我国部分地区农村金融市场发展的成功经验

一、广西田东破解农村金融服务难题的经验

广西田东在破解农村金融服务难题上率先有了突破。田东是全国唯一的农村金融综合改革试点县，2008年12月起，开始了"破冰之旅"。到2012年，"试水"过去了三年多，金融网点、支付体系、社会信用体系实现了全面覆盖，惠农保险、助农担保、金融基础服务实现了有效覆盖。2012年5月，吴邦国同志对此作出批示：

"如若全国农村都能做到'三个全面覆盖'和'三个有效覆盖',就可基本解决'农村金融'问题。"这是对田东金融改革的肯定与赞赏。

田东农村金融改革创造了"四个全国第一",即全国第一个农村信用信息系统覆盖全部农户的县、第一个实现转账支付电话"村村通"的县、第一个基础金融服务覆盖到村一级的县、全国第一个"信用县"。田东农村金融改革促进了涉农贷款余额保持高位运行,2008 年涉农贷款余额为 17.11 亿元,2011 年为 35.87 亿元,占比始终保持在 70% 左右,为县域经济科学发展提供不竭的动力和活力。2011 年,田东县财政收入 13.1 亿元,居广西第三位,并被评为"中国西部百强县""中国最具经济活力城市""中国十佳金融生态城市"。

(一)金融服务对接发展需求

农村金融服务和发展需求脱节是一大顽疾,田东对症下药,在金融网点、农村支付体系和农村信用体系上大做文章。

"银行多了,想要贷款,任挑任选,十分方便。"这是田东人对金融改革带来新气象的最直观印象。先前,田东只有 6 家银行业金融机构,群众选择贷款的渠道很少,获得贷款较难。改革后,该县积极完善金融机构组织体系,现有银行类金融机构 9 家、非银行类金融机构 9 家,金融机构种类齐全度居广西县域首位,形成了银行业金融机构、农村资金互助社、担保公司、保险公司横向联系的服务格局。也因此,金融市场竞争越来越激烈,而最终受益的是群众和企业,贷款变得越来越容易。

李玉华是祥周镇中平村远近闻名的香葱经纪人,每天都收购香葱。过去,每天都要跑到 10 多千米外的县城去取钱。如今,村里安装有 2 台 ATM 机,她说:"这样方便又安全,太好了!"

田东狠抓农村支付体系建设,实现了大小额支付系统乡镇全覆盖,ATM 机具、POS 机、电话支付终端每万人拥有量均超过全国平均水平。

为破解农民贷款难这个难题,田东着力建设农村社会信用体系,完成了全县农户信用信息采集和信用评定工作,凭借信用等级,农户不用任何担保和抵押,就可以获得小额贷款。

返乡农民工何飞要创业但资金不足,于去年向银行申请贷款。他是优秀级信用户,银行很快就放贷给他3万元。如今,他开辟出500亩荒地培育树苗,种植木薯和甘蔗,饲养30只山羊,年收入8万元以上。

(二)健全服务体系、完善金融基础服务

在金融改革中,田东整体推进,配套实施,除了健全服务体系之外,还推出惠农保险,提供助农担保,完善金融基础服务,倾力保证改革顺利推进。

"十年致富奔小康,一场灾害全泡汤。"为了减灾,田东加大"三农"保险产品创新力度,打出一套"组合拳":推出香蕉、甘蔗、竹子、水稻、芒果等政策性农业保险;由财政出资给所有的农村住房上保险,探索开发"小农户＋小贷款＋小保险""新农合＋小保险"金融服务新产品。

2009年,田东县4000多亩香蕉冻灾。2010年,该县18万亩甘蔗旱灾。2011年,该县香蕉又遭风灾。每次灾害,田东保险公司都迅速启动绿色通道理赔服务,已经受理政策性保险案件1000多起,理赔2000多万元。快速理赔,减少了农民损失,增强了农民保险意识。如今,为自己和农产品"上保险"已成为农民的新时尚。目前,田东县农户种养业、农房及农用运输工具等涉农保险合计覆盖率达到62.28%,其中农作物的承保面积5.3万亩,参加保险农户达8万多户。

为解决农村大额贷款难的问题,田东成立助农融资担保公司,不断加大公司注册资本金,完成资本金增资2000万元,开展贷款业务协调、审查和担保等工作,推出"惠农信贷产品＋助农担保产品＋小额贷款保险"服务模式。截至2012年9月,该公司已完成担保92笔,担保金额5000多万元。此外,该县还推出农村产权抵押贷款,截至2012年9月,已累计发放产权抵押贷款49笔,贷款金额达9000多万元。

为解决农村金融机构网点少、人手少、覆盖率低的问题,田东县在行政村建立"三农金融服务室",开展贷前调查、贷后监督、贷款催收、保险知识普及等金融服务工作。截至 2012 年 9 月,已经通过服务室向 12363 户农户发放贷款 3.11 亿元。

二、浙江丽水农村金融改革试点情况

浙江省丽水市是经中国人民银行确立的全国唯一农村金融改革试点市。2012 年 3 月 30 日,中国人民银行和浙江省政府联合发文,决定在浙江省丽水市开展农村金融改革试点,意在为未来的农村金融改革探索出可供复制的新路径、新模式。

在各类地方金融改革遍地开花之际,丽水农村金融改革试点的确立并未引发各界的广泛关注,但部分资深金融界人士对此则颇为看重。与温州、深圳前海金融改革不同,丽水农村金融改革的开端实为 2006 年,其特色项目银行卡助农取款服务、林权抵押贷款和农村信用体系建设等,在经历多年摸索后,目前正在由单一点的实验向全市推开,并形成农村金融的区域综合体。

丽水农村金融改革由中国人民银行丽水市中心支行牵头,改革总体方案初步形成。这是自下而上的局部探索,能否推进新一轮的农村金融改革值得期待,同时亦让人担忧。当前丽水金融改革推行的各项举措,其本质是农村金融服务手段和技术产品的创新,是在现行政策框架范围内的制度整合和有限探索,鲜见真正意义的"重大突破"。近几年丽水农村金融改革之所以推进得比较难,是因为中国金融监管、金融机构权力高度集中,地方突破极其困难,这是自下而上改革遇到的最大瓶颈。丽水改革若仅停留在服务手段和技术产品创新,仅依靠人民银行单向推动和地方政府小打小闹,忽视顶层设计,缺乏更大范围的部门参与和协调,改革恐将流于形式,其全局层面的复制意义必将大打折扣。

(一)丽水金融改革的现状是中国农村金融改革的缩影

四大国有银行启动商业化改革后,全面撤并农村地区金融服务网点,城乡二元金融格局逐渐加深并固化。为打破这一格局填补农村金融服务空白,2004 年以来历届中央 1 号文件和国务院重要会议,都将农村金融改革列为重要议题。2008 年,中共中央明确提出了建立现代农村金融制度的具体要求,但近几年金融改革成效有限。银监会金融空白乡镇覆盖计划已流产。在金融服务最薄弱的县域以下农村地区,农村信用社高度垄断。伴随着农村信用社改革和利率市场化推进,农村信用社亦出现服务上收迹象。而农村地区金融准入门槛一直未能实质性放开,农村金融组织发展过度倚重商业性金融,忽视合作性金融和政策性金融的培育,农村金融监管制度、层级混乱,中等偏低收入农户金融服务孱弱的现状未见根本改观。

农村金融问题的解决,需各方从全局出发,重新考虑发展思路和路径,明确权责,构建商业性、政策性、合作性金融并存的金融组织体系。同时,要加强农村金融监管,合理分配金融监管职责,丰富和创新监管手段,建立一整套有别于城市金融的差异化监管制度。

丽水市位于浙江省西南部,近 90％土地面积为山区,农村人口占 80％左右,属于发达省份的欠发达地区。探索农村基础金融服务新方式是此次金融改革试点的重要内容。基础金融服务即"存、贷、汇"业务。2000 年前后,随着四大银行商业化改革的启动,大型金融机构集体撤并县域以下网点,造成农村地区金融服务逐渐衰落,金融服务短缺现象加剧。

丽水试点则首先着眼于偏远山区农民取现难。在 2008 年,农民各种涉农补贴种类繁多、分散、额度小,山区农户距最近的金融机构物理网点较远,取现不便。到 2010 年上半年,中国人民银行丽水中心支行将改善"取现难"的试点方案报至总行,后获央行支付结算司批准。申报方案中将这项试点内容称为"小额取现",但总行出于和银监会业务交叉的考虑,将其改名为"银行卡助农取款服务"。该业务的具体操作流程为:由中国邮政储蓄银行丽水分行和丽水农村信用社分片包干,在辖区内行政村指定商店安装 POS 机终端,持卡农户刷卡后,其卡内资金转入商店老板账户,商店老板再以现金垫付给取款人,实现了脱离传统商业银行网点的小额取现。目前,由于商铺老板每天预留现金数额有限,每张借记卡限额一周最多取现三次,每次最高额度为 1000 元。据统计,截至

2012 年 9 月末,全市共在 2114 个行政村设立了助农取款服务点,累计办理小额取现 49.3 万笔,金额 9291.66 万元,实现农村全覆盖,小额取现"不出村、零成本、无风险"。这项业务本质上是支付结算业务在农村地区的延伸,有效改善了农村支付服务环境。自 2010 年起,中国人民银行先后在重庆、山东、浙江、湖南、陕西等地组织开展试点,当前已在全国范围推开,2013 年实现助农取款在全国乡镇、行政村基本覆盖。

相比银行业金融机构物理网点,银行卡助农取款服务最大优势是投入成本低。每个银行卡助农取款网点只需要银行提供验钞机、POS 机、保险箱各一台,成本约在 3000 元左右,而增设一家物理网点,光一次性投入约 60 万元,两者相比,成本支出差异较大。不过,银行卡助农取款服务仅仅能满足农户小额取现、商户刷卡消费和部分转账汇款的功能,却无法提供存款和贷款服务。因此,在提供现有金融服务的基础上,应逐渐丰富服务种类,探索建立银行代理零售系统,为传统银行服务范围以外的客户提供支付、缴费、转账、贷款等业务的新途径。这是丽水金融改革应当探索的重要领域之一。

丽水的试点虽然有增加金融服务种类的潜在功能,但不能代替贷前审查和贷中管理等信贷管理职能,盲目拓展必然遇到阻力或隐藏风险。例如,一旦涉及存款和贷款业务,这一渠道的功能将与物理银行网点无异,银监会必将介入监管,监管沟通和协调成为试点拓展的一大障碍。按照中国银监会的一贯做法,满足农村地区"存、贷、汇"基础金融服务,必须要依托物理网点辐射,但这一思路不见得符合中国农村金融实际。早在 2008 年,上级要求空白金融乡镇网点全覆盖。最初主要依靠现有金融机构网点下沉和三类新型农村机构的设立,后来发现效果不佳,便采取全日制物理网点、定时服务物理网点、流动服务车三种模式实现全覆盖。这种做法成本高,服务效果并不理想。以流动服务车为例,丽水市山多路远,流动服务车往返时间 5 小时左右,进村服务时间则缩短到 1~2 小时。由于成本太高,安全性较差,目前丽水当地流动服务车服务次数由原来每周 1~2 次减少到每月 1~2 次。除此之外,银监会要求金融机构恢复县域及以下地区的金融网点,并在 2009 年提出,三年内实现 2945 个空白金融乡镇全覆盖的计划。上述努力未达预想效果。此后,银监会调整了思路,于 2012 年 7 月提出金融服务进社区、阳光信贷、富农惠农金融创新"三大工程",强调在物理网点下沉的同时创新金融服务方式和手段。

2012 年下半年,中国银监会对县域金融服务情况进行摸底,统计县域及县域以下乡镇地区广义金融机构(包括商业银行、三类农村新型机构、小贷公司、担保公司和典当行等)数量、业务、从业人员和服务情况,以便调整农村金融改革思路。随着科技进步和互联网快速发展,无网点银行最大的技术障碍已经解决。摆脱传统物理网点全覆盖的陈旧思路,发展低成本、广覆盖的无网点银行,并合理拓展金融服务的种类,是解决农村基础金融服务的主流趋势。

(二)打通信贷供需通道

支付结算渠道的延伸仅能满足农村地区有限的基础金融需求。一直以来,贷款难是农民金融服务的核心难题。目前,丽水金融改革的另两项重点即在探索农民有效抵押物创新和农村信用体系建设,以打通信贷供需双方之间的"任督二脉"。据中国人民银行丽水中心支行统计显示,近三年,丽水市涉农贷款平均增速 43.5%,高出浙江省平均水平 12.3 个百分点,也高于全国平均水平。这得益于林权抵押贷款开展和农村信用体系建设等基础金融服务工作。丽水市林权制度改革始于 2006 年,当时丽水市林权管理比较落后,改革初衷是解决农民致富资金来源难题。改革刚一启动,便遇到山林面积大、林业资产评估难的困境。丽水林业局将实测和估算相结合,用数理统计的方法计算每家农户山林资源;按照不同类型林地不同价格进行评估,建立起覆盖全市的森林资源信息系统。起初商业银行并不认可林权作为抵押物进行贷款,为推行林权抵押贷款业务,政府成立了森林资源收储中心和林权交易中心,分别提供林权抵押贷款担保和林权流转交易平台。

相关配套制度的逐渐完善,使得林权抵押贷款余额由 2008 年年底的 2.8 亿元增加至 2012 年 9 月底的 29 亿元。目前,丽水市林权抵押贷款的具体形式主要有三种:一是以"信用＋林权抵押"的方式核定最高贷款额度,提供小额循环贷款;二是林权直接抵押贷款;三是林权收储中心担保贷款。在 29 亿元存量贷款中,90%左右为"信用＋林权抵押"。受制于林权流转困难和林权收储中心担保逐步退出,后两者贷款模式的推广遭遇瓶颈。近几年,林权抵押贷款最早开展试点的丽水市龙泉县,出现林农违约而银行无法处置抵押物的案例。事实上,林权抵押并不像城市房屋抵押,银行能按照信贷合同处置抵押物,其实为"假抵押"。林权抵押本质上是山区林木资源所产生的经济价值,而非真正意义上的林地。林权抵押贷款的核心意义,是通过林权资产的确权、评估,对农户起到了信用增进的作用,提高商业银行对农户的授信额度。当林权抵押制度尚在完善成熟的过程中时,丽水金融改革正在酝酿推行土地承包经营权抵押贷款试点。土地是农民最核心的资产,若能将其盘活,将对解决农民贷款发挥更大的作用。然而,土地承包经营权是农民作为集体经济组织成员无偿获得的,其流转将涉及农村基层组织和社会管理制度调整,不能单纯视为一般抵押物。另外,《担保法》《物权法》明文限定,土地承包经营权不能抵押,法律底线尚难逾越。

商业化信贷合约的建立,重在抵押担保,而中低收入农户,天然缺少有效抵押物,应根据农民守信意识强的特点,重点推行信用贷款。这正是丽水金融改革的另一个重点——探索农村信用体系建设。2009 年,由中国人民银行丽水中心支行牵头,抽调 2 万多名工作人员,开展了地毯式的农户信息采集工作,通过进行农户信用评价,建立起了覆盖全市的农民信用信息系统。信用体系的建立,有助于解决农户和银行信息不对称的问题。不过,数据库信息的及时更新和维护是农村信用体系建设最大的挑战。

（三）重构金融组织体系

丽水市农村金融改革的总体目标是建立多层次、低成本、广覆盖、适度竞争、商业运作的现代农村金融服务体系。经过一系列金融基础设施建设,丽水市农村金融已经由"三级公路"提升至"一级公路",要建成"高速公路",必须通过良好的金融基础设施吸引金融机构进驻农村。目前,工农建中四大银行、农村信用社和中国邮政储蓄银行都已经在丽水市县域地区设立网点,其中共计有5家村镇银行、6家小额贷款公司,泰隆银行和稠州商业银行也陆续在县域设点,而县域以下仍然是农村信用社一家独大。在县域设立村镇银行的初衷,是希望产生"鲶鱼效应",促进县域及以下区域金融服务延伸,但是事与愿违,村镇银行因为各种原因,缺乏活力,未达到预期效果。

　　丽水金融改革在金融组织方面仍倚重商业性金融,忽视政策性金融,合作性金融发展严重不足,这也是几年来中国农村金融发展的基本特点。2008年中央提出建立现代农村金融制度,放宽农村金融准入政策,加快建立商业性金融、合作性金融、政策性金融相结合的农村金融体系,但问题是农村金融组织体系中政策性和合作性金融缺失。农村金融服务空白呈逐渐扩大的源头,可追溯至这一轮银行业金融机构商业化改革。2003年国有银行商业化改革启动后,大型商业银行陆续撤出乡镇地区,县域网点也不同程度撤并。此后,农村信用社也启动商业化改革,逐渐脱离原有合作性金融的设计初衷,转向商业化金融机构,原有的经营模式受到董事会干预,随着利率市场化改革加快,农村信用社经营压力与日俱增,一些偏远落后地区的农村信用社或面临持续亏损。遂昌农村信用社积极求变,重点提升法人金融类服务,计划未来3年内实现法人贷款和农户贷款各占50%。随着农村信用社经营环境的变化,其服务主体上收效显著,相关限制性规定缺失,出现脱农倾向。

　　国务院研究发展中心2009年前后调查显示,中国农村金融需求旺盛,但只有32%的农户能获得正规渠道贷款,在有金融需求的农户中仍有40%以上不能获得正规信贷支持,同时农村中小企业贷款难的问题依然突出。为填补银行商业化带来的金融空白,2007年中国人民银行主推的商业性小额贷款公司破土而出,银监会也提出了发展新型农村金融组织,服务金融空白乡镇的政策目标。经过几年发展,小额贷款公司已达到 5600 家左右,村镇银行已超过 1000 家,数量和贷款规模快速增加。不过,小额贷款公司和村镇银行却偏离政策设计的初衷,集中在县域开展业务,缺乏下沉乡镇等农村地区的动力。

2007 年以来的农村金融改革,在机构布设和服务方式上,相关部门侧重发展商业性金融。在用商业性金融解决农村金融问题时,忌惮风险,因噎废食,严格限定金融机构准入门槛,导致农村地区金融机构种类单一,长期处在一两家垄断农村金融市场状态,造成服务质量不佳、成本较高。商业性金融最大的特点是追逐利润,其效益考核机制和服务"三农"目标相互对立,加剧了金融机构在农村地区的"抽水"效应。长期以来,商业性金融机构县域以下网点主要任务是吸收存款,放贷权限小,大量存款资金通过高效率银行体系,几乎毫无限制地转移至经济发达地区,这成为农村地区资金外流的主要通道。

从国际成熟经验看,在任何发达国家和地区,合作金融和政策性金融是解决农村地区相对弱势信贷需求的主体主流方式,甚至占据着农村金融市场 40% 左右的市场份额。合作性金融的特征是自发和民主,有政府的扶持和监督,不以利润最大化为目标,带有互助、服务、互相救助的特征。中国合作性金融发展滞后、无序混乱、监管缺失。2011 年,中国人民银行对合作性金融进行摸底,了解到全国有 9 万多家合作性质的资金合作社、专业合作社和银监会发放牌照的农村资金互助社。之后,央行提议联合相关监管部门出台互助性农村金融组织发展指导意见,但这一提议受到银监会强烈反对。银监会担心承担监管职责后,出现大面积风险事件。中国合作金融之所以曾出现大面积风险,与农民知识、经验水平和民主的有限性有关,政府也没有为合作金融提供生存的基本条件和土壤。在泰国,首先成立主管农业合作金融机构的相关部门,提供合作金融发展的制度保障,并定期进行严格审计,违规经营者可提交司法部门处置。一朝被蛇咬,十年怕井绳。当年监管部门对合作金融不适合中国的结论下得太早、太草率。合作金融在中国发育迟缓,金融监管部门亟须统一认识,重新评估和梳理发展合作性金融的可行性和路径。

　　除了合作性金融,中国农村金融政策性边界切分不清晰。伴随着农村的城镇化,农村、农民、农业的界线都已非常模糊,必须认清农村金融的商业化边界在哪里。在定位模糊的情况下,往往会出现货币、财政政策手段支持的供给过度,使得本来商业化方式可以提供的却通过财政补贴的方式提供,导致补贴无法满足真正的需求主体,造成浪费及服务的有效性很低。例如,农村信用社一方面在推进商业化改革,另一方面却每年向财政部门等积极申请相关补贴和税收优惠。凡是商业可持续的,应该放宽金融准入,留给商业性机构。商业化经营无法提供服务的,如果确实需要金融服务,要通过财政的方式解决,这属于政府职能。在政策性的边界切分清楚后,具有政治性意义的事情就要由政策性金融去做。在政策实施过程中,若发现可分离并能实现商业化操作的,可引导商业机构去做;完全需要政策性扶持不可能剥离的部分,由政策持续介入。农民贷款难跟中小企业融资难有相似之处,可以借鉴德国复兴银行经验,选择政策性银行尝试建立农户贷款风险基金。然而,在政策性金融领域,中国唯一的政策性银行中国农业发展银行定位摇摆不定,改革方向仍不明晰。

　　经济学理论显示,市场不是万能的,在一些领域有市场失灵现象存在。而农户贷款、贫困地区的金融,就是市场机制不灵的领域,需要政府的有效干预。而中国农村金融的问题在于未能划定市场和政府的边界。显然,相对于此前的技术及服务创新,农村金融服务体系的搭建则重在制度创新。而丽水金融改革仅为中国人民银行单向推动,缺乏与其他部门的沟通、协调。温州因危机触发改革,而丽水的改革水到渠成。2011 年,中国人民银行丽水中心支行在总结丽水农村金融创新实践的基础上,提请丽水市政府,提出争创"全国农村金融改革试点"的设想,多次制订、修改和上报改革相关方案,后经中国人民银行研究局现场调研和研究。基于前期点状试点已取得一定成效,中国人民银行同意丽水市的申请。这次改革试点并非中国人民银行自上而下推动,亦非最高决策层对农村金融改革的统筹安排。而金融改革涉及面广,不同部门要从各自角度推动。温家宝同志在浙江调研期间,曾提及丽水农村金融改革,希望丽水试点能提供具有借鉴意义的经验。

（四）推行差异化监管

要构建新型农村金融组织体系,必然要求配套监管制度的改革。而现实中,监管政策及制度已在某种程度上表现出对农村金融发展的不适应性。以村镇银行监管为例,为顺应国务院开放民营资本进入金融行业的政策,银监会将村镇银行主发起行持股比例由20%降低至15%,但同时仍旧对村镇银行实行必要的监管。这意味着主发起行持有15%股权但需承担100%责任,进而造成村镇银行决策链条较长、经营活力有限。这反映了相关部门"重风险,轻发展"的思路。而在丽水当地,尽管农村金融改革已搞得轰轰烈烈,但县域金融监管仍基本缺失。一位银监会丽水监管分局中层人员坦言,随着县域及以下金融机构数量逐渐增加,监管压力与日俱增,人手紧张、矛盾突出。丽水面临的金融监管难题实为全局性难题。目前,基层监管力量的不足已反向制约了农村金融的发展。问题的症结在于监管和发展职责由同一部门承担,相关部门必然因为忌惮风险而限制发展。解决之道是将监管和发展职责赋予不同部门,制定一整套有别于城市金融的差异化监管制度。

首先,在监管制度方面,农村金融和城市金融有着本质的差异。目前农村金融监管套用城市金融监管制度,错位明显,要根据不同金融活动的特质制定不同监管制度,例如,提高农户贷款的风险容忍度,降低银行资本的风险权重,从监管层面去引导金融机构服务农村。其次,对于监管人手不足的难题,一方面可以着力增加人手;另一方面不妨尝试将县域及以下银行、保险、证券等金融领域监管责任集中统一归入中央银行系统,由中国人民银行代为监管,或者下放中央监管权至地方,采取"谁审批、谁监管、谁担责"的两级金融监管制度。长期以来,证监会、银监会、保监会自上而下县域垂直的监管体系,无法深入到县域及以下,只有部分县域设有银监会办事处,但监管职责仍依赖于地方银监分局的现场监管。此外,小型金融机构的发展一定要辅之以市场退出机制,加强监管和市场退出机制这两条缺一不可,不能因为监管力量不足而限制中小金融机构发展。另外,存款保险制度的建立和金融机构退出机制也是一种监管的补充,可以减轻监管部门的监管压力。

事实上,推动农村金融改革,除了相关金融部门统一认识、共同协作,还需打通财政、农业等关联部门,在更高层面形成统筹安排,出台配套政策。丽水试点方案明确提出,要注重财税、货币、监管、产业等政策之间的协调配套;加大各相关部门之间的协作力度,调动和激发金融机构和相关部门参与农村金融改革创新的积极性。浙江省已经将丽水金融改革协调层级提升至省政府和中央银行,如此一来,丽水农村金融改革有望获得更大的空间和支持。

丽水农村金融改革刚刚启动,局部性的改革能否成为推动全局性农村金融改革的样本,尚需进一步观察。回顾过去十年中国农村金融改革历程,相关部门改革推进迟缓,尚未获得突破性进展,改革不尽如人意,甚至尚未"破题"。可见,未来农村金融改革任务依然繁重而艰巨。目前,丽水农村金融改革只是在自留地里面自行摸索,尚未突破现有的政策和法律。金融改革停留在服务方式和手段的创新,缺乏顶层设计和制度安排,这是全国各地区域性改革的共性,亦是此类金融改革遇到的最大瓶颈。当前,中国经济正处在转变增长方式、缩小城乡差距的关键阶段,农村金融在农村经济改革中发挥着核心作用。农村金融改革的成败一定程度上左右着农村经济改革成效。决策层及相关部门迫切需要全面梳理和权衡政策得失,重新调整改革思路和方向。

三、我国实现农村金融服务全覆盖

近年来,农村金融业着力加强和改进农村金融服务,并深化改革,推动资产规模稳步扩大,取得了巨大成绩。据中国银监会权威人士讲,农村金融业一直把提升农村金融服务水平、有效缓解"贷款难"作为助发展、惠民生、促公平的重要工作,积极采取有效措施,加大农村金融供给。

(一)农村金融服务迈上新台阶

多年来,农村金融业始终按照中央要求,把农村金融服务工作摆在重要的议事日程。在机构建设上,通过深化改革、加强管理、改进作风和完善服务等一系列政策措施,农村金融机构建设这些年发生了根本变化,例如,农村信用社作为农村金融主力军,通过2003年启动的新一轮改革,已把这类机构打造成了一个服务社区、服务县域、服务"三农"的金融机构。

"三农"贷款难一直是老百姓所关心的问题,为此,首先抓机构建设,机构有了之后就是要增加供给,有效缓解"三农"贷款难问题。银监会因此出台了一系列措施,如银监会提出的"两个不低于"。这几年国内资金流动性比以往有所收缩,这种情况下银监会提出涉农贷款几个原则,是为了"有保有押,有扶有控,区别对待"。

农村金融按照银监会提出的要求,把有限的金融资源支持重点领域、弱势群体,还有倡导"绿色信贷""三农信贷"和"小微信贷",目的都是为了要把资金用在刀刃上。"两个不低于"提出以后,银行业涉农贷款已经连续三年完成既定工作目标。在其他方面,银监会还加强投向监管,"贷款难"问题得到了很大缓解。

(二)涉农信贷快速增长

为解决农民抵押物不足这一信贷瓶颈,农村金融一直在大力推广不需要抵押担保的贷款产品,农户小额信用贷款和农户联保贷款是主推产品。农户小额信用贷款是凭借农民的信用就可以发放贷款,不需要抵押物,而且可以及时调整政策。农户联保贷款是三户或五户联保的贷款。这两个产品推出以后很受农民欢迎。除此之外,农村金融部门积极开展服务创新,包括担保抵押物创新,如农村的一些动产,包括仓单等可以做质押,后来还推出了林权抵押贷款。总之,为了更好地服务"三农",凡是法律未明文禁止的,凡是产权明晰的,凡是有合格价值评估的都可以作为抵押。

农村金融和城市金融区别很大,在城乡二元环境下,加上农村还有自然风险(如冰雹、冰冻、干旱、台风、泥石流和地震等自然灾害总是出现在农村)和市场风险(近年来农产品的价格波动非常厉害,主要原因是国际上价格波动带动了国内波动)的叠加,使得农村金融服务成本高、坏账多,平均比其他的商业贷款高5个百分点左右。因此,这就需要政策扶持农村金融。如果没有充足的政策支持,如果不能覆盖相应的经营成本,农村金融就缺乏自觉服务"三农"的动力。农村金融供需矛盾,一方面是"三农"日益丰富的多层次、多样化、多元化的需求,另一方面是服务供给不足的矛盾,根本原因还是城乡二元结构。如何解决这个问题?银监会为此出台了很多政策。如涉农信贷增长奖励,定一个标准,达到要求给予奖励,相对贫困地区,给予补贴。

(三)实现金融基础服务全覆盖

从2009年开始,银监会启动对空白金融机构乡镇的服务覆盖工作。启动时有2945个乡镇是零金融机构。为了做好该项工作,农村金融部门通过两年多努力在1200多个乡镇建立了网点。符合条件的建标准化网点,不符合条件的建简易网点,其他情况采取便民服务、流动服务,并加装POS机。至今已取得了历史性突破,零金融机构两年多解决了1000多家。从基础金融服务来讲,2011年年底实现了全国所有乡镇的金融基础服务全覆盖。除农村信用社、商业银行外,加大对农村金融建设的投入。过去,中国农业银行也是服务"三农"的,曾经有一段时期在乡镇都有网点,随着商业化改革上收,撤销了部分乡镇网点。但近几年来按照中央的总体部署,中国农业银行开始服务"三农"的商业化运作。通过建立"三农"金融事业部,探索大型银行专业化服务"三农"有效模式,对"三农"的支持取得了很大效果。过去说中国农业银行"脱了草鞋换皮鞋"进城了,现在通过深化改革又回来了。过去,农业发展银行业务单一,随着粮、棉、油市场逐步放开,银监会适时扩展它的业务范围,现在可以做一些农业产业化龙头企业的信贷扶持、农村基本建设的政策融资。中国邮政储蓄银行,将邮政和储蓄分开,引导邮储资金回流到农村。

参考文献

［1］成思危.改革与发展：推进中国的农村金融.北京：经济科学出版社,2004.

［2］周天芸.中国农村二元金融结构研究.广州：中山大学出版社,2004.

［3］张杰.中国农村金融制度：结构、变迁与政策.北京：中国人民大学出版社,2003.

［4］李建军.中国地下金融调查.上海：上海人民出版社,2006.

［5］陈耀芳,邹亚生.农村合作银行发展模式研究.北京：经济科学出版社,2005.

［6］宋炳方.与政府官员谈地方金融.北京：经济管理出版社,2005.

［7］郭天勇,郭修瑞.开放经济下中国农村金融市场博弈研究.北京：经济科学出版社,2006.

［8］〔美〕多恩布什·费希尔·斯塔兹.宏观经济学(第8版).王志伟译.北京：中国财政经济出版社,2003.

［9］刘民权.中国农村金融市场研究.北京：中国人民大学出版社,2006.

［10］庞道沐,陈文胜.湖湘三农论坛2010邵阳.长沙：湖南人民出版社,2010.

［11］张君生.县域民间借贷的调查分析及对策建议.广东金融学院学报,2006(5).

［12］蔡静.农村金融相关研究综述.现代商贸工业,2010(9).

［13］李文高.国有商业银行关注农村金融市场.金融经济,2006(8).

［14］姚耀军.中国农村金融研究的进展.浙江社会科学,2005(4).

［15］王文莉.农村信用社管理体制改革：陕西的案例.经济问题,

2006(7).

[16] 潘士远,罗德明. 民间金融与经济发展. 金融研究,2006(4).

[17] 彭建刚,李关政. 我国金融发展与二元经济结构内在关系实证研究. 金融研究,2006(4).

[18] 罗丹阳,殷兴山. 民营中小企业非正规融资研究. 金融研究,2006(4).

[19] 苏士儒,段成东,李文靖,姚景超. 农村非正规金融发展与金融体系建设. 金融研究,2006(5).

[20] 吴晓求. 关于当前我国金融改革和资本市场发展若干重要问题的看法. 金融研究,2006(6).

[21] 陆磊,丁俊峰. 中国农村合作金融转型的理论分析. 金融研究,2006(6).

[22] 常戈,王哲. 以全新政策视角推进农村金融改革. 农村金融研究,2006(8).

[23] 张璇. 我国农村金融发展对策研究. 人民论坛学术前沿,2011(9).

[24] 李伟,施蓓,刘玲. 金融消费者权益保护研究. 金融经济,2011(22).

[25] 曹协和. 农村金融理论发展主要阶段评述. 财经科学,2008(11).

[26] 何凤隽,仇娟东. 基于供求视角的农村金融理论与实证研究综述. 西南金融,2010(11).

[27] 刘海峰. 我国当前农村金融的发展研究. 广东农业科学,2010(2).

[28] 何广文,李莉莉. 从系统论视角看农村金融改革. 农业现代化研究,2004(专刊).

[29] 高海,刘红. 农村合作金融改革研究综述. 经济与管理,2006(6).

[30] 余丰慧. 城乡金融发展失衡 农村谁管? 中华工商时报,2006-8-4.

[31] 何广文,冯兴元. "三农"问题再成为焦点 六招破解农村金融创新. 中国经济时报,2004-3-17.

[32] 赵晓强. 农村金融改革发展须坚持"五个并重". 经济日报,2007-2-7.

[33] 张宏斌. 构建新型农业经营体系 完善农村金融生态环境. 金融时报,2013-2-17.

[34] 许志平. 农村金融产品和服务方式创新工作在全国推进. 金融时报,2012-6-4.

[35] 余连斌. 云南农村金融创新深入推进. 农村金融时报,2011-12-12.

[36] 席敏. 山东开展农村金融创新促'三农'发展. 科技日报,2011-9-21.

[37] 计承江. 农村金融创新中的担保问题探讨. 金融时报,2012-11-19.

[38] 黄锋. 农村金融创新需要健全配套机制. 金融时报,2011-8-15.

[39] 刘士余. 深入开展农村支付服务环境建设 加快构建现代化农村金融服务体系. 金融时报,2013-1-22.

[40] 何慧莉. 创建农村个人金融服务新模式. 21 世纪经济报道,2013-1-21.

[41] 李倩. 保险业参与金融体系建设 发展完善金融体系建设. 金融时报,2013-1-8.

[42] 陈磊. 完善农村金融体系 提高农村金融服务水平. 农村金融时报,2012-5-8.

[43] 杨喜明,霍云鹏. 我国实现农村金融服务全覆盖. 中国农村信用合作报,2012-11-16.

[44] 王峰,陈平,孙向东. 积极维护农村金融消费者权益. 金融时报,2012-11-20.

[45] 冯兴元,李思. 农村金改关键是实现金融自治. 上海金融报,2013-2-19.

[46] 刘宗干. 农村金融创新的途径. 金融时报,2013-1-28.

[47] 王培成. 农村金融破与立:需重新调整改革思路和方向. 财经,2012-11-15.

[48] 曹力水. 努力破解农村金融难题. 经济日报,2012-7-9.

[49] 马翠莲. "金融惠农"破解"菜贱伤农". 上海金融报,2011-4-29.

［50］杨涛. 中央 1 号文件映射农村金融改革新思路. 中国城乡金融报，2013-3-7.

［51］扈志亮. 我国农村金融创新的新特点与新趋势. 金融投资报，2012-12-24.

［52］乔金亮. 农民期盼金融新服务. 经济日报，2013-3-28.

［53］闻涛，周荣祥，郑晓波，张达. 我国金融改革未来七大看点. 证券时报，2007-1-22.

［54］王雪. 农村非正式金融市场上的借贷行为. 中国农村市场研究网，2006-6-29.

［55］马艺文."贫困终结者"来华 尤努斯小额贷款落地中国. 中国经济网，2006-10-23.

［56］李明昌. 对建立竞争性农村金融市场的一些看法. 中国农村市场研究网，2006-6-29.

［57］郭吉林. 试论中国民族保险业的发展要围绕新农村建设做文章. 中国农村金融网，2006-9-6.

［58］张杰. 中国农村金融制度：一个未被破解的谜团. http：//temp. softall. com. cn/sp/gzlw/200303. doc［2013-2-8］.

［59］王元. 农村金融不完全竞争市场理论与国外经验借鉴. http：//syue. com/Paper/Finance/Study/33334. html［2010-06-26］.

［60］王德平，杨光才，陈宏维. 浅谈农村信用社如何维护消费者权益. http：//www. zgncjr. com/index. asp? xAction＝xReadNews＆NewsID＝131335［2012-12-6］.

［61］郝亚明，张荣乐. 中国农村金融改革：市场视角下的思考与选择. 中国农村市场研究网，2006-11-6.

［62］李子奈. 我国金融需求的供给模式分析. 人民网—经济频道，2009-10-28.

［63］王修华，邱兆祥. 构建包容性农村金融体系. 中国金融网，2012-11-15.

［64］姜姣. 浅论我国低碳金融体系的构建. http：//www. studa.

net/jinrong/121213/11262866-2. html[2012-12-13].

[65] Mckinnon，Ronald. Money and Capital in Economic Devel-opment. Washington，D. C.：The Brookings Institution，1973.

[66] Mckinnon，Ronald I. The Order of Econnomic Liberaliza-tion,Johns Hopkins Univ. press,1991.

[67] 黄向庆. 金融机构新模式破解农户抵押难. 大连电视台,2012-11-19.

[68] 曾康霖. 我国农村金融模式的选择. 金融研究,2001(10).

[69] 王自力. 试论农村金融改革的新思路. 金融时报,2002-03-07.

[70] 谢平. 中国农村信用合作社体制改革的争论. 金融研究,2001(1).

[71] 何广文. 中国农村金融供求特征及均衡供求的路径选择. 中国农村经济,2001(10).

[72] 高帆. 中国农村中的需求型金融抑制及其解除. 中国农村经济,2002(12).

[73] 刘陈杰,王雪. 农村现行二元金融结构的理论分析. 货币金融评论,2005(11).

[74] 纪云飞. 沪上蔬菜价格保险深入推进. 解放日报,2011-04-19.

[75] 李伟,施蓓,刘玲. 金融消费者权益保护研究. 金融经济,2011(22).

[76] 邵作昌. 我国农村金融市场的问题及对策研究. 山东大学硕士学位论文,2007.

[77] 李亚杰,郑玮娜. 全国农业信贷规模增加 涉农贷款达 43300亿. 经济参考报,2006-12-28.